ENZYKLOPÄDIE
DEUTSCHER
GESCHICHTE
BAND 53

ENZYKLOPÄDIE
DEUTSCHER
GESCHICHTE
BAND 53

HERAUSGEGEBEN VON
LOTHAR GALL

IN VERBINDUNG MIT
PETER BLICKLE
ELISABETH FEHRENBACH
JOHANNES FRIED
KLAUS HILDEBRAND
KARL HEINRICH KAUFHOLD
HORST MÖLLER
OTTO GERHARD OEXLE
KLAUS TENFELDE

DIE
AUSSENPOLITIK
DER
WEIMARER
REPUBLIK

VON
GOTTFRIED NIEDHART

3., aktualisierte und um
einen Nachtrag erweiterte Auflage

OLDENBOURG VERLAG
MÜNCHEN 2013

Bibliografische Information der Deutschen Nationalbibliothek

Die Deutsche Nationalbibliothek verzeichnet diese Publikation in der Deutschen Nationalbibliografie; detaillierte bibliografische Daten sind im Internet über http://dnb.d-nb.de abrufbar.

© 2013 Oldenbourg Wissenschaftsverlag GmbH
Rosenheimer Straße 145, D-81671 München
Tel.: 089 / 450 51-0
Internet: www.oldenbourg-verlag.de

Umschlagentwurf: Dieter Vollendorf
Titelbild: Aufnahme Deutschlands in den Völkerbund. 10.9.1926: die Außenminister (v. l. n. r.) Deutschlands (Gustav Stresemann), Englands (Austen Chamberlain), Frankreichs (Aristide Briand) und Staatssekretär v. Schubert in Genf; ullsteinbild

Satz: paper-back GmbH, Münsing
Druck und Bindung: Grafik+Druck GmbH, München

Dieses Papier ist alterungsbeständig nach DIN/ISO 9706

ISBN   978-3-486-71600-9
eISBN   978-3-486-71704-4

Vorwort

Die „Enzyklopädie deutscher Geschichte" soll für die Benutzer – Fachhistoriker, Studenten, Geschichtslehrer, Vertreter benachbarter Disziplinen und interessierte Laien – ein Arbeitsinstrument sein, mit dessen Hilfe sie sich rasch und zuverlässig über den gegenwärtigen Stand unserer Kenntnisse und der Forschung in den verschiedenen Bereichen der deutschen Geschichte informieren können.

Geschichte wird dabei in einem umfassenden Sinne verstanden: Der Geschichte in der Gesellschaft, der Wirtschaft, des Staates in seinen inneren und äußeren Verhältnissen wird ebenso ein großes Gewicht beigemessen wie der Geschichte der Religion und der Kirche, der Kultur, der Lebenswelten und der Mentalitäten.

Dieses umfassende Verständnis von Geschichte muß immer wieder Prozesse und Tendenzen einbeziehen, die säkularer Natur sind, nationale und einzelstaatliche Grenzen übergreifen. Ihm entspricht eine eher pragmatische Bestimmung des Begriffs „deutsche Geschichte". Sie orientiert sich sehr bewußt an der jeweiligen zeitgenössischen Auffassung und Definition des Begriffs und sucht ihn von daher zugleich von programmatischen Rückprojektionen zu entlasten, die seine Verwendung in den letzten anderthalb Jahrhunderten immer wieder begleiteten. Was damit an Unschärfen und Problemen, vor allem hinsichtlich des diachronen Vergleichs, verbunden ist, steht in keinem Verhältnis zu den Schwierigkeiten, die sich bei dem Versuch einer zeitübergreifenden Festlegung ergäben, die stets nur mehr oder weniger willkürlicher Art sein könnte. Das heißt freilich nicht, daß der Begriff „deutsche Geschichte" unreflektiert gebraucht werden kann. Eine der Aufgaben der einzelnen Bände ist es vielmehr, den Bereich der Darstellung auch geographisch jeweils genau zu bestimmen.

Das Gesamtwerk wird am Ende rund hundert Bände umfassen. Sie folgen alle einem gleichen Gliederungsschema und sind mit Blicke auf die Konzeption der Reihe und die Bedürfnisse des Benutzers in ihrem Umfang jeweils streng begrenzt. Das zwingt vor allem im darstellenden Teil der den heutigen Stand unserer Kentnisse auf knappstem Raum zusammenfaßt – ihm schließen sich die Darlegung und Erörterung der Forschungssituation und eine entsprechend gegliederte Auswahlbibliographie an –, zu starker Konzentration und zur Beschränkung auf die zentralen Vorgänge und Entwicklungen. Besonde-

res Gewicht ist daneben, unter Betonung des systematischen Zusammen-
hangs, auf die Abstimmung der einzelnen Bände untereinander, in sachlicher
Hinsicht, aber auch im Hinblick auf die übergreifenden Fragestellungen, gelegt worden. Aus dem Gesamtwerk lassen sich so auch immer einzelne, den
jeweiligen Benutzer besonders interessierende Serien zusammenstellen. Ungeachtet dessen aber bildet jeder Band eine in sich abgeschlossene Einheit –
unter der persönlichen Verantwortung des Autors und in völliger Eigenständigkeit gegenüber den benachbarten und verwandten Bänden, auch was den
Zeitpunkt des Erscheinens angeht.

Lothar Gall

Inhalt

Vorwort des Verfassers

Der Begriff Weimarer Republik weckt unterschiedliche Vorstellungen. Zum einen meint man den Abschnitt deutscher Geschichte zwischen dem Ende des Ersten Weltkriegs und der Ernennung Hitlers zum Reichskanzler. Zum anderen wird der Teil der deutschen Gesellschaft und Politik in den Blick genommen, der die parlamentarische Republik tatsächlich gewollt und getragen hat. Spricht man vom Scheitern der Weimarer Republik, hat man letztere Bedeutung vor Augen. Denn die Gegner der Republik, so unterschiedlich ihre Vorstellungen im einzelnen auch gewesen sind, gewannen schon vor 1933 die Oberhand. Auf unser engeres Thema bezogen, ist ebenfalls festzustellen, daß die Neuansätze einer spezifisch republikanischen Außenpolitik nicht erst 1933 verschüttet wurden.

Wer sich mit deutscher Außenpolitik zwischen 1918 und 1933 befaßt, stößt fortwährend auf die Wiederaufnahme von Debatten über Richtungsentscheidungen, wie sie in dem Band dieser Reihe dargestellt werden, der die deutsche Außenpolitik zwischen 1871 und 1918 behandelt. Die republikanischen Kräfte, die nach dem Ersten Weltkrieg für eine Politik der Entspannung eintraten und die Wahrung nationaler Interessen mit internationaler Friedenssicherung zu verbinden suchten, knüpften an Positionen an, die im Kaiserreich von einer nicht zum Zuge gekommenen Minderheit vertreten worden waren. Wie in der Innenpolitik kam es seit 1919 auch in der Außenpolitik darauf an, ob es gelingen würde, die vom Wilhelminismus geprägten Teile der Gesellschaft auf den Boden der Republik zu ziehen.

Damit ist die zentrale Problematik genannt, die die beiden Abschnitte dieses Bandes durchzieht. Darüber hinaus kam es mir darauf an, Außenpolitik sowohl in ihrer Eigenständigkeit als auch in ihren diversen Bezügen und Verflechtungen aufzuzeigen. Daß Außenpolitik als Gegenstand der Forschung mehr Aufmerksamkeit verdient, als ihr im Deutschland der Nachkriegsjahrzehnte lange zugekommen ist, sollte ebenso deutlich werden wie die Notwendigkeit, Außenpolitik im Kontext sowohl innenpolitisch-gesellschaftlicher Formationen als auch internationaler und transnationaler Beziehungen zu begreifen.

Synthesen auf knappem Raum stellen für jeden Autor eine ambivalente Herausforderung dar. Einerseits bietet sich die Chance, Linien herauszuarbeiten und Schwerpunkte zu setzen, mit denen das oft atomisierte Detailwissen

gebündelt werden kann. Andererseits zieht jede Perspektive, die vorrangig
vertreten wird, den Verzicht auf eine andere nach sich. Daraus erwächst bei
der Niederschrift oft genug das Gefühl einer Last. Sie wurde dadurch ein
wenig leichter, daß sich Jost Dülffer und Wolfgang Michalka der Mühe unter-
zogen haben, eine erste Fassung des Manuskripts kritisch zu kommentieren.
Höchst wertvoll war mir danach die Beratung, die ich seitens der Herausgeber
und des Verlags erfahren habe. Herr Professor Dr. Lothar Gall hat einige
Vorschläge zur Verbesserung gemacht. Vor allem aber bin ich Klaus Hildebrand zu Dank verbunden, der als Betreuer dieses Bandes seine Sachkenntnis
in umfassender Weise eingebracht hat. Profitieren ließ mich schließlich der
unbestechliche Lektoratsblick von Herrn Dr. A. Dieckmann. Endlich gilt mein
Dank einigen Helfern vor Ort. Jörn J. Röber und Jürgen Zieher haben mich
bei der Erstellung von Bibliographie und Zeittafel unterstützt, und Frau
Friedhild Seeliger hat als Bibliothekarin in bewährter Weise für die
Ermittlung und Beschaffung neuester Literatur gesorgt.

Mannheim, im Dezember 1998   Gottfried Niedhart

Vorwort zur 3. Auflage

Angesichts des positiven Echos, das die erste 1999 erschienene Auflage in
Fachzeitschriften und Publizistik hervorgerufen hat, konnte der Text des
Enzyklopädischen Überblicks – abgesehen von kleineren Korrekturen – in den
folgenden Auflagen unverändert bleiben. Ergänzungsbedürftig dagegen war
schon in der zweiten Auflage der Teil, der den Grundproblemen und Tendenzen
der Forschung gewidmet ist. Er ist für die nun vorliegende Neuauflage noch
einmal aktualisiert worden (S. 92ff.).
Mein Dank gebührt Carmen Beck, die bei der bibliographischen Recherche
mitgearbeitet hat.

Mannheim, im März 2012   Gottfried Niedhart

I. Enzyklopädischer Überblick

A. Nachkriegspolitik im Versailler System

1. Kriegsende und Friedensschluß 1918–1919

Die deutsche Außenpolitik nach dem Ersten Weltkrieg stand zunächst ganz im Zeichen der Kriegsniederlage. Bevor daran gedacht werden konnte, Politik im Sinne von Initiativen und Handlungsoptionen betreiben zu können, mußte die Regierung in Berlin unter der Vorgabe der Waffenstillstandsbedingungen darauf warten, zu welchen Ergebnissen die seit Januar 1919 in Paris tagende Friedenskonferenz kommen würde, von der die Verlierer des Krieges ausgeschlossen waren. An die Stelle des politischen Handelns traten das Nachdenken über die internationale Lage und konzeptionelle Entwürfe, mit denen man auf die kommende Entwicklung hoffte angemessen reagieren zu können.

Bedeutung der Kriegsniederlage

Dabei standen zwei Fragen im Mittelpunkt. Zum einen: was war von der deutschen Großmacht, die 1914 in den Krieg eingetreten war und ihn verloren hatte, noch übrig geblieben? Wie sah das verbliebene Potential aus, das als Grundlage für eine Rückkehr Deutschlands in die europäische und darüber hinaus vielleicht in die Weltpolitik dienen konnte? Die zweite Frage zielte auf die internationalen Rahmenbedingungen, mit denen sich die künftige deutsche Außenpolitik konfrontiert sehen würde. Wenn es noch ein verbliebenes Machtpotential gab, welcher Handlungsspielraum konnte dann im internationalen Nachkriegssystem ausgemacht werden? Wo lagen Anknüpfungspunkte, die einen neuen Start deutscher Außenpolitik realisierbar erscheinen ließen?

Verbliebenes Machtpotential

Internationale Rahmenbedingungen

Beide Fragen waren eng miteinander verknüpft. Die Art ihrer Beantwortung ließ Grundpositionen und Denkschulen deutscher Politik erkennen, die in den zwanziger Jahren um den außenpolitischen Kurs der Weimarer Republik gerungen haben. Als gemeinsamer Ausgangspunkt diente die Annahme, daß der noch junge deutsche Nationalstaat auch weiterhin eine maßgebliche Rolle in der internationalen Politik spielen könne und auch müsse. Ungeachtet der territorialen Verluste und der finanziellen und wirtschaftlichen Lasten, die die Kriegsniederlage mit sich brachte, war das Deutsche Reich, wie es weiterhin heißen sollte, aufgrund seiner Bevölkerungszahl und Wirtschaftskraft sowie seiner geographischen Lage auch nach dem verlorenen Krieg ein beachtlicher Machtfaktor. Während die deutsche Militärmacht rigoros beschnitten wurde, blieb nicht nur die Einheit des Reiches, sondern im Kern auch die deutsche Wirtschaftsmacht erhalten. Es lag ausdrücklich im Interesse einzelner Kriegsgegner, daß sie als integraler Bestandteil des weltwirtschaftlichen Verbunds nicht zerstört wurde.

Ob und wie die Wirtschaft als Scharnier der internationalen Beziehungen nachhaltig genutzt werden sollte, war in Deutschland allerdings umstritten. Wer im Krieg auf einen Siegfrieden gesetzt hatte und die Niederlage auf den „Dolchstoß" der Revolution in den Rücken des angeblich unbesiegten Heeres zurückführte, sah in wirtschaftlicher Effizienz und Stärke primär eine Bedingung für die Wiedererlangung militärischer Macht und daraus folgender außenpolitischer Handlungsfreiheit im Sinne autonomer Machtpolitik und nationalegoistischer Interessenwahrung. Wer dagegen einen Verständigungsfrieden befürwortet hatte und die Tatsache der militärischen Niederlage nicht verdrängte, vermochte einen Paradigmenwechsel vom Militärstaat zum Handelsstaat zu vollziehen und knüpfte die Wiedererlangung von außenpolitischem Handlungsspielraum nicht an die Rückkehr zu älteren Formen von Machtpolitik, sondern an die Einbindung Deutschlands in weltwirtschaftliche Zusammenhänge. Hand in Hand mit der parlamentarischen Demokratie, mit der sich Deutschland dem Westen gegenüber öffnete, war die Umorientierung der deutschen Außenpolitik auf multilaterale Verflechtungen geeignet, eine
„republikanische Außenpolitik" (PETER KRÜGER) zu konstituieren. Die Lebensfrage der Weimarer Republik lautete daher, ob sich nach der Kriegsniederlage und dem Staatsumsturz von 1918/19 eine republikanische Elite würde formen können und ob es ihr gelingen würde, eine westlich orientierte Zivilgesellschaft aufzubauen, deren außenpolitisches Konfliktverhalten durch Kooperation und Friedenswahrung bestimmt wäre.

Unerläßlich für eine solche Politik war die Bereitschaft der über den Friedensschluß beratenden Kriegsgegner, an die Wandlungs- und Lern- fähigkeit der deutschen Politik zu glauben und Deutschland auf der Grundlage eines liberalen Friedens das Tor zur internationalen Gesellschaft westlicher Prägung zu öffnen. Gefordert war also eine Leistung auf beiden Seiten. Das kollektive Interesse an der Rekonstruktion Europas hätte als Korrektiv gegenüber dem nationalen Interesse wirken müssen, wie es von einzelnen Großmächten definiert wurde. Nach dem Ersten Weltkrieg, der „great seminal catastrophy" des 20. Jahrhunderts (GEORGE F. KENNAN), handelte es sich hierbei um eine Aufgabe, die das Vorstellungsvermögen der meisten Zeitgenossen in den Siegermächten überstieg und die nur im Zuge eines längeren Friedensprozesses erfüllbar war. Der Zeitdruck, unter dem der Friedensschluß formuliert werden mußte, und der lange Atem, den jeder Prozeß der Befriedung erfordert, widersprachen einander zutiefst. Weder gab es in Deutschland einen Konsens über die Bewertung von Krieg und Niederlage oder über die künftige Rolle Deutschlands in der internationalen Politik, noch stimmten seine Kriegsgegner darin überein, wie eine dauerhafte Friedensordnung aussehen sollte. In ganz unterschiedlicher Weise mit dem Problem der Sicherheit vor Deutschland konfrontiert, vertraten Frankreich, Großbritannien und die USA voneinander abweichende Auffassungen über die Nachkriegsordnung und den Platz, den Deutschland darin einnehmen sollte. Während Frankreich in den Kategorien von absoluter Sicherheit dachte, die an die Etablierung Frankreichs als kontinentaleuropäische Führungsmacht und die, wie es im Oktober 1918 im französischen Außenministerium hieß, Zerstörung des „Werks Bismarcks" [346: G. STEINMEYER, Grundlagen, 115] gekoppelt war, überwogen in Großbritannien und den USA, wo freilich die deutsche Militärmacht auch nicht annähernd so zerstörerisch hatte wirken können, Friedensvorstellungen, die auf die Erhaltung der deutschen Großmacht und nicht auf ihre Isolierung, sondern ihre Einbindung in eine den Interessen der Handelsstaaten Großbritannien und USA entsprechende internationale Ordnung zielten.

Divergierende Friedensvorstellungen

Die Elemente einer solchen Ordnung waren in Präsident Wilsons liberalem Modell der Friedenssicherung vorgestellt worden. Sein „Programm des Weltfriedens", das er im Januar 1918 vor dem Kongreß in Washington in den bekannten ‚Vierzehn Punkten' zusammengefaßt hatte [18: UF 2, 374–376], sah die Abschaffung der Geheimdiplomatie und die Demokratisierung der Außenpolitik, eine liberale Weltwirtschaftsordnung und weitgehende Abrüstung vor. Das Selbstbestimmungsrecht der Völker sollte ergänzt werden durch die Schaffung einer „allgemeinen Gesellschaft der Nationen", die eine institutionelle Vorkehrung zum schiedlich-friedlichen Konfliktausgleich darstellen und allen Staaten „Unabhängigkeit und territoriale Integrität" garantieren sollte. Aus deutscher Sicht erschien dieses Programm als der geeignetste Anknüpfungspunkt zur Beendigung des Krieges. Wilson hatte zwar erkennen lassen, daß die im Krieg „verwüsteten Teile" Frankreichs wiederherzustellen seien, daß Deutschland also Reparationen würde zahlen müssen. Sein liberales Programm bot aber Gewähr dafür, daß das „Werk Bismarcks" Bestand haben konnte.

Vierzehn Punkte Präsident Wilsons

Es erschien darum folgerichtig, daß das deutsche Ersuchen um Waffenstillstand Anfang Oktober 1918 an den amerikanischen Präsidenten gerichtet war und daß Friedrich Ebert als Vorsitzender des Rats der Volksbeauftragten am 6. Februar 1919 anläßlich der Eröffnung der Nationalversammlung [18: UF 3, 247–252] den „Wilson-Frieden" forderte: „Im Vertrauen auf die Grundsätze des Präsidenten Wilson hat Deutschland die Waffen niedergelegt. Jetzt gebe man uns den Wilson-Frieden, auf den wir Anspruch haben." Ebert überging in seiner Anspruchshaltung allerdings etwas Entscheidendes. Er erwähnte nicht, daß das Kaiserreich sich die Vierzehn Punkte nicht zu eigen

Hoffnung auf „Wilson-Frieden"

gemacht und stattdessen im Frühjahr 1918 Rußland zum Diktatfrieden von Brest-Litowsk gezwungen hatte; daß es danach zur Offensive im Westen übergegangen war und das Wilsons Vorstellungen fundamental zuwiderlaufende Ziel eines deutschen wirtschaftlichen Großraums in Europa verfolgt hatte. Erst in der Stunde der Niederlage hatte Deutschland aus allzu durchsichtigen Motiven sein Interesse an der Beendigung des Krieges auf der Basis der Vierzehn Punkte gezeigt. Eberts Protest gegen den „Ausbeutungsgedanken" und gegen die „Rache- und Vergewaltigungspläne" der Siegermächte, die er schon zu diesem Zeitpunkt „in das Friedenswerk hineingetragen" sah, war innenpolitisch wohl nötig, entbehrte vor dem Hintergrund der tatsächlichen Politik der OHL jedoch der nötigen Überzeugungskraft, um Deutschland als Partner für einen liberalen Frieden geeignet erscheinen zu lassen.

Es kam hinzu, daß sich die Führung der SPD aus innenpolitisch verständlichen, international aber negativ zu Buche schlagenden Gründen scheute, in der Debatte um die Kriegsschuldfrage einen klaren Trennungsstrich gegenüber der Reichsregierung von 1914 ziehen. Aufgrund der nach der Revolution möglichen Akteneinsicht war man über die aktive Rolle Berlins bei der Eskalation der Juli-Krise 1914 durchaus informiert, entschied sich aber dafür, einer offenen Debatte über die Kriegsschuldfrage auszuweichen. Auf diese Weise glaubte man, von der Nation und von der Partei Schaden abwenden und das Odium der ‚vaterlandslosen Gesellen' endlich ablegen zu können.

Eindeutiger, aber auch nicht völlig frei von Widersprüchen, war die Haltung der SPD in der zweiten zentralen Frage, die nach dem Krieg die Geister schied, in der sogenannten Dolchstoßlegende. Der Mythos, „im Felde unbesiegt" gewesen und dem „Dolchstoß" aus der Heimat erlegen zu sein, war eine der beliebtesten Selbsttäuschungen derer, die den Krieg des wilhelminischen Deutschland vorbereitet, befürwortet und geführt hatten. An exponierter Stelle gehörten dazu die populären Heerführer Paul von Hindenburg und August von Mackensen. Letzterer brachte schon im Januar 1919 seine realitätsferne Phantasie zum Ausdruck, die weit verbreitet war und zugleich die innenpolitische Frontbildung in Deutschland erkennen ließ: „Nicht die Truppen der Entente haben uns besiegt, sondern Deutschlands ärgster Feind, das eigene Volk in seiner Eigenart, hat den Zusammenbruch herbeigeführt. Und jetzt wütet dieses Volk in den großen Städten weiter gegen deutsches Fleisch und Blut ... und zieht alles Erhabene und Hervorragende in den schmutzigen Brei der Masse. Der preußische Militarismus erzog, die sozialdemokratische ‚Freiheit' verdirbt das Volk" [TH. SCHWARZMÜLLER, Zwischen Kaiser und „Führer". Generalfeldmarschall August von Mackensen, Paderborn 1995, 172f.]. Im November desselben Jahres gab dann Hindenburg dieser Sichtweise einen scheinbar autoritativen Anstrich, als er vor dem von der Nationalversammlung eingesetzten Untersuchungsausschuß zur Klärung der

Kriegsschuldfrage

Dolchstoßlegende

Kriegsschuldfrage und der Ursachen der Niederlage vom Versagen der „Heimat" und von der „planmäßigen Zersetzung von Heer und Flotte" durch die Opposition sprach: „Die deutsche Armee ist von hinten erdolcht worden" [18: UF 4, 7f.]. Solcher Flucht aus der Realität leistete Ebert bei der Eröffnung der Nationalversammlung ausdrücklich keinen Vorschub. „Wir haben den Krieg verloren," erklärte er unzweideutig und setzte unter Zustimmung von links und gegen „lebhaften Widerspruch" von rechts hinzu: „Diese Tatsache ist keine Folge der Revolution." Zwei Monate zuvor aber hatte er den heimgekehrten Truppen noch den Willkommensgruß entboten: „Kein Feind hat Euch überwunden!" Dieser Satz, der keinesfalls im Sinne der Dolchstoßlegende gemeint war, aber sehr wohl dem Bedürfnis nach Anerkennung der militärischen Leistungen entgegenkam und damit auch die Art der Kriegführung der OHL nicht in Frage stellte, dürfte einen größeren Nachhall gehabt haben als der Folgesatz, der den militärischen Zusammenbruch so schonend wie möglich umschrieb: „Erst als die Übermacht der Gegner an Menschen und Material immer drückender wurde, haben wir den Kampf aufgegeben" [27: F. Ebert, Schriften 2, 127].

Galt die Sozialdemokratie in Deutschland vielfach als internationalistisch   SPD und Nation
gesinnt und als schlechte Anwältin für nationale Belange, so fragte man sich im Ausland, ob der Staatsumsturz in Deutschland mit der SPD als wichtigster politischer Kraft schon Gewähr genug dafür war, daß ein in seinem Großmachtstatus unbeschnittener deutscher Nationalstaat und die künftige europäische Friedensordnung miteinander verträglich sein würden. Im Westen wurden die Kräfte des Umsturzes vom November 1918 und die seit Februar regierende Weimarer Koalition aus SPD, Zentrum und DDP in erster Linie als deutsche Regierung eingestuft und nicht als Regierung derjenigen, die die Friedensresolution von 1917 getragen hatten. Freilich hatten auch die Sozialdemokraten, die 1917 zur Stockholmer Konferenz der Sozialistischen Internationale gereist waren, nicht daran gedacht, „die Schuldfrage aufrollen oder sich gar als Angeklagte behandeln zu lassen", wie Gustav Mayer als Konferenzbeobachter in seinem Tagebuch festhielt. Belgien wurde von Philipp Scheidemann wie selbstverständlich zur deutschen Interessensphäre gerechnet. Er wollte für die Nachkriegszeit verhindert wissen, daß es „künftig auf die Seite der Gegner trete" [123: G. NIEDHART, Kriegsende, 181]. Es konnte kaum überraschen, daß sich auch auf der Ebene der Sozialistischen Internationale oder im Bereich der bürgerlichen Friedensbewegung nach dem Waffenstillstand im November 1918 zunächst kein Dialog entwickelte, der über die Gräben hinweg friedensstiftend hätte wirken können.

Die Auseinandersetzung mit Krieg und Niederlage und die Einschätzung des internationalen Umfelds waren in Deutschland nach Kriegsende dadurch geprägt, daß die innenpolitischen Frontbildungen auf das außenpolitische

Denken durchschlugen. Dadurch sahen sich die Träger des Staatsumsturzes in erheblichem Maß mit der Tradition deutscher Großmachtpolitik konfrontiert. Außenpolitisch kaum geschult und wenig erfahren und im Fall der SPD von innen- und gesellschaftspolitischen Themen bestimmt, orientierte sich die neue politische Führung in Deutschland zwar nicht wie ihre innenpolitischen Gegner auf der politischen Rechten an wilhelminischer Überheblichkeit, verfehlte aber doch die volle Realität der Niederlage und die daraus folgenden Konsequenzen. Der neue Außenminister, der Karrierediplomat Ulrich Graf von Brockdorff-Rantzau, hatte ein richtiges Gespür, als er im Januar 1919 voraussah, „daß der Friede in der Hauptsache leider uns diktiert werden wird" und daß es zu „Verhandlungen im eigentlichen Sinne" nicht kommen werde. Zugleich aber meinte er, einen „Rechtsfrieden" beanspruchen zu können: „Der Frieden, den wir schließen, muß ein Rechtsfrieden sein und darf kein Gewaltfrieden werden." Die „Gegner" müßten „von unserem Recht" überzeugt werden. Damit war gemeint, was für Frankreich zu diesem Zeitpunkt unter keinen Umständen in Frage kam: die Erhaltung des deutschen Großmachtpotentials mit dem Ziel der Wiederherstellung der deutschen Großmacht. „Wir sind geschlagen, aber wir sind nicht vernichtet. Wir sind auf Jahre hinaus geschwächt, aber imstande, uns wieder aufzurichten" [1: ADAP A1, 185].

Der Außenminister leugnete also keineswegs die Niederlage und die momentane Schwächung. Sie dürfe durch den Friedensvertrag aber nicht noch verstärkt oder festgeschrieben werden. Im Kern handelte es sich darum, ob das wirtschaftliche Potential Deutschlands durch den Friedensvertrag in seiner Entfaltung behindert werden würde oder die ökonomische Variante deutscher Machtpolitik über die militärische Niederlage hinweg gerettet werden könnte. Darüber hinaus eröffnete eine stärkere Betonung der Wirtschaft Möglichkeiten zur Rückkehr des isolierten Deutschlands in die internationale Politik. In diese Richtung wies auch die sog. Schülersche Reform, deren schon im Krieg entwickeltes Konzept darauf gerichtet war, die Organisation und die Personalstruktur des Auswärtigen Amts zu modernisieren und insbesondere den Erfordernissen der Wirtschaftswelt anzupassen. Die bis dahin im Auswärtigen Amt dominierende vormoderne Welt der Aristokratie sollte sich, ohne völlig zu verschwinden, der bürgerlichen Welt öffnen. Wichtiger als die aristokratische war die bürgerliche Internationale geworden.

Der Demokratisierung und der Zivilkultur im Innern entsprach die Bereitschaft, Außenpolitik nicht nur vom Interessenstandpunkt des souveränen Nationalstaats her zu denken, sondern auch von der arbeitsteiligen Struktur der industriellen Moderne mit all ihren internationalen Verflechtungen. Innenpolitisch von Vorteil war dabei, daß sich bürgerliche Kräfte und die Sozialdemokratie ohne Mühe auf diese Linie verständigen konnten. Sie sollte sich auch personell niederschlagen. Brockdorff-Rantzau hielt es für ein

„Gebot der Stunde", auch im diplomatischen Corps „den Wechsel im Innern des Reichs erkennbar zum Ausdruck zu bringen" [2: AR Kabinett Scheidemann, 127]. Dies wurde allerdings angesichts der fast vollständigen personellen Kontinuität im Auswärtigen Dienst nicht in die Tat umgesetzt. Dagegen waren in der deutschen Delegation, die in der Hoffnung, doch noch direkte Verhandlungen mit den Siegermächten aufnehmen zu können, zur Entgegennahme des Friedensvertragsentwurfs nach Paris reiste, Repräsentanten aus der exportorientierten Wirtschaft und Finanzwelt reichlich vertreten. Allerdings hatte dies keinerlei Einfluß auf die Überlegungen der Alliierten. Ob sie in der Generallinie übereinstimmten, derzufolge Deutschland militärisch entscheidend geschwächt und zu Reparationszahlungen verpflichtet werden sollte, oder in der Frage, wie nachhaltig auch die wirtschaftliche Großmachtstellung Deutschlands reduziert werden sollte, voneinander abwichen, hing nicht damit zusammen, wie sich die deutsche Politik präsentierte, sondern damit, wie die Siegermächte ihre nationalen Interessenlagen bestimmten. Das amerikanische und britische Interesse an einer raschen Wiederherstellung des Weltmarkts war mit der Vorstellung verbunden, Deutschland müsse aufgrund seiner Bedeutung für ein funktionierendes Weltwirtschaftssystem als Produzent und Markt erhalten werden. Deshalb wollte der britische Premierminister David Lloyd George, wie er im März 1919 für die Beratungen der Pariser Friedenskonferenz formulierte, „alles nur irgend Mögliche tun, dem deutschen Volk wieder auf die Beine zu helfen". Ganz pragmatisch fügte er hinzu, man könne nicht gleichzeitig Deutschland „verkrüppeln" und erwarten, es werde Reparationen zahlen [122: G. NIEDHART, Internationale Beziehungen, 37]. Was für Großbritannien und die USA funktional geboten und wirtschaftlich rational erschien, war aus französischer Sicht wenig attraktiv, weil es Deutschland als gleichberechtigte Wirtschaftsmacht behandelte. Ein gleichberechtigtes Deutschland aber war mittelfristig wieder ein überlegenes Deutschland, möglicherweise auch mit militärischen Auswirkungen. Frankreich konnte zwar seine Maximalvorstellungen im Friedensschluß nicht durchsetzen, wußte sich aber schon deswegen Gehör zu verschaffen, weil ein Frieden gegen Frankreich überhaupt nicht zustande kommen konnte.

Politik und Öffentlichkeit in Deutschland weigerten sich, diese internationale Konstellation als Realität zu akzeptieren. In scharfer Form verwahrte sich Brockdorff-Rantzau bei der Übergabe des Friedensvertragsentwurfs am 7. Mai 1919 gegen die Bestrafung Deutschlands, auf die der Vertrag hinauslaufe, und beanspruchte die „Solidarität der Völker", also den Wilson-Frieden [22: U. GRAF V. BROCKDORFF-RANTZAU, Dokumente, 73]. Am nächsten Tag befaßte sich das Kabinett in Berlin mit dem Vertragsentwurf und hielt ihn „nicht nur psychisch, sondern auch wirtschaftlich" für „unerträglich". „Infolge der territorialen und wirtschaftlichen Knebelung" seien die „auferlegten wirt-

(Marginalien:)
Kontinuität im Auswärtigen Dienst

Nationale Interessen der Siegermächte

Britische Deutschlandpolitik

Französische Deutschlandpolitik

Brockdorff-Rantzaus Appell

schaftlichen Verpflichtungen vollständig unerfüllbar" [2: AR, Kabinett Schei-

demann, 3o3]. Als „Mordplan" bezeichnete den Vertragsentwurf Ministerpräsident Scheidemann am 12. Mai vor der Nationalversammlung. Gerade das
Tätigkeitsfeld, das die neue Regierung in ihren Außenbeziehungen vorrangig
bestellen wollte, der „Handel mit dem Ausland", erschien stark eingeschränkt.
Damit war nicht nur ein Neuansatz in der Außenpolitik blockiert, sondern
auch „die einstige Quelle unseres Wohlstands". Aber statt das im Moment
außenpolitisch Machbare realistisch und zurückhaltend abzuwägen, heizte
Scheidemann die Emotionen an: „Welche Hand müßte nicht verdorren, die
sich und uns in diese Fesseln legt" [18: UF 3, 351f.].

Zwar unterschied sich Scheidemann von der nationalen Rechten, weil er
einen „harten Frieden" [ebd. 353] für durchaus hinnehmbar hielt. Aber er
schlug gleichwohl einen Ton an, der die Einsicht in die Konsequenzen von
Krieg und Kriegsniederlage erschwerte und stattdessen die Wurzel allen Übels
im Friedensvertrag erblickte. Es war nur logisch, daß das in sich gespaltene
Kabinett Scheidemann wenige Tage nach der am 16. Juni 1919 in Form eines
Ultimatums erfolgten Übergabe des definitiven Vertragstextes zurücktrat.
Der neuen von SPD und Zentrum gebildeten Regierung gehörte die DDP
nicht mehr an. Damit war die Schwäche der Weimarer Koalition infolge
außenpolitischer Belastungen schon kurz nach ihrer Bildung offenkundig
geworden.

Wenn es Brockdorff-Rantzau auch gelungen war, im Zuge eines Noten-
wechsels einige Änderungen gegenüber dem ursprünglichen Vertragsentwurf
zu erreichen, so berührten diese doch nicht die Substanz des Vertrags. Dessen
umfangreicher Text [18: UF 3, 388ff.] zerfiel in 15 Teilabschnitte und 440 Artikel. Teil I enthielt die am 28. April 1919 verabschiedete Völkerbundssatzung.
Sie war in den Vertrag integriert, obwohl Deutschland gleichzeitig die Mitgliedschaft im Völkerbund verwehrt wurde. Dadurch nahm der Völkerbund
aus deutscher Sicht den Charakter einer Allianz der Siegermächte an und verfehlte seine ursprünglich erhoffte friedenstiftende Wirkung.

Die zentralen Bestimmungen des Friedensvertrags betrafen territoriale,
wirtschaftliche und militärische Fragen sowie den Komplex der Wiedergutma-
chung. Deutschland verlor 13% seiner Fläche und 10% seiner Bevölkerung,
ferner sämtliche Kolonien. Andere Zahlen verdeutlichen, welch dramatische
Auswirkungen damit verbunden waren. Denn Deutschland büßte 75% seiner
Eisenerz- und 26% seiner Steinkohleförderung ein, außerdem 68% seiner
Zinkerze sowie 44% der Roheisen- und 38% der Stahlproduktion. Einschnei-
dende Gebietsabtretungen erfolgten im Osten, wo u.a. der größte Teil West-
preußens, die Provinz Posen und Teile von Ostpreußen und Hinterpommern
an Polen fielen. Danzig wurde ‚Freie Stadt' unter Völkerbundsverwaltung. In
Ost-Oberschlesien wurde eine Volksabstimmung angesetzt, eine der wenigen

Milderungen, die deutscherseits erreicht werden konnten. Volksabstimmungen waren ebenfalls in Süd-Ostpreußen, Nord-Schleswig und in Eupen-Malmedy vorgesehen. Im Westen fiel Elsaß-Lothringen an Frankreich zurück. Das Saargebiet wurde einer Regierungskommission des Völkerbunds unterstellt, und seine Kohlengruben mußten Frankreich für 15 Jahre zur wirtschaftlichen Nutzung überlassen werden. Über die weitere Zugehörigkeit des Saargebiets sollte 1935 eine Volksabstimmung entscheiden. Eine spezielle Bestimmung untersagte die Vereinigung Österreichs mit dem Reichsgebiet, was wie andere territoriale Bestimmungen als Verstoß gegen das Selbstbestimmungsrecht zurückgewiesen wurde. Eine beträchtliche Zahl von Deutschen lebte fortan außerhalb der Reichsgrenzen, vor allem in den neu geschaffenen Staaten Polen und Tschechoslowakei.

Das linksrheinische Gebiet blieb gemäß den Bestimmungen des Waffenstillstands ebenso wie die Brückenköpfe bei Köln, Koblenz und Mainz von alliierten Truppen besetzt. Die Räumung sollte schrittweise nach 5, 10 bzw. 15 Jahren erfolgen. Rechts des Rheins war eine 50 km breite entmilitarisierte Zone vorgesehen. Als Obergrenze für die deutschen Truppenstärken wurde für die Landstreitkräfte 100 000 und für die Marine 15 000 Mann festgesetzt. Die Hochseeflotte war schon direkt nach Kriegsende an Großbritannien übergeben worden und versenkte sich kurz vor Unterzeichnung des Friedensvertrags selbst. Verboten wurden die allgemeine Wehrpflicht und bestimmte Waffengattungen, darunter die Luftwaffe.

Besatzungstruppen im Rheinland

Obergrenzen für deutsches Militär

Wirtschaftlich einschneidend waren die geforderten Sach- und Geldleistungen. Schon die Waffenstillstandsbestimmungen hatten rigorose Forderungen enthalten. So waren u.a. 5 000 Lokomotiven (was 27% des Bestands von 1913 entsprach), 150 000 Eisenbahnwaggons (23%) und 5 000 Lastkraftwagen (50%) sofort abzuliefern gewesen. Mit dem Friedensvertrag kamen 90% der Handelsflotte hinzu, was die deutsche Exportwirtschaft, die vor 1914 als einzige ihren Anteil am Welthandel hatte steigern können, ins Mark traf. Darüber hinaus beschlagnahmten die Sieger das deutsche Auslandsvermögen. Handelspolitische Benachteiligungen bestanden darin, daß Deutschland für fünf Jahre ohne Gegenseitigkeit den Alliierten die Meistbegünstigung einräumen mußte. Ferner durften Frankreich und Polen aus den ehemaligen deutschen Gebieten zollfrei Waren nach Deutschland einführen. Der Gesamtumfang der Reparationen blieb zunächst offen. Als erste Leistung waren gemäß Art. 235 des Versailler Vertrags bis 1921 „in Gold, Waren, Schiffen, Wertpapieren oder anderswie" 20 Milliarden Goldmark zu erbringen.

Wirtschaftliche Maßnahmen

Um eine rechtliche Handhabe für die Eintreibung der Reparationen zu besitzen, wurde der sog. Kriegsschuldartikel 231 in den Friedensvertrag aufgenommen: „Die alliierten und assoziierten Regierungen erklären, und Deutschland erkennt an, daß Deutschland und seine Verbündeten als Urheber

Artikel 231

für alle Verluste und Schäden verantwortlich sind, die die alliierten und assoziierten Regierungen und ihre Staatsangehörigen infolge des Krieges, der
ihnen durch den Angriff Deutschlands und seiner Verbündeten aufgezwungen
wurde, erlitten haben." Dieser Schuldspruch, aus dem die Siegermächte auch
das Recht zur Aburteilung von „Kriegsverbrechern" ableiteten, hat in
Deutschland Empörung ausgelöst. Der Krieg war zu Ende, aber „friedewir-
kendes Vergessen" (FRITZ DICKMANN) konnte sich nicht einstellen. Schuld
daran war auch die Tatsache, daß die Alliierten für den Fall der Nichterfüllung
von Reparationsleistungen oder anderer Vertragsbestimmungen zu Sanktionsmaßnahmen militärischer Art berechtigt waren.

Selbst wenn man den Vertrag für unerfüllbar hielt, stellte sich angesichts
der militärischen Aussichtslosigkeit der Lage und innerer Unruhen doch die
Frage nach den realen Handlungsmöglichkeiten, die der deutschen Politik ver-

National-
versammlung und
Versailler Vertrag

blieben waren. Anders als die DVP, die DNVP und die Mehrheit der DDP, die
den Vertrag ablehnten, entschieden sich in der Debatte der Nationalversammlung am 22. Juni 1919 SPD, USPD, Zentrum und Teile der DDP für die
Annahme des als „Unrechtsfrieden" empfundenen Vertrags. Mit der Unter-
schrift wurde zugleich das nicht wieder verstummende Revisionsverlangen

Gründe für die
Annahme des
Versailler Vertrags

laut. Die Annahme des Vertrags war als de facto-Anerkennung der Realität
nötig, um diese im Zuge der weiteren Entwicklung revidieren zu können.
Ganz entscheidend für eine aussichtsreiche Revision mit dem Ziel der Wiederherstellung der deutschen Großmacht war die Erhaltung der Einheit des
Reiches. „Nur wenn wir das Reich leidlich intakt erhalten," meinte General
Groener am 19. Juni 1919 im Kabinett, „ist eine Wiedergeburt Deutschlands
möglich" [2: AR, Kabinett Scheidemann, 481]. Bei Nichtunterzeichnung und
der dann unvermeidlichen Wiederaufnahme von Kampfhandlungen wäre der
Nationalstaat kaum zu retten gewesen.

Als relativ verheißungsvolle Perspektive kam hinzu, daß die Siegermächte keine Einheitsfront bildeten. In den USA wurde der Versailler Vertrag nicht
ratifiziert, so daß der deutsch-amerikanische Friedensschluß bis 1921 warten
mußte. Unübersehbar waren die britisch-französischen Differenzen in der
Deutschlandpolitik, so daß es eine Frage der – in Deutschland allerdings oftmals zu kurz bemessenen – Zeit war, wie lange Frankreich seine härtere Linie
würde durchsetzen können. Das inzwischen revolutionierte Rußland schließlich war ganz aus dem Kriegsbündnis herausgefallen. Es blieb abzuwarten,
welcher Handlungsspielraum sich der deutschen Außenpolitik ungeachtet der
momentan desolat erscheinenden Lage eröffnen würde.

2. Vom Versailler Vertrag 1919 bis zur Ruhrkrise 1923

Die Unterzeichnung des Versailler Vertrags war für den Prozeß des Frie-
denschließens unabdingbar. Zugleich handelte es sich aber nur um eine kleine
Etappe, denn verschiedene Fragen waren noch offen. Die endgültige Grenz-
ziehung mußte warten, bis entsprechende Volksabstimmungen durchgeführt
waren. Vor allem war der Umfang der Reparationen noch nicht festgesetzt.
Bevor das zentrale Ziel der Revision einzelner Bestimmungen des Versailler
Vertrags überhaupt ins Auge gefaßt werden konnte, mußte sich die deutsche
Politik bis 1923 darauf konzentrieren, das Bestehende zu erhalten und angesichts innenpolitischer Instabilität und alliierter Sanktionspolitik eine Entwicklung zu vermeiden, die leicht zu einer Verschlechterung des im Juni 1919
schon als katastrophal empfundenen Zustands führen konnte. Bereits im
Sommer 1919 machte der rheinische Separatismus von sich reden. Anfang
April 1920 erfolgte die Besetzung Frankfurts, Darmstadts und Hanaus sowie
des umliegenden Gebiets durch französische und belgische Truppen, nachdem
im März 1920 entgegen der im Rheinland geltenden Entmilitarisierungsbe-
stimmung Reichswehr- und Freikorpstruppen gegen die aufständische Linke
im Ruhrgebiet eingesetzt worden waren. *Alliierte Sanktionspolitik*

Sanktionsmaßnahmen der Siegermächte drohten auch im Zusammenhang mit der Reparationsproblematik. Immerhin kam es im Juli 1920 auf der
Konferenz von Spa zu Verhandlungen, an denen auch die deutsche Seite beteiligt war. Daß man nun direkt miteinander sprach und auch Teilergebnisse über
Kohlelieferungen und den Fortgang der Reichswehrreduzierung erzielte, änderte allerdings wenig an der aus deutscher Sicht unangemessenen Höhe der
alliierten Forderungen und an der französischen Vorstellung, in allen denkba-
ren Abmachungen, über die auf Expertenebene durchaus gesprochen wurde,
eine Führungsrolle Frankreichs festzuschreiben. Dem stand die deutsche Erwartung gegenüber, als Gegenleistung für ein umfassendes Abkommen wenigstens wirtschaftlich wieder als gleichberechtigte Macht anerkannt zu werden
und möglichst rasch etwa mit der Räumung der besetzten Gebiete oder mit
der Reduzierung der Besatzungskosten an eine Revision des Versailler Vertrags herangehen zu können. Derartige Vorstellungen waren nicht durchsetzbar, schon gar nicht nach der deutlichen Wahlniederlage der Parteien der
Weimarer Koalition im Juni 1920. *Deutsches Revisionsbegehren*

Recht bald wurde überdeutlich, wie aussichtslos eine Politik war, die
Deutschlands Möglichkeiten zu Widerstand und Verweigerung überschätzte.
Als der deutsche Außenminister Simons Anfang März 1921 auf der Londoner
Reparationskonferenz ein für die Alliierten unannehmbar niedriges Angebot
machte und dies auch noch mit der Forderung nach Revision einzelner Punkte
des Versailler Vertrags verband, wurden die Städte Duisburg, Ruhrort und

Düsseldorf besetzt und die in diesem Gebiet erhobenen Zölle einbehalten. Als
rettende Instanz sollten die Vereinigten Staaten vermittelnd ihr Gewicht in die
Waagschale werfen. Doch war der Zeitpunkt dafür noch zu früh. Erst im
Laufe des Jahres 1922 sollte sich diese Lösungsmöglichkeit abzeichnen.

Ebenfalls im März 1921 unternahm die KPD im mitteldeutschen Industriegebiet von Merseburg, Halle und Mansfeld einen Putschversuch. Er war
insofern von außenpolitischer Bedeutung, als er von der Komintern in Moskau mitgetragen wurde. Die von Sowjetrußland ausgehende revolutionäre

Deutsch-
sowjetische
Beziehungen Bedrohung ließ den Grundgegensatz erkennen, der in den deutsch-sowjetischen Beziehungen anzutreffen war. Parallel dazu waren aber seit Anfang
1920 Stimmen in der Wirtschaft, der Reichswehr und dem Auswärtigen Amt
zu hören gewesen, die eine Wiederanknüpfung der noch von der kaiserlichen
Regierung abgebrochenen Beziehungen zu Rußland wünschten. Im Sommer
1920 stieg noch einmal der Grad der Aufmerksamkeit, die Sowjetrußland ent-
gegengebracht wurde, als sich die Rote Armee im polnisch-sowjetischen Krieg
als überraschend schlagkräftig erwies und unversehens vor Warschau stand.
Die deutsche Haltung war dabei von einer Rußland gegenüber wohlwollen-
den Neutralität geprägt. Im März 1921 war die Entwicklung so weit gedie-
hen, daß über einen Handelsvertrag gesprochen wurde, wenn es für Simons
auch einer gewissen „Selbstüberwindung" bedurfte, „mit diesen Leuten zu
verhandeln, während sie einem das Haus über dem Kopf in Brand stecken"
[399: H.G. LINKE, Weg nach Rapallo, 73f.]. Dennoch trat er in Erwartung einer
durch Westkontakte geförderten evolutionären Transformation des Revolu-
tionsstaates für den im Mai 1921 tatsächlich unterzeichneten Handelsvertrag
ein, der deutschen Wirtschaftsinteressen dienen sollte. Bemerkenswerterweise
erfolgte dies in enger Fühlungnahme mit Großbritannien, das selbst auch
gerade ein Handelsabkommen mit Moskau ausgehandelt hatte. Die deutsche
Regierung wollte Marktchancen im Osten sichern, ohne daraus aber einen
Gegensatz zu den Westmächten entstehen zu lassen. Ganz anders verhielt es
sich dagegen mit den 1920/21 einsetzenden deutsch-sowjetischen Militärkon-
takten. Sie erfolgten im Geheimen und außerhalb, wenn auch nicht ohne Wissen der offiziellen Außenpolitik.

Daß der Schwerpunkt deutscher Außenpolitik erzwungenermaßen im Westen lag, wurde der Reichsregierung im Mai 1921 mit dem Londoner Ultima-
Londoner
Ultimatum tum vor Augen geführt. Schon vorher war Berlin von seiner starren Haltung
abgegangen und hatte ein Reparationsangebot gemacht, das nahe an dem lag,
was die Alliierten als Forderung ultimativ auf den Tisch legten. Insgesamt sah
der Reparationsplan zwar die Zahlung von 132 Milliarden Goldmark vor. Allerdings sollten zunächst nur Schuldverschreibungen über 50 Milliarden ausge-
geben werden, die durch Reparationszahlungen zu bedienen waren. Zusammen mit der zusätzlichen Forderung, die sich auf 26% des Werts der deutschen

Exporte belief, waren demnach Annuitäten von ca. 3 Milliarden fällig. Ob
Deutschland auch die übrigen 82 Milliarden würde verkraften können, sollte zu
einem späteren Zeitpunkt von der Reparationskommission entschieden werden.
Die Annahme des Londoner Ultimatums erfolgte durch die neu gebilde-
te Regierung Wirth und signalisierte den Beginn der sog. Erfüllungspolitik, die   Erfüllungspolitik
in der innerdeutschen Diskussion heftig umstritten war. Die politische Rechte
akzeptierte nicht, was die Regierung als Kalkül ausgab. Man müsse zunächst
die Bereitschaft zur Erfüllung der alliierten Forderungen erkennen lassen. Damit könne man Sanktionen vermeiden und alsbald die objektive Unerfüllbar-
keit der Forderungen demonstrieren. Die Revision des Versailler Vertrags und
seiner Folgeregelungen galt es in Kooperation mit den Siegermächten zu
erreichen, nicht in Konfrontation mit ihnen. Letztere mußte nach Lage der
Dinge immer wieder zum Einsatz militärischer Gewalt und im Zuge solcher
Sanktionen zu deutschen Niederlagen führen. Präziser als Walther Rathenau,
1921 Minister für Wiederaufbau und 1922 Außenminister, konnte man es nicht
formulieren. Die „Erfüllungspolitik sei niemals als Selbstzweck" anzusehen.
Bei realistischer Einschätzung der Situation gebe es zu ihr keine Alternative.
Aber im Hinblick auf eine Revision des Versailler Vertrags müßten „ihre Grenzen einmal offenbar werden". Rathenau bestritt keineswegs die „starken Argumente" der „rechtsgerichteten Parteien in Deutschland", wohl aber ihre Op-
portunität für den Augenblick. Vorerst hielt er die Erfüllungspolitik für „nötig",
ohne daß sie aber ein „restloses ‚Ja' bedeute" [2: AR, Kabinette Wirth 1, 636f.].

Die Erfüllungspolitik baute darauf, daß der Abbau der Konflikte gegenüber den Westmächten das Tor zu friedlichem Wandel des Versailler Systems
öffnen werde. Konfliktabbau war aber auch aus aktuellem Anlaß geboten, weil   Spannungen mit
sich die deutsch-polnischen Spannungen nach der Volksabstimmung vom   Polen
März 1921 in Oberschlesien verschärften. Dort votierten 60% für den Verbleib
bei Deutschland. Da aber die Grenzlinie zwischen den Bevölkerungsteilen
nicht eindeutig war, sollte das Problem dem Völkerbund unterbreitet werden.
Noch vor dessen Entscheidung wollten polnische Freischärler vollendete Tatsachen schaffen, indem sie unter Duldung der französischen Besatzungstruppen größere Gebiete zu besetzen versuchten. Sie konnten sich jedoch gegen
deutsche Freikorps, die am 23. Mai 1921 den Annaberg stürmten, nicht
behaupten. Die Entscheidung fällte schließlich im Oktober der Oberste Rat
der Alliierten; er folgte der Empfehlung des Völkerbunds und beschloß die
Teilung Oberschlesiens. Dadurch fiel das wertvolle Industriegebiet von Ost-
oberschlesien (Hindenburg, Kattowitz) an Polen. Der territoriale Verlust und
die ihm vorangegangenen militärischen Auseinandersetzungen verschlechter-
ten das ohnehin angespannte deutsch-polnische Verhältnis noch einmal.

Die Vorgänge um Oberschlesien stellten erneut die Dominanz der französischen Politik unter Beweis. Lloyd George hatte die deutsche Regierung

zur Annahme des Londoner Ultimatums mit der Aussicht ermuntert, er werde sich für eine deutschfreundliche Auslegung der Ergebnisse der Volksabstim-

mung einsetzen. Letztlich jedoch gab London nach, und es nützte den Deutschen wenig, daß sich Lloyd George auf der Interalliierten Konferenz von Paris im August 1921 von der französischen Machtpolitik distanzierte. Schlesien sei seit Jahrhunderten eine deutsche Provinz gewesen, „viel länger als die Normandie eine französische". Dem europäischen Frieden sei der derzeitige Kurs der alliierten Politik abträglich [7: DBFP I 15, 633f.].

Kurz danach versuchte der britische Premierminister ein letztes Mal, der

internationalen Politik seinen Stempel aufzudrücken. Es war seine Initiative, daß am 10. April 1922 in Genua eine internationale Konferenz zusammentrat, die Finanz- und Wirtschaftsfragen gewidmet war und an der 29 Staaten teilnahmen, darunter auch der Kriegsgegner Deutschland und der Revolutionsstaat Rußland, aber nicht die USA. Kurz vor Beginn der Konferenz erklärte Lloyd George im Unterhaus, Ziel sei der wirtschaftliche Wiederaufbau und die politische Befriedung „Europas vom Atlantik bis zum Ural" [122: G. NIEDHART, Internationale Beziehungen, 51]. Insbesondere war an ein interna-

tionales Konsortium gedacht, das Kredite für Rußland bereitstellen und damit zu seiner Integration in die europäische Wirtschaft und Anbindung an den Westen beitragen sollte. Voraussetzung war sowjetischerseits die Anerkennung der zaristischen Schulden und die Wiederherstellung der ausländischen Vermögenswerte in Rußland, die nach der Revolution enteignet worden waren.

In Deutschland wurden die Konsortiumspläne begrüßt und einem bilateralen deutsch-sowjetischen Abkommen vorgezogen, um das sich Moskau im Vorfeld von Genua bemühte. Rathenau fand es am 5. April 1922, also kurz vor der Abreise nach Genua, „außerordentlich schwer, mit den Russen in ein wirkliches Verhältnis zu kommen, denn sie treiben die Unzuverlässigkeit auf die Spitze". Man sei ihnen gegenüber aber im Vorteil: Sie „brauchten uns mehr als wir sie". Rathenau war nicht prinzipiell gegen eine Einigung mit der Sowjet-

union eingestellt. Man müsse jedoch vermeiden, dadurch „mit den Westmächten in einen Konflikt zu kommen" [2: AR, Kabinette Wirth 2, 681f.]. Zu diesem Zeitpunkt rechnete sich der deutsche Außenminister noch eine Vermittlerrolle zwischen den Westmächten und Sowjetrußland aus, die für Deutschland eine beträchtliche internationale Aufwertung mit sich gebracht hätte. Lloyd George seinerseits wollte Deutschland zwar in die internationale Politik reintegrieren, ihm aber nicht eine irgendwie geartete Schlüsselrolle zufallen lassen. Er verhandelte darum in Genua mit den Russen, ohne die deutsche Delegation hinzuzuziehen.

Unter diesen Umständen verkehrte sich Rathenaus wirklichkeitsfremde Hoffnung, in gewisser Anknüpfung an Bismarck die Rolle des „Arbiter" (KLAUS HILDEBRAND) übernehmen zu können, in das ebenfalls überzogene

Gefühl, völlig isoliert zu sein und eine westlich-sowjetische Einigung verhindern zu müssen, in deren Konsequenz Moskau unter Bezug auf Art. 116 des Versailler Vertrags womöglich Reparationsansprüche an Deutschland hätte stellen können. Rathenau ließ in dieser Situation den Kontakt zur russischen Delegation herstellen, die in Rapallo residierte, und am 16. April 1922 wurden die Unterschriften unter den Vertrag von Rapallo gesetzt. Er sah die Aufnahme diplomatischer Beziehungen vor sowie den wechselseitigen Verzicht auf alle Ansprüche aus der Zeit des Krieges. So sensationell der Vertrag erschien und so schockierend er im Westen wirken mochte, so wenig Anlaß zur Nervosität hätte er eigentlich geben dürfen. Seine Wirkung lag vor allem im psychologischen Bereich. Deutschland und die Russische Sozialistische Föderative Sowjetrepublik, die sich Ende 1922 zur Union der Sozialistischen Sowjetrepubliken erweitern sollte, schienen mit Rapallo ein Stück außenpolitischen Spielraums wiedergewonnen zu haben. Es entstand der Rapallo-Mythos mit zum Teil traumatischer Wirkung im Westen, das Gespenst einer Kooperation Deutschlands als der potentiell stärksten Macht auf dem Kontinent mit dem sowjetischen Revolutionsstaat, dessen Politik sowohl nach Europa als auch nach Asien ausstrahlte.

    Nicht nur Wirtschaftsinteressen und Isolationsfurcht bestimmten die Befürworter von Rapallo in ihrem Handeln, sondern auch Motive, die durchaus zu den im Westen anzutreffenden Befürchtungen über machtpolitische Implikationen des Vertrags von Rapallo paßten. Schon im Januar 1920 hatte der damalige Legationsrat von Maltzan die Überlegung angestellt, die deutsche „Position der Entente gegenüber" könne „durch gradweises Ausspielen unserer Beziehungen zu Rußland gestärkt werden" [1: ADAP, A 3, 32]. Derartige Elemente von Schachbrettdiplomatie zur Aushebelung von Versailles ließ Reichskanzler Wirth 1922 weit hinter sich, als er in Übereinstimmung mit General von Seeckt die antipolnische Stoßrichtung seines Verständnisses von Rapallo und die Bereitschaft zur gewaltsamen Revision von Versailles erkennen ließ. Dabei grenzte sich Wirth gegenüber der SPD scharf ab, wie er Brockdorff-Rantzau zu verstehen gab, dem er den Botschafterposten in Moskau antrug: „Aber was wollen Sie mit Parteien, die sich zu dem Wahlspruch ‚Nie wieder Krieg' bekennen? Diesen Standpunkt kann ich nicht teilen und eines erkläre ich Ihnen unumwunden: Polen muß erledigt werden. Auf dieses Ziel ist meine Politik eingestellt" [1: ADAP, A 6, 328].

    Bei den von Wirth abfällig beurteilten Sozialdemokraten und nicht zuletzt bei Reichspräsident Ebert stieß der Vertrag von Rapallo auf Ablehnung. Außenminister Rathenaus Einstellung war zwiespältig, aber er hatte dem Drängen Maltzans nachgegeben. Der inzwischen zum Leiter der Ostabteilung des Auswärtigen Amts avancierte Diplomat hatte in Genua den Kontakt mit der britischen Delegation durchaus gehalten, schließlich aber auf die russische

Vertrag von Rapallo

Antipolnische Stoßrichtung

Karte gesetzt. Bei günstigerem Verlauf der Konferenz von Genua hätte man

Stillstand in der
Reparationsfrage

vielleicht auch die Reparationsfrage anschneiden können. Jedenfalls äußerte sich Lloyd George in diesem Sinn gegenüber den Deutschen in einer stürmisch verlaufenden Aussprache drei Tage nach Unterzeichnung des Vertrags von Rapallo. Im März schon war die Reparationskommission als Reaktion auf ein deutsches Ersuchen zu Erleichterungen bereit gewesen, forderte aber auch eine deutsche Finanzpolitik, die die innerdeutschen Ursachen der Inflation bekämpfte. Der Reichshaushalt sollte nicht länger eine Quelle der Inflation bleiben, so daß Steuererhöhungen fällig gewesen wären. Ohne daß irgendwelche Vereinbarungen getroffen wurden, gab die Reichsregierung im Juli 1922 zu verstehen, daß für 1923 und 1924 keine Barzahlungen geleistet werden könnten. Schon vorher, am 24. Juni, hatte Außenminister Rathenau, der Gewährsmann für eine dem nationalen Interesse entsprechende flexible Erfül-

Ermordung
Rathenaus

lungs- und Entspannungspolitik, durch ein Attentat rechter Republik- und Entspannungsgegner sein Leben verloren.

Angesichts der galoppierenden Inflation und weltwirtschaftlicher Verwerfungen hätte nur eine Entpolitisierung der Reparationen weitergeholfen. Dieser 1924 tatsächlich beschrittene Weg erschien aber 1922 aus französischer Sicht noch nicht gangbar. Vergeblich verwiesen englische und amerika-

Britische und
amerikanische
Kritik an
Reparationspraxis

nische Banken und Firmen auf die von Frankreich ignorierten negativen Auswirkungen, die das bestehende Reparationssystems auf den internationalen Waren- und Kapitalverkehr ausübte, und forderten im Juni 1922 auf einer von der Reparationskommission veranstalteten Konferenz eine Überprüfung der Reparationsraten. Für Frankreich bedeutete eine Lösung auf Sachverständigengrundlage den Verzicht auf die Niederhaltung Deutschlands. Ohnehin mußte man in Frankreich erkennen, daß es der deutschen Stahlindustrie schon 1922 gelungen war, die von Frankreich verfügte Kontingentierung loth-

Französische
Forderung nach
„produktiven
Pfändern"

ringischer Erze auszugleichen und das Produktionsniveau von 1913 wieder zu erreichen. Der französischen Forderung nach „produktiven Pfändern", um bei einer deutschen Zahlungsverweigerung oder -unfähigkeit etwas in der Hand zu haben, entsprach auf deutscher Seite die mit der seit November 1922 amtierenden Regierung Cuno zu Ende gehende Neigung, die Erfüllungspolitik fortzusetzen. Daß die Reichsregierung Frankreich zugleich einen Sicherheitspakt anbot, war für Paris wenig verlockend, denn ein solcher Vertrag hätte auch die deutsche Position verbessert und jeder französischen Sanktionspolitik die Hände gebunden.

Wilhelm Cuno, vor seiner Ernennung zum Reichskanzler Generaldirektor des Schiffahrtsunternehmens HAPAG, war parteilos und sollte mit einem Kabinett der Fachleute die Inflation unter Kontrolle und die rückläufige Konjunktur wieder in Gang bringen. Außerdem erwartete Reichspräsident Ebert von ihm, daß er die Beziehungen zu den USA intensivierte, denn sie

allein konnten eine Wende in der Reparationsfrage herbeiführen. Bevor es so   Ruhr-Krise
weit war, mußte die Ruhr-Krise des Jahres 1923 durchgestanden werden, in
deren Verlauf die Integrität des Staatsgebiets und seine innere Verfassung zur
Disposition standen. Daß im selben Zeitraum das Memelgebiet an Litauen
verloren wurde, war nur eine Nebenfrage. Die Besetzung des Ruhrgebiets
durch französische und belgische Truppen erfolgte am 11. Januar 1923, nachdem Rückstände bei fälligen deutschen Lieferungen festgestellt worden waren. Die französische Regierung ließ sich nicht von britischen Einsprüchen
beirren und nahm sich ein „produktives Pfand", um auf diese Weise Reparationsleistungen erzwingen zu können. Zwischen dem Ruhrgebiet und dem
übrigen Reichsgebiet verlief jetzt eine Zollgrenze.

Deutschland reagierte mit der Ausrufung des passiven Widerstands. Da-   Passiver Widerstand in Deutschland
mit standen sich die französische Militärpolitik und der deutsche National-
stolz in Konfrontation gegenüber. Die Regierung Cuno baute darauf, daß
Washington und London angesichts eines Deutschland, das sich im Zustand
des Chaos befand und in französische Abhängigkeit zu geraten drohte, zu
einer diplomatischen Intervention bereit sein würden. In der Tat mißbilligten
beide Regierungen wegen der zu erwartenden Auswirkungen die französischen Maßnahmen. London konnte jedoch keine Politik ohne oder gar gegen
Frankreich verfolgen. Darum zeichnete sich die britische Haltung durch eine
Frankreich begünstigende Passivität aus. Immerhin erklärte Großbritannien   Britische Distanz gegenüber Ruhrbesetzung
die Ruhrbesetzung im August 1923 für unrechtmäßig. Ein Durchbruch konn-
te aber nur erfolgen, wenn Deutschland als Vorleistung seine Verweigerungs-
haltung aufgab und die Voraussetzungen dafür schuf, daß die Inflation beendet
und die Zahlungsfähigkeit verbessert werden konnte. Ein solcher Schritt mußte
das unter britischem und amerikanischem Druck stehende Frankreich in Zug-   Regierung Stresemann und Abbruch des „passiven Widerstands"
zwang bringen. Er erfolgte am 26. September 1923, als die neue Regierung
Stresemann sich auf den Boden der Tatsachen stellte und den passiven Widerstand abbrach sowie die bestehenden Reparationsverpflichtungen anerkannte.

B. Wandel des Versailler Systems und Rückkehr Deutschlands in die internationale Politik

1. Verträglichkeit von deutscher Großmacht und internationaler Ordnung: Stresemanns Entspannungspolitik 1923–1925

Mit Gustav Stresemann wurde ein Politiker für etwa hundert Tage Reichskanzler und anschließend für sechs Jahre Außenminister, der nach Kriegsende
zunächst in Distanz zum Staat von Weimar gestanden hatte. Seit 1923 dagegen
drückte der Vorsitzende der DVP der deutschen Außenpolitik unverwechsel-

Ära Stresemann bar seinen Stempel auf, so daß mit Recht von einer Ära Stresemann gesprochen wird. Stresemann griff die Ansätze der 1921 eingeleiteten Erfüllungspolitik auf, fand aber eine günstigere internationale Konstellation vor, um die Ratio dieser Politik wirkungsvoller zum Tragen zu bringen. Sie bestand in der Verbindung von Verständigung mit den Siegermächten und Rückkehr Deutschlands zum Status einer gleichberechtigten Großmacht in Europa. Die Erfüllung des Versailler Vertrags und seine Revision sollten aufeinander bezogen sein. Bevor die Realität verändert werden konnte, mußte sie anerkannt werden. Hinzu kam die Bereitschaft zur Einbindung in das bestehende internationale System, was französischen Sicherheitsinteressen entgegenkam, und die Konzentration auf die wirtschaftliche Seite nationaler Machtentfaltung, was zu einer Überlappung der Interessen mit Großbritannien führte, vor allem aber mit den USA, die zum zentralen Faktor und Anker deutscher Revisionspolitik wurden.

Bevor dieses Konzept umgesetzt werden konnte, mußte allerdings zunächst einmal die Ruhrkrise überwunden werden. Die Einstellung des passiven Widerstands hatte keineswegs den prompten Abzug der französischen Frankreichs Truppen zur Folge. Frankreich schien sogar alle Trümpfe in der Hand zu scheinbare haben. An der Ruhr fanden sich Industrielle zu Sonderabsprachen bereit. Die Machtstellung Autonomie- und Separatismusbestrebungen im Rheinland und in der Pfalz fanden die Unterstützung der Besatzungsmacht. Es schien der Moment gekommen zu sein, den Versailler Vertrag im Sinne von französischen Sicherheitsvorstellungen revidieren und durch die Gründung von frankreichfreundlichen Satellitenstaaten doch noch die 1919 angestrebte, aber nicht erlangte Rheingrenze durchsetzen zu können.

Wie schon 1919 profitierte Deutschland auch 1923 davon, daß Großbritannien und die USA einer solchen Entwicklung entgegenstanden. Zunächst einmal aber sah es so aus, als könne Frankreich aus einer Position der Stärke heraus in Verhandlungen über die Reparationen eintreten und zudem noch auf eine Koppelung mit dem Problem der interalliierten Schulden hoffen. Es kam schließlich mit französischer Zustimmung zur Einsetzung von zwei Experten- Expertenkommissionen, die die Zahlungsfähigkeit, die Möglichkeiten finankommission prüft zieller Sanierung und die künftigen Reparationsverpflichtungen Deutschlands Reparationsfrage untersuchen sollten. Sie standen unter der Leitung des englischen Bankiers und liberalen Politikers Reginald McKenna und des amerikanischen Bankiers und Finanzpolitikers Charles G. Dawes.

Stresemann wußte, wovon er sprach, als er einen Tag nach der Aufhebung Ausschlaggebendes des passiven Widerstands eine Intervention der USA in der Reparationsfrage Gewicht der USA forderte. In der Tat übernahmen die Amerikaner die Rolle eines Gleichgewichtshalters für den wirtschaftlichen Frieden in Europa, der Deutschland integrierte und Frankreich eindämmte. Der Ruhrkonflikt war einerseits der

Höhepunkt der europäischen Nachkriegskonflikte, leitete aber andererseits das „Ende der französischen Vorherrschaft in Europa" (STEPHEN A. SCHUKER) ein und versetzte die USA in die Lage, „als Vermittler, Schiedsrichter und Balancer in Europa" (WERNER LINK) aufzutreten. Geradezu Modellcharakter und Signalwirkung hatte der am 8. Dezember 1923 unterzeichnete Handelsvertrag zwischen den USA und Deutschland, der die unbedingte wechselseitige Meistbegünstigung zusicherte und die gleichberechtigte Rolle Deutschlands in einem offenen internationalen System betonte. Für Frankreich kam erschwerend hinzu, daß die Amerikaner ein Druckmittel in die Hand bekamen, als der französische Franc Schwächen zeigte und gegenüber dem Dollar an Wert verlor. Nicht nur Deutschland suchte Finanzhilfe im Ausland; auch Frankreich sah sich auf internationale Kreditmärkte angewiesen.

Die Überwindung der Nachkriegskonfrontation in Europa wurde mit dem Dawes-Plan 1924 eingeleitet, der die Modalitäten der Reparationszah- **Dawes-Plan** lungen auf eine neue Grundlage stellte. Deutschland mußte für einen vorerst nicht festgesetzten Zeitraum Zahlungen leisten, die sich in einer fünfjährigen Einstiegsphase auf jährlich eine Milliarde Mark beliefen. Danach sollten sich die Annuitäten auf 2,5 Milliarden erhöhen. Ferner mußte Deutschland Kontrollen von Reichsbank und Reichsbahn hinnehmen. Diesen Lasten und Souveränitätsbeschränkungen standen aber unschätzbare Vorteile gegenüber, denn es war ein Transferschutz vorgesehen, um bei einer erneuten Destabilisierung der deutschen Währung Gegenmaßnahmen treffen zu können. Außerdem sagte Frankreich die Räumung des Ruhrgebiets binnen Jahresfrist zu und verzichtete vor allem auf sein bisher verbrieftes Sanktionsrecht. Die Rückkehr zum de facto-Kriegszustand und zu einer Politik der „produktiven Pfänder" war damit ausgeschlossen. Darüber hinaus erhielt Deutschland eine internationale Anleihe über 800 Millionen Mark. Sie setzte sich alsbald in einem Strom ausländischen, vor allem amerikanischen Kapitals nach Deutschland fort, der sich bis 1929 auf 21 Milliarden Mark belief. Der von der Reichsregierung begrüßte Dawes-Plan wurde im August 1924 auf der Londoner Konferenz unter Beteiligung Deutschlands angenommen und anschließend vom Reichstag ratifiziert. Auch Teile der DNVP, die grundsätzlich die fortgesetzte ‚Versklavung' Deutschlands kritisierte, stimmten unter dem Druck von Wirtschaftsinteressen zu. Wichtiger als die nationale Ehre war die Aussicht, im Rahmen des „American peace" (WERNER LINK) einen wirtschaftlichen Auf- **Nachgeholter** schwung mit der Aussicht auf Stabilität im Innern *und* internationalen Macht- **„Wilson-Friede"** gewinn erzielen zu können. In diesem zentralen Punkt war der „Wilson-Friede" nachgeholt.

Politik erschöpfte sich freilich nicht im Ökonomischen. Die Politik müsse **Ökonomische** „vor der Wirtschaft stehen", wie Stresemann 1923 betonte. Als Realist aber **Variante deutscher** wußte er, daß die Wirtschaft nach dem verlorenen Krieg die einzige noch ver- **Machtpolitik** bliebene „Kraftquelle" darstellte, die an der Wende der Nachriegspolitik in einer für Deutschland unvergleichlich günstigen Konstellation der internationalen Politik nutzbar gemacht werden konnte. Um dies zu erreichen, kam es darauf an, „die wirtschaftliche Anarchie zu beenden und vor allem ein Programm zu schaffen, nach dem Sieger und Unterlegene wirtschaftlich nebeneinander leben könnten" [38: G. STRESEMANN, Schriften 279ff.]. Internationale Kooperation und nationale Interessen konnten zusammengeführt werden. Auch die ökonomische Variante deutscher Machtpolitik führte zu Interessenkonflikten mit anderen Großmächten. Sie war aber kompatibel mit dem Regime des „amerikanischen Friedens".

Stresemanns Realismus Stresemann hatte nicht nur klare außenpolitische Ziele vor Augen, er verfügte auch über realistische Vorstellungen, wie sie verwirklicht werden sollten. Im Kern beruhte sein Realismus darauf, in ungeschminkter Weise die Abhängigkeit Deutschlands von der durch die Kriegsniederlage bedingten internationalen Mächtekonstellation als unverrückbaren Ausgangspunkt zu betrachten. Der schrittweise Abbau dieser Abhängigkeit, das ebenso unverrückbare Ziel seiner Politik, konnte nur gelingen, wenn sich Deutschland in einem ersten Schritt zunächst einmal in die gegebenen internationalen Zusammenhänge einfügte. In einer aufschlußreichen Rede [1: ADAP, B 1, Teil 1, 727ff.] sprach Stresemann im Dezember 1925 von der notwendigen Suche nach Gleichlaufende Interessen „gleichlaufenden Interessen" in der internationalen Politik. Nur wenn von der älteren Vorstellung Abschied genommen wurde, die internationale Politik sei ein Nullsummenspiel, sah Stresemann eine Chance, den Status der Gleichberechtigung für Deutschland zurückzugewinnen und damit den Abbau der politisch-militärischen Führungsrolle zu erreichen, die Frankreich nach 1918 hatte einnehmen können. Erfolgversprechender als nationale Machtgebärden oder gar Krieg sei internationale Kooperation, in der sich das deutsche Machtpotential zwar nicht ungebunden, letztlich aber um so wirkungsvoller entfalten könne.

Stresemann folgte damit einem westlich orientierten Politikverständnis. Partnerschaft in der Konkurrenz Der anteilige Gewinn in einem partnerschaftlich angelegten Konkurrenzsystem zählte mehr als das Denken in Freund-Feind-Mustern. Für einige Zeit schien es in Deutschland einen grundlegenden Wandel im außenpolitischen Konfliktverständnis zu geben. Neben der Betonung des nationalen Eigeninteresses stand das Bewußtsein für internationale wirtschafts- und sicherheitspolitische Zusammenhänge. Frankreich sollte, wie Stresemann in der schon zitierten Rede sagte, nicht mehr der „Würger" sein dürfen, der „uns an der Gurgel sitzt", aber es sollte gleichzeitig deutsche Garantien für seine Sicherheit erhalten. Den „Dingen seit Versailles" sollte eine „andere Wendung" gegeben werden, aber nicht in Konfrontation mit den Siegermächten, sondern in Kooperation mit ihnen.

Dieser außenpolitische Ansatz war in Deutschland heftig umkämpft. Die nationalistische Rechte wies ihn als Kapitulation und als schändliche Erfüllung des Versailler Vertrags zurück. Aber auch auf der kommunistischen Linken wurde Stresemanns „Bekenntnis zum Versailler Vertrag" kritisiert [18: UF 6, 396]. Es blieb abzuwarten, ob sich die Träger der Stresemannschen Entspannungspolitik in Deutschland würden behaupten können und ob, wie Stresemann im Januar 1927 an Reichskanzler Marx schrieb [1: ADAP, B 4, 59f.], die „Verständigung mit anderen Nationen" und die „Konsolidierung der Republik" Hand in Hand gehen könnten. Die Gegner der Republik, die sowohl deren innere Verfassung als auch deren Außenpolitik attackierten, mußten eingedämmt werden. Nur vorzeigbare außenpolitische Erfolge konnten die innenpolitische Basis der noch unsicher agierenden republikanischen Elite verbreitern und das Maß der Zustimmung zur Republik vergrößern.

Neben die 1924 erreichte wirtschaftliche mußte die politische Entspannung treten, um das Versailler System weiter abbauen und die vollständige Rückkehr Deutschlands in die internationale Großmachtdiplomatie vorantreiben zu können. Genau darauf zielte die deutsche Politik seit Januar 1925 mit ihrem Vorschlag eines Sicherheitspakts und der definitiven Anerkennung der deutschen Westgrenze. Das deutsch-französische Verhältnis sollte darüber hinaus durch einen wechselseitigen Gewaltverzicht auf eine neue Ebene gehoben werden. Es dauerte bis zum Herbst des Jahres 1925, ehe in Locarno ein Vertragswerk unterzeichnet werden konnte, das die Beziehungen zwischen Deutschland und den westeuropäischen Großmächten in dieser Weise ordnete. Sowohl in Deutschland als auch in Frankreich mußten ernste Bedenken überwunden werden. Für Deutschland setzte ein derartiger Ausgleich voraus, daß Teile des Versailler Diktats wie der Verlust Elsaß-Lothringens und die Entmilitarisierung des Rheinlands verbindlich anerkannt wurden. Frankreich mußte sich in aller Form damit abfinden, daß das Versailler System nicht mehr als Instrument französischer Dominanz auf dem Kontinent eingesetzt werden konnte. Stresemann hob in der innerdeutschen Diskussion hervor, daß man nur bei Anerkennung der Realitäten im Westen mit einer vorzeitigen Räumung des Rheinlands von Besatzungstruppen als erstem wichtigen revisionspolitischen Schritt rechnen könne. Der französische Außenminister Briand wiederum erkannte, daß Stresemanns Initiative von Großbritannien und den USA unterstützt wurde. Nur um den Preis der Isolierung hätte Frankreich auf seinen Maximalvorstellungen beharren können, die eine analoge deutsche Grenzanerkennung auch im Osten forderten, um die osteuropäischen Bündnispartner Frankreichs nicht sich selbst überlassen zu müssen. Daß dies für Deutschland nicht in Frage kam, machte Stresemann unmißverständlich deutlich.

Auch gegenüber der sowjetischen Regierung ließ der deutsche Außenminister keinen Zweifel daran, den Status quo in Osteuropa und insbesonre die deutsch-polnische Grenze nicht anerkennen zu wollen. Er unterstrich damit das revisionistische Interesse, das Moskau und Berlin gemeinsam war. Gleichzeitig aber beschied er die schon Ende 1924 gestarteten sowjetischen

Vorrang der Westpolitik Bündnissondierungen abschlägig. Seine Prioritäten lagen im Westen. Nur von dort konnten Kapitalhilfe und wirtschaftliche Impulse kommen. Auch macht- und sicherheitspolitisch waren die Westmächte von größerer Bedeutung als

Relative Distanz zur Sowjetunion die Sowjetunion. Wenn es mit ihr auch partielle Interessenidentitäten gab, war sie politisch gleichwohl ein unkalkulierbarer Faktor. Natürlich hatte Strese- mann den ‚deutschen Oktober' nicht vergessen, als es im Krisenjahr 1923 wäh- rend seiner Reichskanzlerschaft zu von Moskau gelenkten Aufstandsversu- chen der deutschen Kommunisten kam, so daß er im Juli 1925 notierte: „Eine Ehe einzugehen mit dem kommunistischen Rußland, hieße, sich mit dem Mör- der des eigenen Volkes ins Bett legen. Schließlich kann auf die Dauer nicht die Fiktion aufrechterhalten werden, daß es eine russische Regierung gibt, die eine deutschfreundliche Politik treibt, und eine Dritte Internationale, die sich bemüht, Deutschland zu unterminieren" [245: A. THIMME, Stresemann, 108f.].

Indem Stresemann den Akzent auf die Einfügung Deutschlands in die westlich geprägte Konferenzdiplomatie und Wirtschaftswelt legte, wehrte er sich zugleich gegen Illusionen, man könne mit einem deutsch-sowjetischen Schulterschluß, der die kommunistische Linke und die nationalistische Rechte in einer unheiligen Allianz gesehen hätte, zu einem raschen außenpolitischen Erfolg kommen. Gegenüber dem Kronprinzen Wilhelm von Preußen warnte er im September 1925 vor der „Utopie, mit dem Bolschewismus zu kokettie- ren". Gleichzeitig unterstrich er allerdings auch, daß seine Politik der West- orientierung nicht mit einer dezidierten Westbindung und Ausrichtung der deutschen Außenpolitik auf den Westen verwechselt werden dürfe. Man wolle sich „durchaus nicht nach dem Westen verkaufen", sondern die UdSSR im Spiel halten und in der Erwartung einer „evolutionären Entwicklung" des „russischen Staates" die langsame Annäherung der Sowjetunion an das west- liche Weltsystem fördern.

Deutsch- sowjetisches Wirtschafts- abkommen Diesem Zweck dienten die deutsch-sowjetischen Kontakte, die parallel zu den Bemühungen um einen Sicherheitspakt im Westen gepflegt wurden und im Oktober 1925 zum Abschluß eines deutsch-sowjetischen Wirtschaftsab- kommens führten. Stresemann verfolgte damit die gesamteuropäische Linie, die 1922 auf der Konferenz von Genua noch gescheitert war und die Lloyd George schon 1919 vergeblich in die Diskussion hatte einbringen wollen. Es ging in Übereinstimmung vor allem mit den USA und Großbritannien darum, zugunsten einer multilateral ausgerichteten internationalen Ordnung Blockbildungen und exklusive Allianzen zu vermeiden. Deutschland mußte der Versuchung widerstehen, den gordischen Knoten durch eine simplistische Lösung zerschlagen zu wollen. Es durfte weder zum „Kontinentaldegen für

England" werden, noch konnte es sich im Rückfall auf antiwestliche Affekte „auf ein deutsch-russisches Bündnis einlassen" [37: G. STRESEMANN, Vermächtnis 2, 554].

Im Vergleich zu 1922 war drei Jahre später ein doppelter Wandel festzustellen, der ein zweites Rapallo mit all seinen Hoffnungen und zugleich Irritationen überflüssig machte. Zum einen war es im innerdeutschen Entscheidungsprozeß zu einer Klärung zugunsten einer multilateralen Westorientierung gekommen. Mit Carl von Schubert war im Dezember 1924 ein vorrangig nach Westen blickender Diplomat Staatssekretär im Auswärtigen Amt geworden. Aber auch sein Vorgänger von Maltzan, einer der Architekten von Rapallo, unterstützte jetzt als deutscher Botschafter in Washington Stresemanns Westpolitik. Zum anderen hatte sich 1924/25 die internationale Konstellation gewandelt. Deutsche Westpolitik konnte nur erfolgreich sein, wenn sie im Westen Adressaten hatte. Dies war insbesondere der Fall, seit das Engagement der USA für die Stabilität Europas zunahm, und es war endgültig erreicht, als in Frankreich nach dem Wahlsieg des Linkskartells 1924 Außenminister Aristide Briand eine auf Entspannung gerichtete Politik verfolgte und damit eine Anpassung des Versailler Systems ermöglichte, die dem Machtgewinn Deutschlands und dem gleichzeitigen Machtverfall Frankreichs Rechnung trug.

Eine derartige Modifikation der Nachkriegsordnung wurde mit dem vom 5. bis 16. Oktober 1925 in Locarno ausgehandelten Vertragswerk vorgenommen. Es sollte, wie es in der Präambel hieß, „eine moralische Entspannung zwischen den Nationen" bewirken [Text des Vertragswerks in: 18: UF 6, 379ff.]. Mit anderen Worten: Es sollte die Vereinbarkeit von deutschem Großmachtstatus und europäischer Friedensordnung ermöglichen. Einig war man sich in Locarno über die „Unverletzlichkeit" der deutschen West- beziehungsweise der französischen und belgischen Ostgrenze und über einen wechselseitigen Gewaltverzicht im deutsch-französischen und deutsch-belgischen Verhältnis; ferner über die dauerhafte Entmilitarisierung des Rheinlands. Für diesen Teil des Vertragswerks traten Großbritannien und Italien als Garantiemächte auf. Unstrittig war auch der Beitritt Deutschlands zum Völkerbund mit einem ständigen Sitz im Völkerbundsrat. Er besiegelte die Rückkehr Deutschlands in die internationale Politik, verpflichtete es zugleich aber auch auf die Ziele des Völkerbunds.

Allerdings konnte die deutsche Delegation erreichen, daß Artikel 16 der Völkerbundsatzung, der Sanktionsartikel, eine Auslegung erfuhr, die auf eine Relativierung des Prinzips der kollektiven Sicherheit hinauslief. Jedes Mitglied des Völkerbunds sollte künftig „loyal und wirksam" mitarbeiten und jedem Angriff in dem Maß entgegentreten, „das mit seiner militärischen Lage verträglich ist und das seiner geographischen Lage Rechnung trägt". Strese-

Marginalien:

Multilaterale Westorientierung

Günstige internationale Rahmenbedingungen

Konferenz von Locarno

Auslegung von Art. 16 der Völkerbundsatzung

mann bestand auf dieser Formel, die im übrigen vor allem auch britischen Interessen entsprach, weil er für den Fall eines polnisch-sowjetischen Krieges nicht in eine etwaige Sanktionspolitik des Völkerbunds hineingezogen werden wollte. Erfolgreich war Stresemann auch, als er den Versuch Briands abwehrte, Frankreich in die Rolle einer Garantiemacht für die deutsch-polnische und deutsch-tschechoslowakische Grenze zu bringen. Polen und die Tschechoslowakei, deren Außenminister ebenfalls in Locarno präsent waren, mußten schließlich damit zufrieden sein, daß mit Deutschland Schiedsverträge abgeschlossen wurden, daß die deutsche Anerkennung der Ostgrenze aber ausblieb. In Locarno wurde die Sicherheitsfrage in Europa nach regionalen Ge-

Regionalisierung der Sicherheit sichtspunkten behandelt. Aus deutscher Sicht war es ein Erfolg, nicht zur Anerkennung des territorialen Status quo in Osteuropa gezwungen worden zu sein. Auch wenn sich Deutschland in völkerrechtlich verbindlicher Weise zu dem Prinzip des ausschließlich friedlichen Wandels bekannte, lag darin eine der Grenzen der Entspannungspolitik von Locarno.

2. *Revisionspolitische Stagnation und Grenzen der Entspannung 1926–1927*

Aus deutscher Sicht war mit Locarno dem französischen Sicherheitsbedürfnis soweit Genüge getan worden, daß man auf dieser Basis eine weitere Revision des Versailler Vertrags glaubte angehen zu können. Die Ende November 1925 beginnende Räumung der Kölner Zone von alliierten Besatzungstruppen war ein guter Auftakt, der die Erwartung einer vorzeitigen Räumung der übrigen Gebiete des Rheinlands und der Pfalz weckte. Die deutsche Revisionsdynamik, die sich auch auf die Fragen der Reparationen und der Rüstung sowie auf die Ostgrenze erstreckte, traf allerdings auf eine ganz und gar kon-

Konträre Interpretationen von Locarno träre französische Interpretation von Locarno. In Paris erhoffte man sich nämlich eine Atempause in der Demontage von Versailles. Der Grundkonflikt in den deutsch-französischen Beziehungen, der Gegensatz von Revisionspolitik und Status quo-Fixierung, war keineswegs ausgeräumt. Aber auch mit den USA und Großbritannien sollte das deutsche Revisionsbegehren in Konflikt kommen. In allen Fällen freilich rangierte die Bewahrung der Kooperation mit den westlichen Großmächten vor dem revisionspolitischen Gewinn. Stresemann testete den Spielraum deutscher Revisionspolitik, überdehnte ihn aber nicht.

Wenn außenpolitisch eigentlich Zurückhaltung und die Drosselung des revisionspolitischen Tempos angezeigt war, so war gleichzeitig innenpolitischer Druck gegen eine zu moderat erscheinende Politik der Verständigung

DNVP verläßt Regierung spürbar. Die DNVP verließ wegen der von ihr angefeindeten „Erfüllungs-Politik" von Locarno die Regierung, in die sie Anfang 1925 eingetreten war. Das Vertragswerk konnte nur mit den Stimmen der oppositionellen, die

Außenpolitik Stresemanns aber mittragenden SPD durch den Reichstag gebracht werden. Eine Verbreiterung der innenpolitische Basis erhoffte sich Stresemann von, wie er es nannte, möglichst rasch eintretenden „Rückwirkungen" seiner Entspannungspolitik auf den weiteren Prozeß der Normalisierung. Unabhängig von der innerdeutschen Kritik, die er in zum Teil diffamierender Weise erfuhr, durfte es auch aus seiner Sicht niemals zum Stillstand im Abbau von Versailles kommen.

Stresemanns Position zwischen deutscher Begehrlichkeit und internationaler Rücksichtnahme zeigte sich, als über die deutsche Haltung zur polnischen Finanzkrise 1925/26 zu entscheiden war. Stresemann glaubte im Frühjahr 1926, ein Junktim von finanziellen Stützungsmaßnahmen und Grenzverhandlungen aufstellen zu können. Er wollte sich an einem „internationalen Sanierungsverfahren" durchaus beteiligen, eine „endgültige und dauerhafte Sanierung Polens" aber solange hinausschieben, „bis das Land für eine unseren Wünschen entsprechende Regelung der Grenzfragen reif und bis unsere politische Machtstellung genügend gekräftigt ist" [1: ADAP, B 2, Teil 1, 364]. Diese Strategie, die Stresemanns Kalkül von der ökonomischen Variante deutscher Machtpolitik genau entsprach, konnte allerdings nicht im Alleingang durchgesetzt werden. Anders als man es vielleicht hätte erwarten können, stellte London als sofortige Stabilisierungsmaßnahme eine Anleihe bereit, der sich das Auswärtige Amt in Berlin nicht widersetzen konnte. Die deutsch-polnischen Beziehungen blieben infolge der Grenzfrage und der Minderheitenproblematik belastet und wurden zusätzlich durch einen jahrelangen Handelskrieg verschärft.

Stresemanns Revisionspolitik

Deutsch-polnischer Gegensatz

Der deutsch-polnische Gegensatz schlug auch auf das Verfahren durch, das zu der an sich für den März 1926 erwarteten Aufnahme Deutschlands in den Völkerbund führen sollte. Von Frankreich unterstützt strebte auch Polen nach einem ständigen Sitz im Völkerbundsrat, um sein durch die Aufwertung Deutschlands angeschlagenes Prestige aufbessern zu können. Auch Spanien und Brasilien erhoben – ebenso vergebliche – Ansprüche, so daß es bis September 1926 dauerte, ehe die deutsche Delegation ihren Einzug in Genf halten konnte. Die Lösung bestand darin, daß Deutschland einen ständigen Ratssitz erhielt und die Zahl der nichtständigen Ratssitze von sechs auf neun erhöht wurde.

Verzögerter Beitritt zum Völkerbund

Am Rande der Völkerbundsversammlung kam es zwischen Stresemann und Briand nicht weit von Genf in Thoiry zu einem Treffen, bei dem ein weitgehendes deutsch-französisches Arrangement ins Auge gefaßt wurde. Es sollte den Charakter eines Schlußstrichs unter die Nachkriegszeit haben. Als Gegenleistung zum Verkauf der aufgrund des Dawes-Abkommens hinterlegten deutschen Eisenbahn- und Industrieobligationen sollte das Rheinland vorzeitig geräumt werden. Frankreich hätte seine Anteile aus dem Erlös zur

Treffen von Thoiry

Stützung des Franc verwenden können, und Stresemann hätte auf die Hebelwirkung wirtschaftlicher Faktoren zugunsten politischer Ziele verweisen können. Abgesehen davon, daß Briand nicht genügend Rückendeckung bei Ministerpräsident Poincaré hatte, drohte der deutsch-französische Bilateralismus von Thoiry das komplexe System zu stören, das mit dem Dawes-Plan und mit Locarno errichtet worden war. In Großbritannien wurde geargwöhnt, es könnten sich deutsch-französische Sonderbeziehungen entwickeln. Aus-

Haltung der USA schlaggebend war aber der amerikanische Einspruch. Die amerikanischen – wie auch die britischen – Banken wollten sich nicht kurzerhand aus ihrer eben erst bezogenen Schlüsselrolle verdrängen lassen, abgesehen davon, daß die Frage der französischen Kriegsschulden noch offen war. In Berlin wurde realistischerweise schnell begriffen, daß damit die intendierte „Gesamtlösung" auf Eis gelegt werden mußte, denn für Stresemann kam „keine Regelung in Betracht", „die uns in direkten Gegensatz mit Amerika brächte" [1: ADAP, B 1, Teil 2, S. 375]. Wurde die wirtschaftliche Einbindung in den Westen gesucht, die sich auch in steigender amerikanischer Wirtschaftspräsenz in Deutschland niederschlug, mußte die darin implizierte Barriere gegen eine allzu kurzfristig konzipierte Revisionspolitik akzeptiert werden.

Orientierung an   Der Beitritt zum Völkerbund und die Orientierung an den USA verdeut-
den USA lichten, wo die Basis der deutschen Außenpolitik lag. Auch der bereits im April 1926 abgeschlossene Berliner Vertrag, ein deutsch-sowjetisches Neutralitätsabkommen, änderte schon deswegen daran nichts, weil nur innerhalb des westlichen Staatensystems weitere Fortschritte auf dem Weg zu einer gleichberechtigten Großmachtstellung erzielt werden konnten. Die Sowjetunion dagegen stand außerhalb des Völkerbunds und verfügte nicht einmal über einen Botschafter dort, wo die deutsche und europäische Locarno-Politik materiell verankert war, in den USA. Gleichzeitig aber setzte Stresemann

Deutsch-sowjetische seine Bemühungen fort, die Beziehungen zur Sowjetunion pfleglicher zu
Beziehungen behandeln, als seine westlichen Partner es taten. Im Unterschied zum Überraschungscoup von Rapallo wurden sie seitens der Reichsregierung darüber auch in ausreichendem Maß mit Informationen versorgt. Im Auswärtigen Amt hätte man es gern gesehen, wenn sich amerikanische Banken stärker im Handel mit der Sowjetunion engagiert hätten. Neben den wirtschaftlichen Interessen stand dabei die Überlegung, man könne die Sowjetunion mit der Konsequenz ihres schließlichen Beitritts zum Völkerbund an den Westen heranziehen und ihr revolutionäres Temperament zügeln.

An den Ausbau der Wirtschaftsbeziehunen knüpfte sich nicht nur die Vorstellung des wirtschaftlichen Gewinns und des Machtzuwachses im internationalen Vergleich, sondern auch die Kantische Idee der „Universalrepublik des Tauschs" (RAYMOND ARON), in der der Handel als Friedensstifter wirkt.

Frieden durch Wie Stresemann sah auch Briand einen Wirkungszusammenhang zwischen
Handel

internationalem Finanzfluß und Handel auf der einen und internationaler Entspannung auf der anderen Seite: „Wir werden versuchen, unsere ökonomischen Interessen mit denen Deutschlands abzustimmen. Die wirtschaftlichen Abmachungen sind die beste Nahtstelle zwischen Völkern für den Frieden" [354: C. WURM, Französische Sicherheitspolitik, 448].

Wie mühsam jedoch diese Programmatik in die Tat umzusetzen war, zeigte sich an dem schleppenden Tempo, mit dem die Verhandlungen über den schließlich im August 1927 zustande gekommenen deutsch-französischen Handelsvertrag vorankamen. Zugleich war nicht zu erkennen, daß der wirtschaftliche Frieden auf den traditionellen Bereich der Sicherheitspolitik übergriff und die Frage der Abrüstung in Europa vorankam. Die schon 1925 vom Völkerbund beschlossene Abrüstungskonferenz war lange in Vorbereitungstreffen verfangen, so daß sie erst 1932 in Genf zusammentreten konnte, als sich der Entspannungsimpetus von Locarno längst in der Weltwirtschaftskrise verloren hatte. Namentlich Frankreich war nicht bereit, auf die militärische Komponente seiner Sicherheitspolitik zu verzichten oder sie zurückzustufen. Grenzen des wirtschaftlichen Friedens

In Deutschland wartete man auf internationale Regelungen, um die durch Versailles auferlegten Beschränkungen hinter sich lassen zu können. Frankreich sollte abrüsten und Deutschland im Rahmen von allseits akzeptierten Obergrenzen legal aufrüsten können, ohne den zivilen Grundzug seiner ‚republikanischen' Außenpolitik aufgeben zu wollen. Davon sich abhebende Planungen in der Reichswehr 1926, die eine Neuauflage des Krieges anvisierten, blieben demgegenüber verdeckt. Dazu gehörte zunächst auch die Kooperation zwischen Reichswehr und Roter Armee, die im Hinblick auf eine moderne Panzer- und Luftwaffe betrieben wurde. Von ihr erfuhr die deutsche und internationale Öffentlichkeit Ende 1926. Aus der Sicht der politischen Führung in Berlin durfte sie die „Verständigungspolitik" nach Westen nicht gefährden. Diese hatte für Stresemann stets Priorität vor dem „Gedanken einer militärischen Verbindung mit Sowjetrußland" [1: ADAP, B 4, 59]. Kooperation Reichswehr/ Rote Armee

Blickte man im Frühjahr 1927 auf die zurückliegenden drei Jahre deutscher Außenpolitik, so konnte man bei nüchterner Betrachtungsweise durchaus von einer Erfolgsbilanz sprechen. Deutschland war in den Kreis der europäischen Großmächte zurückgekehrt, und der deutsche Außenminister wurde 1926 mit dem Friedensnobelpreis geehrt. Drohte 1923 als Folge der französischen Besetzung des Ruhrgebiets noch eine Amputation im Westen des Reichsgebiets, so verfügte Deutschland jetzt über den Schutz, der von der Entpolitisierung der Reparationen im Dawes-Abkommen und von den sicherheitspolitischen Regelungen des Vertrags von Locarno ausging. Anfang 1927 fiel auch die Aufsicht durch die Interalliierte Militär-Kontroll-Kommission weg. Erfolgsbilanz deutscher Politik

Gleichwohl hatte man in Deutschland Schwierigkeiten, sich auf eine solche Sicht der Dinge einzustellen. Durchaus vergleichbar mit der emotional

bestimmten Zurückweisung des Versailler Vertrags, bei dem nur die – fraglos
vorhandenen – negativen Seiten gesehen worden waren, dominierte in der
Wahrnehmung von 1926/27 nicht das in Locarno Erreichte, sondern die Enttäuschung darüber, daß hoch gesteckte Erwartungen über die „Rückwirkungen" von Locarno nicht sogleich in Erfüllung gingen. Stresemann stand in diesem Punkt nicht nur unter dem Druck der politischen Rechten und auch
großer Teile seiner eigenen Partei. Er teilte auch selbst diese Einstellung.
Offenbar versagte sein Realitätssinn, wenn es um den Zeitraum ging, der im
Alltag der Entspannungspolitik für eine wirkliche Konsolidierung von internationaler Vertrauensbildung und für einen weiteren Rückzug der Siegermächte von ihren in Versailles verbrieften Positionen nötig war.

Dieser deutschen Stimmungslage entsprach eine europaweite Skepsis
über die Tragfähigkeit der mit Locarno erreichten und im Vergleich zu 1923
beachtlich erscheinenden internationalen Kooperationsformen. Die französische Regierung versuchte im April 1927 besondere Beziehungen zu den USA
zu knüpfen. Daraus wurde 1928 der Briand-Kellogg-Pakt, ein weltweiter Vertrag zur Kriegsächtung, aber zunächst einmal zeigte die französische Initiative,
daß man nach zusätzlichen Absicherungen gegenüber Deutschland suchte.
Aus französischer Sicht dominierte in der deutschen Politik zu sehr das natio-
nalegoistische Interesse an einem zügigen Fortgang der Revision von Versailles, während das Streben nach Friedenssicherung, das vom Auswärtigen Amt
immer wieder im Sinne des kollektiven europäischen Interesses unterstrichen
wurde, in den Hintergrund gerückt schien.

Daß auch die wirtschaftliche Verständigung, die in Gestalt der 1926
gegründeten Internationalen Rohstahlgemeinschaft erzielt war, noch keinen
stabilen Frieden, sondern eher einen Waffenstillstand darstellte, unterstrich
Ende 1927 deren Vorsitzender, der luxemburgische Industrielle Emil
Mayrisch. Die Weltwirtschaftskonferenz des Völkerbunds im Mai 1927 machte ebenfalls deutlich, daß ungeachtet alternativer Denkanstöße letztlich die
nationalen Egoismen im Vordergrund standen und wenig Bereitschaft zu
einer Liberalisierung des Welthandels bestand. Festzuhalten ist also, daß nach
dem Durchbruch von 1924/25 zwar eine relative Entspannung in der europäischen Politik zu verzeichnen war, daß aber im Bewußtsein der Zeitgenossen
wie auch tatsächlich die Nachkriegszeit mit all ihren Unsicherheiten noch
nicht zugunsten eines Neuanfangs ausgelaufen war. Sollte es zu internationalen Friktionen kommen, so mußte der 1927 keineswegs konsolidierte europäische Friedensprozeß entweder bekräftigt werden, oder er würde sich schwe-
ren Belastungen ausgesetzt sehen. Viel sollte dabei von der deutschen
Außenpolitik abhängen.

Enttäuschung über
„Rückwirkungen"
von Locarno

Unverändertes
französisches
Sicherheits-
verlangen

Internationale Roh-
stahlgemeinschaft

Weltwirtschafts-
konferenz des
Völkerbunds

Grenzen der
Entspannung

C. Schritte zur Auflösung des Versailler Systems

1. Zwischen entspannungspolitischer Kontinuität und der Forderung nach „Liquidation des Krieges" 1928–1930

Die deutsche Außenpolitik blieb 1928/29 und auch über den Tod Stresemanns und den Beginn der Weltwirtschaftskrise im Oktober 1929 hinaus einer Politik der Friedenswahrung verpflichtet. Gleichzeitig wurde freilich der Ruf nach einer abschließenden Revision von Versailles immer lauter. Das Verlangen nach größerem Handlungsspielraum und voller Gleichberechtigung für Deutschland nahm zu. Die Person Stresemanns schien vorerst eine Gewähr dafür zu bieten, daß die Einbindung Deutschlands in das internationale System und die Revisionspolitik aufeinander bezogen blieben, was sich in der ausdrücklichen Bekräftigung der deutschen Schiedsvertragspolitik und in der Mitarbeit im Sicherheitskomitee des Völkerbunds 1927/28 niederschlug. Stresemann ließ aber in revisionspolitischen Fragen (Rheinlandräumung, Saar-Frage, Reparationen, Rüstungspolitik, deutsche Minderheiten im Ausland) nicht nur keinerlei Verschnaufpause eintreten, sondern begann auch – nicht zuletzt aus innenpolitischen Zwängen – stärker zu drängen. Wenn der deutsche Außenminister Anfang 1928 die weitere Besetzung des Rheinlands für unvereinbar mit dem Geist von Locarno erklärte, so ignorierte er dabei die französische Perspektive, für die das kardinale Problem der Sicherheit mit Locarno ja keineswegs gelöst war. Auch der nach dem Erfolg der SPD in den Reichstagswahlen vom Mai 1928 zum Reichskanzler ernannte Hermann Müller nannte die vorzeitige Räumung des Rheinlands eine „Selbstverständlichkeit" [103: P. KRÜGER, Außenpolitik, 435]. In seiner Regierungserklärung Anfang Juli 1928 rangierte die Außenpolitik an erster Position. Sie war das Bindeglied einer ansonsten heterogenen Koalition aus den um die DVP erweiterten Parteien der Weimarer Koalition. Die Verständigungspolitik Stresemanns als Signum der Republik konnte angesichts der in Deutschland lauter werdenden Kritik an ihren Ergebnissen nur dann auf weiteren Zuspruch hoffen und eine Re-Nationalisierung der deutschen Politik verhindern, wenn vorzeigbare Resultate erzielt wurden. Die bürgerliche Mitte, das Zentrum eingeschlossen, war aus den Reichstagswahlen geschwächt hervorgegangen und suchte ihr Heil fortan in einem deutlichen Rechtsschwenk. Stresemann sah sich in seiner eigenen Partei zunehmend verunsichert. Anfang 1929 resümierte er, die DVP sei schon allein deswegen unzufrieden, weil sie „mit den Sozialdemokraten in einer Regierung" saß. Die politische „Sehnsucht vieler" dränge „nach der Rechten" [31: G. STRESEMANN, Vermächtnis 3, 222]. Mit anderen Worten: Die parlamentarische Republik und die Entspannungspolitik standen auf dem Prüfstand.

Revisionspolitische Ziele

Verlangen nach Rheinlandräumung

Rechtstrend in Deutschland

Bevor im Herbst 1928 revisionspolitische Signale gesetzt werden konnten, bot sich der deutschen Politik eine unverhoffte Plattform, um sich durch

Annäherung an die USA verstärkt ins Spiel zu bringen und dadurch vielleicht auch die revisionspolitische Stagnation überwinden zu können. Vom amerikanischen Reparationsagenten Parker Gilbert wußte man, daß er sich im Februar 1928 gegenüber der Reparationskommission für eine Lösung der Reparationsfrage einsetzte, die im Unterschied zum Dawes-Plan dauerhaft sein sollte und für Deutschland gut verkraftbar sein müsse, also geringere Annuitäten vorsah, als nach dem Dawes-Plan ab 1929 (2,5 Milliarden Mark) fällig gewesen wären. Geldanleger und Geschäftsleute in den USA tendierten in dieselbe Richtung.

Auf der politischen Ebene ergriff Stresemann seine Chance, als der amerikanische Außenminister Kellogg als Reaktion auf Briands Vorschlag eines französisch-amerikanischen Nichtangriffsabkommens Ende Dezember 1927 einen universalen Vertrag vorschlug, mit dem sich die beitrittswilligen Staaten zu einer Ächtung des Krieges verpflichten sollten. Im Auswärtigen Amt erkannte man sehr schnell, warum Frankreich mit der Zustimmung zögerte. Ein solcher Vertrag mußte die Reste des französischen Sicherheitssystems in Osteuropa weiter schwächen. Die „militärische Machtstellung von Staaten wie Frankreich" konnte, wie Staatssekretär Schubert richtig bemerkte, durch von Kellogg vorgeschlagene „rechtliche Bindungen" relativiert werden. Sie stellten in „unserer Bekämpfung des französischen Bündnissystems" eine „wertvolle Unterstützung" dar [1: ADAP, B 8, 64f.].

Stresemann sperrte sich auch gegen den französisch-britischen Wunsch, eine Antwort auf Kelloggs Vorschlag im Kreis der Völkerbundstaaten zu koordinieren. Er wollte sich nicht in eine europäische Formation gegen die USA einspannen lassen und signalisierte Washington im Alleingang die deutsche Zustimmung zu dem, was unter wesentlicher Mitwirkung der deutschen

Diplomatie im August 1928 als Briand-Kellogg-Pakt unterzeichnet werden konnte. Es handelte sich dabei um einen Kriegsächtungspakt, der eine neue völkerrechtliche Norm schuf. Aus deutscher Sicht war die Annäherung an die USA aber auch ein Hebel, um dem Ziel einer weiteren Revision des Versailler Vertrags näherzukommen. Parallel dazu versuchte die deutsche Regierung, das revisionspolitische Tempo zu bestimmen, und kündigte Ende Juli 1928 auf diplomatischem Wege an, die Räumung des Rheinlands von Besatzungstruppen auf die Tagesordnung bringen zu wollen. Der deutsche Vorstoß fiel in eine Phase britisch-französischer Annäherung in Rüstungsfragen, die manchen Beobachter an eine Wiederbelebung der Entente glauben ließ.

Die Völkerbundsversammlung im September 1928 wurde zum Anlaß genommen, die deutschen Forderungen nachdrücklich und geballt vorzubringen. Da Stresemann, dessen Gesundheitszustand zunehmend zu wünschen übrig ließ, nicht nach Genf reisen konnte, übernahm der Reichskanzler selbst seine Rolle. Als Sozialdemokrat wollte er sich von niemandem in der Wahrung des nationalen Interesses übertreffen lassen. Müller forderte ein Ende der Rheinlandbesetzung und mahnte mit seiner deutlichen Kritik an der schleppenden Abrüstungspolitik ein Ende der Ungleichbehandlung Deutschlands an. Die Siegermächte wollten das Rheinland jedoch nur vorzeitig räumen, wenn zuvor in der Reparationsfrage für Sicherheit gesorgt wäre, und forderten, was deutscherseits ohnehin dringend gewünscht wurde, Verhandlungen über eine endgültige Reparationsregelung. Damit war das Paket geschnürt, das den Schlüssel enthielt, mit dem das Tor zur weitgehenden Wiederherstellung der vollständigen Souveränität Deutschlands geöffnet werden sollte. Gleichsam als Bekräftigung dazu beschloß die Reichsregierung im Oktober 1928 ein auf fünf Jahre angelegtes Rüstungsprogramm.

Im Februar 1929 trat in Paris unter der Leitung des amerikanischen Bankiers Owen D. Young, der schon am Zustandekommen des Dawes-Abkommens maßgeblich beteiligt gewesen war, eine Sachverständigenkonferenz zur Behandlung der Reparationsfrage zusammen. Die deutschen Delegierten waren Reichsbankpräsident Hjalmar Schacht und Albert Vögler als Interessenvertreter der Schwerindustrie. Ob es nun Kalkül war oder Fahrlässigkeit oder ob es einer innenpolitischen Notwendigkeit entsprach, die deutschen Delegierten gingen ohne bindende Vorgaben des Auswärtigen Amts in die Verhandlungen. Damit war die international vereinbarte Unabhängigkeit der Delegierten gewährleistet, zugleich aber angesichts der prononciert nationalen Grundhaltung der deutschen Vertreter eine schwere Belastung der Verhandlungen vorprogrammiert. *Young-Komitee*

Schacht verknüpfte die Reparationsfrage mit territorialen Revisionsforderungen (polnischer Korridor, Kolonien) und brachte damit die Konferenz an den Rand des Zusammenbruchs. Intern plädierte er dafür, die Verhandlungen scheitern zu lassen. Davon wollte Stresemann, der mit Schachts Revisionsforderungen durchaus sympathisierte, jedoch nichts wissen und empfahl, die alliierten Forderungen zu akzeptieren. Anders als Schacht fürchtete er die Auswirkungen der dann drohenden Krise und hoffte für den Fall einer Einigung auf neue amerikanische Kredite. Als Hintergrund ist in Rechnung zu stellen, daß Schacht, der wie Stresemann stets als Anwalt einer wirtschaftlichen Anlehnung an die USA aufgetreten war, die Verhandlungen in der Hoffnung aufgenommen hatte, die Annuitäten weit unter zwei Milliarden, der auch von den Amerikanern ins Auge gefaßten Untergrenze, halten zu können. Als das Konzept scheiterte, distanzierte sich Schacht um so deutlicher von Stresemanns kooperativer Revisions- und Verständigungspolitik. *Auftreten Schachts*

In der für die Reichsregierung prekären innenpolitischen Lage des Jahres 1929 war es von großer Bedeutung, daß sich die exportorientierten Bereiche

Interesse der
Exportwirtschaft an
Reparations-
regelung

Liquidation des
Krieges

Young-Plan

der Wirtschaft an einer internationalen reparationspolitischen Einigung interessiert zeigten. Eine anderenfalls unkontrollierte Krise sollte wegen der dann zu befürchtenden Auswirkungen auf die europäische Wirtschaft und die Beziehungen zu den USA vermieden werden. So wies ein Vertreter des Reichsverbands der Deutschen Industrie, der der deutschen Delegation im Young-Komitee angehörte, nach Abschluß der Verhandlungen darauf hin, daß der „Beruhigungsprozeß, wie er seit 1924 begonnen hat", aus außenwirtschaftlichen Gründen nicht unterbrochen werden dürfe. Eine internationale Verständigung sei aber auch „im Sinne der weiteren Liquidierung des Krieges und seiner Folgen" von Bedeutung. Das in Deutschland umkämpfte Zugeständnis an die Reparationsgläubiger wurde ganz im Sinne der Stresemannschen Strategie in seiner revisionspolitischen Funktionalität und der Young-Plan als „weitere Etappe für die endgültige Liquidierung des Krieges" verstanden [103: P. KRÜGER, Außenpolitik, 486].

Die Formel „Liquidation des Krieges" war seit dem Herbst 1928 sowohl in Frankreich als auch in Deutschland in Umlauf und wurde auch von Briand in einer Unterredung mit Stresemann kurz nach der Vorlage des Young-Plans gebraucht. Anders als der sich bedeckt haltende Stresemann verstand Briand darunter die Konservierung des Bestehenden im Rahmen „einer Art fédération européenne" [1: ADAP, B 12, 43]. Der französische Außenminister brachte mit einer gewissen Spitze gegen die USA, die Stresemann mit dem Hinweis auf die deutsche finanzielle Abhängigkeit von den Amerikanern aber abbog, Europa als Konstruktion ins Spiel, um die zur Vorkriegsnormalität zurückstrebende deutsche Großmacht eindämmen und auf eine Nachkriegsnormalität festlegen zu können. Auch als Briand im September 1929 vor dem Völkerbund den Gedanken eines „föderativen Bandes" zwischen den „Völkern Europas" in die Diskussion brachte, reagierte Stresemann nicht nur zustimmend. Was ihm wirtschaftlich geboten erschien, wollte er politisch keineswegs hinnehmen.

Der Young-Plan sah eine Gesamtsumme von 112 Milliarden Mark vor, die in jährlichen Durchschnittszahlungen von rund 2 Milliarden zu erbringen war. Für das nationale Selbstwertgefühl in Deutschland war es von eminenter Bedeutung, daß die mit dem Dawes-Plan verbundenen internationalen Kontrollen jetzt wegfielen. Auf der anderen Seite wurde der durch den Reparationsagenten gewährleistete Transferschutz für die deutsche Währung hinfällig. Schließlich wurde die Räumung des Rheinlands zugesagt, so daß nicht nur die wirtschaftliche, sondern auch die territoriale Souveränität Deutschlands wiederhergestellt wurde. Die Einzelheiten regelte man in zum Teil mühsam verlaufenden Verhandlungen in zwei Regierungskonferenzen in Den Haag. Dazu gehörte die Terminierung des Abzugs der Besatzungstruppen, der bis zum 30. Juni 1930 abgeschlossen war und in Deutschland mit pompösen Befreiungsfeiern begangen wurde.

Die Regierung der Großen Koalition hatte zu diesem Zeitpunkt schon zu bestehen aufgehört. An ihre Stelle war im März 1930 eine von Heinrich Brüning geführte Regierung getreten, die erste in der Reihe der Präsidialregierungen. Außenminister blieb Julius Curtius, der seit dem Tod Stresemanns im Oktober 1929 im Amt war. Was Außenminister Stresemann und seinem Staatssekretär Schubert insgesamt, wenn auch auf fragiler werdender Grundlage noch gelungen zu sein schien, das Gleichgewicht zwischen dem nationalen Eigeninteresse und den Interessenlagen anderer Mächte zu beachten, erwies sich für Curtius sehr schnell als unerreichbar. Auch Stresemanns Autorität wäre angesichts der Veränderungen in den innen- und außenpolitischen Rahmenbedingungen einer extremen Belastungsprobe ausgesetzt gewesen, selbst wenn Stresemann bei bester Gesundheit geblieben wäre. Der Rechtstrend in der deutschen Politik mit der Forderung nach einer ‚nationaleren' Außenpolitik hatte sich schon vor der Weltwirtschaftskrise deutlich bemerkbar gemacht.

Tod Stresemanns; Curtius als Außenminister

Auch Stresemanns Außenpolitik war davon nicht unberührt geblieben. Französische und britische Beobachter zeigten sich seit 1928 von dem deutschen Streben nach Normalität beunruhigt. Der britische Botschafter in Berlin kam im Oktober 1928 zu der Einschätzung, Deutschland strebe wieder eine Führungsrolle in Europa an, auch wenn sich ein „Methodenwechsel" von der militärischen hin zur ökonomischen Variante deutscher Machtpolitik ergeben habe [8: DBFP, I A, Bd. 5, 395]. Ohne Frage war damit ein Grundelement der deutschen Politik präzise erfaßt. Für die weitere Entwicklung kam es darauf an, welchen Platz Rüstung und Militär einnehmen würden und welchen Gebrauch das wieder erstarkte Deutschland von seiner ökonomischen Macht machen würde. Wirtschaftsmacht konnte auf internationale Arbeitsteilung und multilateralen Interessenausgleich zielen, aber auch auf ökonomischen Nationalismus.

Streben nach Führungsrolle

Die Rückkehr zur Normalität war einerseits erwünscht und unvermeidbar, denn sie war eine grundlegende Voraussetzung für die innerdeutsche Konsensbildung. Andererseits aber war damit angesichts des deutschen Potentials notwendigerweise ein Machtzuwachs verbunden, der in den europäischen Hauptstädten alte Befürchtungen weckte. Stresemanns Drängen nach Normalität gab schon 1928 der Frage nach den Zielen der deutschen Politik eine neue Brisanz. Gleichzeitig fiel es aus der Sicht der offen agitierenden nationalistischen Rechten in Deutschland, aber auch weiter Teile der bürgerlichen Mitte oder der Reichswehrführung nicht entschieden genug aus. Die Stresemannsche Methode, einen die Nachkriegszeit beendenden Normalisierungsprozeß einzuleiten, verfehlte den für den Bestand der Weimarer Republik erforderlichen Integrationseffekt. Noch weniger war dies von dem im Kabinett wesentlich schwächeren Curtius zu erwarten, der in keiner Weise über das Charisma Stresemanns verfügte und der dem Druck von rechts nicht

nur weitaus stärker ausgesetzt war, sondern auch bereit war, ihm nachzugeben.
Weltwirtschaftskrise Hinzu kam, daß der Amtsantritt von Curtius mit dem Beginn der Weltwirtschaftskrise zusammenfiel. Sie veränderte das internationale Umfeld in ein-
schneidender Weise. Weltweit wurden multilaterale Kooperationsformen zugunsten von nationalen Alleingängen aufgegeben, was den in Deutschland
ohnehin vorhandenen Trend zur Abkehr von internationaler Verflechtung noch
verstärkte.

2. Forcierung der Revisionspolitik und Re-Nationalisierung der Außenpolitik 1930–1932

Angesichts der Desintegrationstendenzen, die schon vor 1930 in der interna-
Briands Europaplan tionalen Politik erkennbar waren, erscheint der im Mai 1930 vorgelegte Europaplan Briands fast anachronistisch. In Ergänzung der Völkerbundssatzung
sah er eine Institutionalisierung sowohl der politischen als auch der wirtschaftlichen Zusammenarbeit der europäischen Staaten vor. Deren Souveränität
sollte gewahrt bleiben. Als verbindliche Norm sollte die Absage an jegliche
Gewalt anerkannt werden. Ausgehend vom Schiedsvertragssystem von Locarno sollte die Europäische Union die Sicherheit für alle Mitgliedstaaten ge-
währleisten. Auf der Basis der dann zufriedenstellend gelösten Sicherheitsfrage könnte schließlich die wirtschaftliche Verzahnung der europäischen
Staaten entwickelt werden.

Der Primat der Sicherheits- vor der Wirtschaftspolitik ließ Briands vor-
rangiges Ziel deutlich erkennen. Der französische Außenminister mochte
auch die Europaidee im Kopf haben, primär wollte er mit Hilfe europäischer
Institutionen zur Wahrung französischer Interessen beitragen. Bestimmte in
Deutschland das Thema der Revision der Nachkriegsordnung wie ein Leitmo-
Frankreichs Wunsch tiv die Außenpolitik, so war es in Frankreich der Versuch, den jeweils erreich-
nach Sicherung des ten Status quo zu sichern. Wie nach dem Friedensschluß 1919 oder nach Lo-
Status quo carno 1925 sollte auch nach der Revision von 1929/30 nach Möglichkeit – und
wieder vergebens – ein Damm gegen die weitere Erosion des Versailler Systems errichtet werden. In spiegelbildlicher Entsprechung zum Methodenwechsel in Deutschland ergänzte Frankreich seit der Mitte der zwanziger
Jahre gezwungenermaßen das ‚altmodische' Mittel des Militärs und entwickelte parallel zu seiner militärisch ausgerichteten Sicherheitspolitik, an der fest-
gehalten wurde, ein Rezept, das zwei Jahrzehnte später tatsächlich zur Grundlage westlicher Deutschlandpolitik werden sollte. Deutschland sollte durch
Formen der Kooperation und Integration gebunden und auf den Status quo
verpflichtet werden.

Deutsche   Ein solches Vorgehen wäre in Deutschland schon in der Amtszeit
Ablehnung des Stresemanns zurückgewiesen worden. Erst recht ablehnend reagierte die stär-
Europaplans

ker rechts orientierte Regierung Brüning. Außenminister Curtius sah die „fundamentalsten Probleme unserer Außenpolitik" aufgeworfen. Wie schon Stresemann ein Ost-Locarno abgelehnt hatte, wollte auch sein Nachfolger einer „Verewigung der bestehenden Verhältnisse im Osten und Südosten Deutschlands" nicht zustimmen [1: ADAP, B 15, 127]. Die Schaffung von europäischen Institutionen wurde als Fessel empfunden. Ursprünglich wollte Curtius wenigstens die Möglichkeiten einer wirtschaftlichen Zusammenarbeit in Europa prüfen, drang damit im Kabinett aber nicht durch. Briands Initiative sollte ein „Begräbnis erster Klasse" zuteil werden [2: AR, Kabinette Brüning 1, 283].

Das Hauptziel der deutschen Außenpolitik war nach wie vor Gleichberechtigung. Es sollte aber nicht mehr notwendigerweise im europäischen Verbund angestrebt werden, der die Nationalstaaten einvernehmlich vereinbarten Regeln unterwarf, sondern in einem internationalen System, in dem die Großmächte als weitgehend autonome und von ihren Interessen geleitete Akteure auftraten. Reichskanzler Brüning strebte nicht nach einem Ausbau multilateraler Beziehungen oder gar internationaler Verflechtung, sondern beanspruchte für Deutschland „ausreichenden natürlichen Lebensraum" [ebd., 281]. Im Kabinett und im Auswärtigen Amt begann sich ein neuer Ton durchzusetzen. Gegen die Entspannungspolitik von Locarno waren schon immer – auch im Auswärtigen Amt – Kritiker aufgetreten. Sie gelangten jetzt in Schlüsselstellungen. Zu ihnen gehörte Bernhard von Bülow, der im Juni 1930 Staatssekretär im Auswärtigen Amt wurde. Nach der Septemberwahl 1930, mit der die NSDAP ihren Siegeszug begann, übermittelte er dem zur Völkerbundsversammlung in Genf weilenden Curtius die Meinung des Kabinetts, der Außenminister solle „das Wort Verständigungspolitik" tunlichst vermeiden [1: ADAP, B 15, 527].

Korrekturen an der Entspannungspolitik

Gleichzeitig war nicht daran zu denken, die deutsche Außenpolitik konfrontativ im Alleingang zu gestalten. Einerseits wollte die Reichsregierung auf den Wahlerfolg der radikalen Rechten mit einer Politik reagieren, die dieser den Wind aus den Segeln nehmen sollte. Andererseits konnte man Hitlers Frontalangriff auf die Reste des Versailler Systems nicht mitmachen, weil Deutschland finanziell an das westliche Ausland gebunden war und auf weitere Auslandsanleihen angewiesen blieb. Direkt nach den Reichstagswahlen war es im September 1930 in beträchtlichem Umfang zu Kreditabzügen gekommen. Wieder einmal nahmen die USA eine Schlüsselrolle ein – sowohl als Kreditgeber in einer sich zusehends zuspitzenden wirtschaftlichen Lage und einem sich verschärfenden gesellschaftlichen Konfliktgeschehen, als auch als diejenige Macht, die eine Anpassung der Reparationsverpflichtungen an die veränderten Rahmenbedingungen der Weltwirtschaftskrise anstoßen konnte.

Keine Politik der freien Hand

Anders als die europäischen Nachbarstaaten hatten die USA auch keine unüberwindlichen Einwände gegen die im März 1931 angekündigte deutsch-

Deutsch-
österreichische
Zollunion

österreichische Zollunion. Seit dem Berlin-Besuch des österreichischen Bundeskanzlers Schober Anfang 1930 war dieses Projekt in der Planung. Seine spektakuläre Wirkung wurde noch dadurch verstärkt, daß es als deutscher Alleingang registriert wurde. In der Tat hatte Berlin die Westmächte nicht informiert, von Konsultationen ganz zu schweigen. Was aus amerikanischer Sicht unter wirtschaftlichen Gesichtspunkten als Schritt zum Abbau von Handelsschranken bewertet werden mochte, ließ für Frankreich sogleich die darin enthaltenen macht- und sicherheitspolitischen Implikationen hervortreten. Daß im Mai 1931 der schon 1928 von der Regierung der Großen Koalition beschlossene Panzerkreuzer A unter dem Namen „Deutschland" vom Stapel lief, dessen Tonnage zwar im Rahmen des im Versailler Vertrag Erlaubten blieb, der sich infolge modernster Waffentechnik aber zu offensiven Zwecken verwenden ließ, trug nicht eben zur Beruhigung der französischen Befürchtungen bei.

Französischer
Widerstand gegen
Zollunion

Von einer deutsch-österreichischen Zollunion mußte – mit dem Gespenst des im Versailler Vertrag untersagten „Anschlusses" von Österreich an Deutschland im Hintergrund – eine Sogwirkung auf die Länder Ostmittel- und Südosteuropas ausgehen. Die immer noch bedeutende Stellung Frankreichs in diesem Raum drohte weiter untergraben zu werden. Infolgedessen setzte die französische Regierung gegen diese Entwicklung alle Hebel in Bewegung. Besonders wichtig im Jahr der Bankenkrise war die in der zweiten Hälfte der zwanziger Jahre wiederhergestellte Finanzkraft Frankreichs, die wirkungsvoll eingesetzt wurde. Auch in Großbritannien traf die Art, mit der Wien und Berlin vollendete Tatsachen schaffen wollten, auf Kritik. Im Hinblick auf wirtschaftliche Gesichtspunkte dagegen ähnelte die britische Reaktion der amerikanischen. Da es aber um eine Begrenzung des politischen Schadens ging, schlug London den Weg zum Internationalen Gerichtshof in Den Haag vor. Er entschied im September 1931 mit 8:7 Stimmen gegen die Zollunion. Kurz vorher schon hatte die Reichsregierung das Projekt zurückgezogen. Mit ihm war auch die Karriere von Außenminister Curtius zu Ende.

Brünings
Revisionspolitik

Die britische Labour-Regierung, die seit Juni 1929 im Amt war, sah 1931 vor allem ihr entspannungspolitisches Konzept gefährdet, zu dem auch ganz wesentlich Fortschritte in der Rüstungsbegrenzung im Rahmen der geplanten Abrüstungskonferenz des Völkerbunds gehörten. Zunächst aber stand nicht die Abrüstungs-, sondern die Reparationsproblematik im Vordergrund der internationalen Politik. Im direkten Kontakt mit den USA und Großbritannien versuchte Brüning das zu realisieren, was er im Herbst 1930 gegenüber Hitler schon geäußert hatte, nämlich das Versailler System endgültig zum Einsturz bringen. Die sich verschärfende wirtschaftliche Krise nutzend, konzentrierte er sich verstärkt auf die Außen- und Revisionspolitik. Daß dabei Frankreich als Bastion der Versailler Restordnung ausgegrenzt und der umfassend multi-

laterale Ansatz Stresemanns zur Revision des Versailler Vertrags definitiv aufgegeben wurde, läßt erkennen, wie die Akzente in der deutschen Außenpolitik, allerdings mit amerikanischer Rückendeckung, neu gesetzt wurden.
Anfang Juni 1931 eröffneten Brüning und Curtius der britischen Regierung, Abstriche von der Reparationslast seien unumgänglich. Wenig später
erklärte sich der amerikanische Präsident Hoover zu einem einjährigen Moratorium für alle internationalen Zahlungsverpflichtungen bereit. Die engen
Kontakte zwischen der Reichsregierung und dem amerikanischen Botschafter
Sackett zahlten sich aus. Die französische Regierung sah sich von Washington
gedrängt, dem Moratorium und damit dem Anfang vom Ende der Reparationen zuzustimmen. Die Amerikaner fürchteten um ihre Investitionen und
Geldanlagen in Deutschland und wollten den Zusammenbruch des Schuld-
ners verhindern. Damit war eine Atempause erreicht, die die Regierung Brüning nutzte, um eine aufgrund des Young-Plans mögliche Prüfung der deutschen Zahlungsfähigkeit zu erreichen. Der entsprechende Ausschuß kam zu
der Einschätzung, daß Deutschland auch nach Ablauf des Moratoriums nicht
zahlungsfähig sein werde und empfahl die vollständige Streichung der Reparationen, die dann tatsächlich von der im Juni und Juli 1932 in Lausanne
tagenden Reparationskonferenz bis auf eine Restzahlung von drei Milliarden
Mark vorgenommen wurde.

Als mit dem Ende der Reparationen ein großer revisionspolitischer Erfolg verzeichnet werden konnte, war Brüning, der seit Oktober 1931 auch
Außenminister gewesen war, schon nicht mehr im Amt des Reichskanzlers.
Sein Nachfolger Franz von Papen hatte Konstantin Freiherr von Neurath als
Außenminister an seiner Seite, der zuvor Botschafter in London gewesen und
für seine Distanz gegenüber der Verständigungspolitik von Locarno bekannt
war. Neurath sollte bis 1938 in diesem Amt bleiben. Daß er nach dem
30. Januar 1933 für fünf Jahre Hitlers Außenminister sein konnte, deutet auf
das beträchtliche Maß an Übereinstimmung zwischen der national orientierten Außenpolitik der Präsidialkabinette und den Vorstellungen Hitlers hin, auf
das Bündnis zwischen der im Innern antiparlamentarischen und außenpolitisch nationalistisch eingestellten konservativen Rechten mit der NSDAP.
Wenn Hindenburg auch lange zögerte, der Ernennung Hitlers zum Reichskanzler zuzustimmen, und die fundamentalen Unterschiede in den Zielsetzungen beider Seiten auf der Hand liegen, so ist doch nicht zu übersehen, daß die
partielle Übereinstimmung ausreichte, um die Diktatur, die schrittweise zur
reinen NS-Diktatur wurde, in Deutschland zu etablieren und damit die deutsche Außenpolitik zu militarisieren und auf Kriegskurs zu bringen.

Ein zentraler Punkt, in dem Konservative und Nationalsozialisten übereinstimmten, war das gesteigerte Verlangen nach militärischer Gleichberechtigung für Deutschland. Als die lange geplante und im Februar 1932 endlich

Hoover-Moratorium

Streichung der Reparationen

Neurath als Außenminister [von 1932 bis 1938]

Abrüstungs-
konferenz des
Völkerbunds

eröffnete Abrüstungskonferenz des Völkerbunds ihre Arbeit in Genf auf-
nahm, standen die Beratungen unter einem ungünstigen Stern. Die französische Regierung wollte Herr ihrer eigenen Sicherheitspolitik bleiben und sich
nicht den Unwägbarkeiten internationaler Abkommen aussetzen, die nach
Lage der Dinge nur auf Gleichberechtigung für Deutschland hinauslaufen
konnten und damit – aus französischer Sicht – auf deutsche Überlegenheit. Die
Reichsregierung stand unter derartigem Druck der Reichswehr, daß Verhand-
lungsflexibilität praktisch nicht vorhanden war. Nach dem Wechsel von Brüning zu Papen verstärkte sich der direkte Einfluß der Militärs noch einmal,
und der neue Reichskanzler hatte, mehr noch als Brüning, ein offenes Ohr für
ihre Wünsche. Nachdem Papen sein erstes Ziel, die „Erreichung einer Endlö-
sung in der Reparationsfrage" [2: AR, Kabinett Papen 1, 71] auf der Konferenz von Lausanne erlangt hatte, versuchte er, auch in der Rüstungsfrage vor-
anzukommen und Teil V des Versailler Vertrags abzuschütteln.

Papens
Frankreichpolitik

Die französische Regierung sollte für diesen Schritt gewonnen werden,
indem Papen, anders als Brüning, Frankreich nicht zu isolieren trachtete, sondern es mittels eines bilateralen Abkommens unter Berücksichtigung polnischer Interessen und mit einer Spitze gegen die Sowjetunion eng an Deutschland binden wollte. Er bot Frankreich eine Zollunion an und eine „Entente
zwischen der französischen und der deutschen Armee". Im Gegenzug sollte
Frankreich der „Herstellung der Gleichheit" für Deutschland in Rüstungsfragen nicht im Wege stehen [1: ADAP, B 20, 375f.]. Eine derartige Kooperation
mußte aus französischer Perspektive in der Juniorpartnerschaft Frankreichs
mit Deutschland enden. Darüber hinaus konnte die französische Regierung
nicht damit zufrieden sein, einen Abbau der von Brüning verfolgten Distanz
zu Deutschland um den Preis einer bei Papens Vorschlag unvermeidlichen
Isolierung gegenüber Großbritannien und den USA anzustreben.

Was Papen als das Zerschlagen des Gordischen Knotens erscheinen
mochte, war tatsächlich eine Mißachtung der internationalen Interdependen-
zen, die nach wie vor bestanden. Da weder im bilateralen Kontakt mit Frankreich noch bei den multilateralen Beratungen der Genfer Abrüstungskonfe-

Rückzug von der
Genfer Abrüstungs-
konferenz

renz Fortschritte im deutschen Sinn erzielt wurden, zog sich Deutschland am
22. Juli 1932 von der Genfer Bühne zurück und gab damit einen Vorge-
schmack auf die Möglichkeit eines deutschen Alleingangs. Dieser wurde im
Oktober 1933 tatsächlich unternommen, als Hitler die Abrüstungskonferenz
und den Völkerbund endgültig verließ.

Die kurzlebige Regierung General von Schleichers, der in der Innenpolitik mit seinem Gedanken einer ‚Querfront' nach einer neuen Mehrheit
suchte und in der Außenpolitik gute Beziehungen sowohl zu Frankreich als

Militärische
Gleichberechtigung
für Deutschland

auch zur Sowjetunion anstrebte, kehrte an den Genfer Verhandlungstisch
zurück, als Deutschland militärische Gleichberechtigung innerhalb eines

Rahmens zugestanden wurde, der Sicherheit für alle Staaten bieten sollte. Der allgemeine Trend zum Abbau des Versailler Systems wurde damit erneut bestätigt, so daß sich Frankreich ein weiteres Mal auf der Verliererseite sah. Vor allem die britische Regierung hatte sich für diese Lösung eingesetzt. Sie wollte einen Alleingang Deutschlands verhindern, der ein mit den britischen Interessen unvereinbares allgemeines Wettrüsten nach sich gezogen hätte. Deutschland sollte in der Hoffnung, es dadurch nicht zum Pulverfaß werden zu lassen, in internationale Verträge eingebunden werden, die an die Stelle der Versailler Ordnung treten sollten. Indes waren die Adressaten für eine multilaterale Vertragspolitik in Deutschland bereits entmachtet. An die Stelle von Stresemanns republikanischer Elite, die den Interessenausgleich und die Verträglichkeit von nationalen Interessen und internationaler Ordnung vor Augen hatte, waren ihre antirepublikanischen Gegner getreten.

II. Grundprobleme und Tendenzen der Forschung

A. Die Weimarer Außenpolitik als Gegenstand der Forschung

1. Anfänge der Forschung und Gesamtdarstellungen

Die Weimarer Republik interessierte nach dem Zweiten Weltkrieg zunächst vor allem in Hinblick auf die Frage, warum sie gescheitert war. Im Mittelpunkt der Betrachtung standen daher Probleme des politischen Systems, der wirtschaftlichen Entwicklung, des innenpolitischen Kräftefelds und der Einstellungsmuster gesellschaftlicher Gruppen und politischer Parteien. Die deutsche Außenpolitik und die internationalen Konstellationen der zwanziger und frühen dreißiger Jahre wurden überwiegend in dieser Perspektive thematisiert und erschienen als Belastungsfaktoren, die zur Niederlage der Republik beitrugen. Nicht zuletzt der Versailler Vertrag unterlag dieser Betrachtungsweise, die auch die schon Ende der fünfziger Jahre erschienene erste und für fast drei Jahrzehnte einzige Gesamtdarstellung von LUDWIG ZIMMERMANN [160] bestimmte.

Als Forschungsgegenstand sui generis spielte die Außenpolitik der Weimarer Republik lange eine nur marginale Rolle. Dies hing auch damit zusammen, daß die deutsche Geschichtswissenschaft in den sechziger und siebziger Jahren auf breiter Front eine Wende zur ‚Gesellschaftsgeschichte‘ vollzog. Eine Vernachlässigung des gesamten Forschungsfelds Außenpolitik und internationale Beziehungen war die Folge. Seinen Niederschlag findet dies noch heute in den gewichtigen neueren Gesamtdarstellungen von HANS MOMMSEN [120] und HEINRICH AUGUST WINKLER [156], in denen die innenpolitisch-gesellschaftlichen und wirtschaftlichen Fragen dominieren. Winklers Resümee über „Weimars Ort in der deutschen Geschichte" [156: WINKLER, Weimar, 595-616] spart Außenpolitik – abgesehen von der Erwähnung des Versailler Vertrags und seiner Schattenwirkungen – aus und übergeht damit die Tatsache, daß die internationalen Rahmenbedingungen und die jeweiligen Versuche, auf sie verändernd einzuwirken, die politische Entwicklung der Weimarer Republik nachhaltig prägten. Ferner bleibt außer Betracht, daß in den zwan-

Seitenmarginalien:

Scheitern der Weimarer Republik als zentrales Forschungsinteresse

Dominanz der Gesellschaftsgeschichte

ziger Jahren um einen Neuansatz in der deutschen Außenpolitik in Abgren-
zung gegenüber dem wilhelminischen Deutschland gerungen wurde, der zwar
schließlich nicht zum Tragen kam, auf den aber in längerer Perspektive nach
1945 immer wieder Bezug genommen wurde. Gerade die Beschäftigung mit
Fragen der Außenpolitik und der Abhängigkeit vom internationalen Kräftefeld erscheint neben anderen Teilgebieten geeignet, den „Ort" der Weimarer
Republik in der deutschen Geschichte zu umschreiben.

Ungeachtet vorherrschender Tendenzen in der deutschen Geschichtswissenschaft haben einzelne Aspekte der Weimarer Außenpolitik durchaus die
Forschung beschäftigt. Zu nennen sind neben dem Versailler Vertrag als dem
zentralen Ausgangspunkt [168: F. DICKMANN, Kriegsschuldfrage] der Vertrag
von Rapallo als markanter Eckpunkt der deutsch-sowjetischen Beziehungen
[415: TH. SCHIEDER, Entstehungsgeschichte des Rapallo-Vertrags] oder die
europäische Orientierung deutscher Politik als Kernelement der republikanischen Westpolitik [112: W. LIPGENS, Europäische Einigungsidee]. Die seit Anfang der sechziger Jahre erscheinenden Arbeiten von Fritz Fischer zur Vorgeschichte des Ersten Weltkriegs und zum Krieg selbst blieben auch im Hinblick
auf die Weimarer Außenpolitik nicht ohne Wirkung. In seiner erstmals 1969
veröffentlichten Freiburger Antrittsvorlesung griff Andreas Hillgruber das
Problem der Kontinuität auf und fragte, was die Weimarer Außenpolitik mit
anderen Phasen deutscher Großmachtpolitik zwischen 1871 und 1945 verband
beziehungsweise was sie davon trennte. Hillgruber nahm die für die weitere
Diskussion bedeutsame Unterscheidung zwischen der „wirtschaftlich akzen-
tuierten Variante deutscher Großmachtpolitik" in der Ära Stresemann und
der danach erfolgenden „Akzentverschiebung zugunsten der militärischen
Komponente in der deutschen Außenpolitik" vor [Kontinuität und Diskontinuität in der deutschen Außenpolitik von Bismarck bis Hitler, in: 84: A.
HILLGRUBER, Großmachtpolitik, 26, 28f.].

Anfang der siebziger Jahre war dann eine erste Welle mit Monographien
zu verschiedenen Aspekten der Weimarer Außenpolitik zu verzeichnen. Die
Publikationen von KLAUS SCHWABE zum Friedensschluß 1919 [304; Neufas-
sung: 305], PETER KRÜGER zum Reparationsproblem [186], WERNER LINK zur
amerikanischen Stabilisierungspolitik in Deutschland [296], MICHAEL-OLAF
MAXELON zu den deutsch-französischen Beziehungen [331], WERNER
WEIDENFELD zu Stresemanns England-Politik [384] oder MARTIN WALSDORFF
zu dessen Sowjetunion-Politik [419] gaben wichtige Impulse für weitere
Forschungen, nahmen sich in der Geschichtswissenschaft insgesamt aber noch
wie Inseln aus. In der internationalen Forschung zog zunächst die nationalsozialistische Außenpolitik die Wissenschaftler in ihren Bann, gefolgt von der
wilhelminischen und Bismarckschen Außenpolitik, so daß die Zeit der
Weimarer Republik ungeachtet der bis heute wichtigen Arbeiten von GAINES

(Marginalia:) Kontinuitäts-
problematik

(Marginalia:) Forschung der
70er Jahre

POST über das Verhältnis politischer und militärischer Aspekte in der Weimarer Außenpolitik [133] und JON JACOBSON über das Vertragswerk von Locarno [222] deutlich unterbelichtet blieb.

Erst seit der Mitte der siebziger Jahre ist eine Verdichtung und breitere Fundierung der Forschung sowohl in Deutschland als auch international festzustellen, was nicht zuletzt mit der Öffnung der Archive in Großbritannien und Frankreich zusammenhing. Viel diskutierte Marksteine waren die Studien von JACQUES BARIÉTY [308] und WALTER MCDOUGALL [333] zu den französisch-deutschen Beziehungen in der ersten Hälfte der zwanziger Jahre. Auch in Deutschland waren vermehrt einschlägige Monographien zu verzeichnen. Dazu zählten die Analysen von LEO HAUPTS zu friedenspolitischen Ansätzen in Deutschland 1918/19 [179], HERMANN-JOSEF RUPIEPER und KARL HEINRICH POHL über Zusammenhänge von Politik, Reparationen und Wirtschaft [202, 235] oder STEN NADOLNY über die Rolle Deutschlands auf der Genfer Abrüstungskonferenz 1932/33 [270]. Diese Studien lassen eine weitere thematische Ausfächerung und zeitliche Streuung der Forschung erkennen, was Michael Stürmer 1980 veranlaßte, einen von ihm herausgegebenen Sammelband zur Weimarer Republik [153] mit einem nicht zufällig am Anfang stehenden Abschnitt über „Das Reich zwischen den Mächten" zu eröffnen und was PETER KRÜGER ermutigte, Mitte der achtziger Jahre die erste Gesamtdarstellung vorzulegen [103].

Peter Krügers Gesamtdarstellung

Krügers Synthese, neben der eine weitere Arbeit aus seiner Feder [106] und die für englischsprachige Leser geschriebene knappe Gesamtdarstellung von MARSHALL LEE und WOLFGANG MICHALKA [111] zu nennen sind, zeugt von der kontinuierlichen Beschäftigung des Autors mit dem Thema und basiert auf intensiven – allerdings auf Deutschland beschränkten – Archivstudien, die das Buch zu einem unentbehrlichen Hilfsmittel werden ließen. Es zeichnet sich dadurch aus, daß sein Autor unter Einbeziehung verschiedenster Denkmuster und konzeptioneller Ansätze, die an den Schreibtischen des Auswärtigen Amts und der deutschen Auslandsvertretungen entstanden sind, aufzeigt, wie in den Jahren nach der Kriegsniederlage eine spezifisch republikanische Außenpolitik konzipiert und gestaltet wurde, die sich in Methode und Zielsetzung von der wilhelminischen Außenpolitik unterschied.

Republikanische Außenpolitik

Indem Krüger den Akzent auf ‚Republik' legt, zeigt er zwar die innerdeutschen Auseinandersetzungen um diese Politik auf und arbeitet insbesondere die gestiegene Bedeutung wirtschaftlicher Faktoren heraus, räumt aber den antirepublikanischen Kräften, die schließlich das Feld behauptet haben, eine geringere Aufmerksamkeit ein. „Das Deutsche Reich ist eine Republik", hieß es in Art. 1 der Weimarer Reichsverfassung [18: UF 3, 464]. Aber die Republik hielt am Reichsbegriff fest und ließ damit in einer tiefen Ambivalenz Altes neben Neuem bestehen. Krüger konzentriert sich auf das Neue und läßt

Krügers Vernachlässigung der antirepublikanischen Kräfte

seine Darstellung konsequenterweise praktisch 1930 enden. Der Außenpolitik der Präsidialkabinette schenkt er – in einen Epilog gekleidet – nur geringe Aufmerksamkeit. Indem er ihr nicht mehr das Prädikat ,republikanisch' zumißt, schließt er sich unter außenpolitischer Fragestellung dem zeitgenössischen Ansatz von ARTHUR ROSENBERG an, der in seiner erstmals 1935 publizierten Geschichte der Weimarer Republik unter innenpolitisch-verfassungsrechtlichen Gesichtspunkten mit der Regierung Brüning 1930 die „Todesstunde der Weimarer Republik" gekommen sah [135: Geschichte der Weimarer Republik, 211].

Auch unter inhaltlichen Gesichtspunkten wollte Krüger, wie er im Vorwort schreibt, keine umfassende Darstellung mit Handbuchcharakter vorlegen. Eine solche ist nach wie vor ein Desiderat und dürfte sich nicht, wie Krüger es durchaus verdienstvoll tut, auf die Regierungspolitik republikanischer Prägung beschränken. Sie müßte alle Spielarten deutscher Außenpolitik in angemessener Proportionierung einbeziehen, und zwar sowohl in ihrer Gegenläufigkeit als auch in ihrer Verzahnung. Darüber hinaus müßten unter Einarbeitung auch des nicht-deutschen Quellenmaterials die Bezüge zum internationalen System stärker hergestellt werden. Schließlich dürfte es sich nicht nur um eine Geschichte von Außenpolitik im engeren Sinn handeln. Anzustreben ist eine Geschichte deutscher Außenbeziehungen im internationalen und transnationalen Kontext, wo sowohl die ,Staatenwelt' als auch die ,Gesellschaftswelt' mit jeweils adäquater Gewichtung zu ihrem Recht käme.

Eine derartige Gesamtdarstellung könnte sich auf den breiten Strom der internationalen Forschung stützen, die seit den achtziger Jahren manche Lücken geschlossen hat, auch wenn verschiedene Desiderata – erwähnt seien dringend erwünschte Monographien zur Außenpolitik Rathenaus oder Brünings oder zu den außenpolitischen Vorstellungen der SPD und anderer Parteien – noch bestehen. Anzuschließen hätte ein neuer Versuch zu einer umfassenden Synthese auch an das umfangreiche Kapitel zur Weimarer Republik, das sich in KLAUS HILDEBRANDS großer Darstellung zur deutschen Außenpolitik zwischen 1871 und 1945 findet [82]. Diese Gesamtschau macht nicht zuletzt mit außenpolitischen Denkschulen und Strategien vertraut, wie sie vor dem Hintergrund innerdeutscher und internationaler Konflikte und Konstellationen entwickelt worden sind.

Umfassende Synthese als Desiderat

Klaus Hildebrands Ansatz

2. Zur Quellenlage

Die deutsche und internationale Forschung hat große Anstrengungen unternommen, Aktenpublikationen und andere Quellensammlungen zu edieren, so daß von ausgezeichneten Arbeitsbedingungen in den Bibliotheken gesprochen werden kann, bevor man sich in die verschiedenen staatlichen und nicht-staatlichen Archive begibt, die für den Bereich der Weimarer Außenpolitik und Außenbeziehungen in Frage kommen. Zu nennen ist zunächst die große Edition Akten zur Deutschen Auswärtigen Politik [1], die den Zeitraum von 1918 bis 1945 umfaßt und deren Serien A (1918–1925) und B (1925–1933) mit insgesamt 35 Bänden, die in Einzelfällen noch in Teilbände gegliedert sind, die Weimarer Republik betreffen. Mit dieser Publikation liegt der Aktenbestand des Auswärtigen Amts in leicht zugänglicher Weise vor, wenn auch – wie bei jeder anderen Aktenedition – zu bedenken ist, daß es sich, was angesichts der im Politischen Archiv des Auswärtigen Amts liegenden Materialfülle unvermeidbar ist, beileibe nicht um eine vollständige Veröffentlichung des gesamten Bestands handelt. So überwältigend die daraus hervorgehende Informationsflut auch erscheint, so stellt sie für die Forschung doch nur einen begrenzten, wenn auch unentbehrlichen Ausschnitt dar. Unumgänglich ist die Hinzuziehung weiterer Quellenmaterialien, wenn Außenpolitik in adäquater Weise in ihrem innerstaatlichen und internationalem Kontext dargestellt werden soll.

Akten zur Deutschen Auswärtigen Politik

Postulat einer erweiterten Quellenbasis

Wie für andere Politikfelder gilt auch für den Bereich der Außenpolitik, daß er eine unverwechselbare Eigenständigkeit aufweist. Diese zieht ein entsprechendes Expertenwissen nach sich, über das nur die jeweilige außenpolitische Elite eines Landes verfügt. Schon ein rascher Blick in die Akten des Auswärtigen Amts, dessen Beamte zusammen mit dem Personal der Botschaften einen Kern dieser Elite bilden, zeigt freilich, daß die professionell mit Außenpolitik befaßten Personen auf vielfältige Weise mit anderen Ministerien wie dem Reichswirtschafts- oder Reichswehrministerium in Kontakt standen und darüber hinaus mit der durch Interessenverbände, Parteien oder Publizistik geprägten Öffentlichkeit verbunden waren. Um außenpolitische Konzeptionen oder Entscheidungsprozesse angemessen analysieren zu können, bedarf es infolgedessen der Berücksichtigung der Kabinettsebene, die in den Akten der Reichskanzlei [2] ihren Niederschlag findet, und der Heranziehung weiterer staatlicher und nicht-staatlicher Akten, in denen sich Fragen der Außenpolitik sowie der internationalen und transnationalen Beziehungen spiegeln. Insbesondere der Bereich der Finanz- und Handelsbeziehungen als integraler Bestandteil der Außenbeziehungen, aber auch der Bereich der Kulturbeziehungen ist ins Auge zu fassen. Einige Aufmerksamkeit ist in letzter Zeit mit Recht auch nichtstaatlichen Einrichtungen als Trägern von Wirtschafts- oder Kulturbeziehungen geschenkt worden. Als Beispiele für Arbeiten, in denen die dafür in Frage kommenden Quellenbestände präsentiert werden, seien Publikationen von CLEMENS WURM [158] und INA BELITZ [313] genannt.

Nicht-staatliche Akten

Neben deutschen Quellenbeständen unterschiedlichster Provenienz sind die entsprechenden Überlieferungen in den Staaten heranzuziehen, mit denen deutsche Stellen Beziehungen unterhielten. Von besonderem Informationswert für die Forschung sind die amerikanischen und britischen Akteneditionen [3, 4, 7, 8]. Die entsprechende französische Edition [5] befindet sich noch in den Anfängen. Wünschenswert wäre eine den Ansprüchen moderner Forschung genügende und das vorhandene Aktenwerk [10] ersetzende Publikation zur sowjetischen Außenpolitik. Immerhin konnte die Forschung, wie etwa die Arbeiten von HARTMUT UNGER [417], HORST G. LINKE [399] oder ULRIKE HÖRSTER-PHILIPPS [181] erkennen lassen, in den letzten Jahren in Moskauer Archiven umfangreiches neues Material erschließen, darunter auch Bestände deutscher Provenienz, die 1945 von der sowjetischen Besatzungsmacht in die Sowjetunion gebracht worden sind.

Akteneditionen anderer Staaten

Nicht vergessen werden dürfen die Aktenbestände internationaler Organisationen wie des Völkerbunds, was jüngst MATTHIAS SCHULZ [147] und JOACHIM WINTZER [157] demonstriert haben. Mit einem Wort: Die Erstellung einer umfassenden Quellenbasis zur Weimarer Außenpolitik erfordert eine breite, verschiedenste Politikfelder und Staaten einbeziehende Orientierung, und es versteht sich, daß darüber hinaus persönliche und publizistische Quellen heranzuziehen sind.

Akten des Völkerbunds

B. Republikanische Außenpolitik im Kontext deutscher Großmachtpolitik

1. Elemente von Kontinuität und Diskontinuität

Mit der Ernennung Hitlers am 30. Januar 1933 gelangte ein Politiker an die Spitze der deutschen Regierung, für den die militärische Variante deutscher Machtpolitik verbindlich war. Im Zuge eines längeren Prozesses, der 1936/37 in seine Entscheidungsphase eintrat, wurde davon die gesamte deutsche Politik erfaßt. Damit war die Dominanz derjenigen Gruppen in Staat und Gesellschaft hergestellt, die militärisch-machtstaatlichen Kategorien und einer uni- bzw. bilateral angelegten Außenpolitik verpflichtet waren. Die zunächst aus der Zwangslage der Kriegsniederlage 1918 geborene, dann aber von Rathenau oder Stresemann verkörperte und ein Eigenleben entfaltende ökonomische Variante deutscher Machtpolitik war zu einem historischen Zwischenspiel geworden, bevor sie sich nach dem Zweiten Weltkrieg unter Anknüpfung an die Locarno-Ära, aber vor allem unter dem Druck der westlichen Siegermächte in der Bundesrepublik Deutschland dauerhaft und identitätsbildend etablieren konnte.

Militärische Variante deutscher Machtpolitik

Ökonomische Variante

Mit dem Blick, der gleichzeitig auf das wilhelminische und das nationalsozialistische Deutschland fällt, wird im Anschluß an FRITZ FISCHER [63] viel-

fach von einem „Bündnis der Eliten" und einer „Kontinuität der Machtstruk- Fritz Fischer:
„Bündnis der
Eliten"
turen" gesprochen. In dieser Betrachtungsweise rückt der Sieg der politischen
Rechten in Deutschland seit der Weltwirtschaftskrise und innerhalb der Rechten
der Sieg der Nationalsozialisten in den Jahren nach 1933 mit den bekannten
außenpolitischen Auswirkungen in den Mittelpunkt. Weniger Aufmerksamkeit erfährt die Frage, ob es innerhalb der Führungsschichten konkurrierende
außenpolitische Denkmuster gegeben hat, die ungeachtet einer Kontinuität
der die staatliche Bürokratie tragenden Eliten miteinander im Widerstreit lagen; oder ob es außenpolitische Gemeinsamkeiten zwischen gesellschaftlich
ganz unterschiedlich gestützten Eliten gegeben hat, ohne daß diese ein Bündnis eingingen.

Zu letzterem hat KLAUS SCHWABE [205: Versailles, 453f.] daran erinnert,
daß der Rätekongreß im Dezember 1918 den „großdeutschen, demokratischen, sozialistischen Einheitsstaat", d.h. ein international in keiner Weise
durchsetzbares Ziel vor Augen hatte. Der Nationalstaat großdeutscher, zumin-
dest aber kleindeutscher Prägung wurde bis zur extremen Linken und bis hin zu
pazifistischen Gruppen als selbstverständlich erscheinender Ausgangspunkt Deutscher National-
staat als
Ausgangspunkt
künftiger deutscher Außenpolitik angesehen. Unabhängig davon, wer die
Denkschriften im Auswärtigen Amt verfaßte oder wer Deutschland im Ausland vertrat, dauerte die Grundproblematik des deutschen Übergewichts in
Europa nach dem trotz aller momentanen Schrecken „glimpflichen Kriegsaus-
gang" [87: A. HILLGRUBER, Die Deutsche Frage im 19. und 20. Jahrhundert, 11]
an. Wie PIERRE MIQUEL [335] gezeigt hat, wurde das Nachkriegsdeutschland Französische
Perzeption des
deutschen
Nationalstaats
in Frankreich als „Kaiserreich ohne Kaiser" perzipiert, so daß der Staatsum-
sturz die Wahrnehmung von Bedrohung nicht beendete. Auch eine Auswech-
selung der Eliten oder eine ‚Demokratisierung' der Außenpolitik hätte keine
Patentlösung für die deutsche Frage mit sich gebracht. Wichtiger als die
Kontinuität der Eliten erschien den Nachbarn Deutschlands die Kontinuität
des Problems, wie der nur momentan geschwächte deutsche Nationalstaat
dauerhaft gezähmt werden könnte.

Einen Ansatz zur Lösung dieser Frage erblickte man in Deutschland Wirtschaftliche
Verflechtung statt
nationaler
Interessen-
gegensätze
darin, die internationalen Wirtschaftsbeziehungen als Feld der zwischenstaat-
lichen Beziehungen stärker zu nutzen. Das kollektive Interesse der Industriestaaten an funktionierenden Finanzmärkten und globalem Handel sollte an
die Stelle von verengtem Prestige- und Sicherheitsdenken treten, das im
Namen des nationalen Interesses formuliert wurde. In Sinne einer dann
unausweichlichen Öffnung und Flexibilisierung des Auswärtigen Amts erfolgte die schon im Krieg konzipierte und von KURT DOSS [169] beschriebene Schülersche Reform
Schülersche Reform. Denselben Zweck hatte die Einbeziehung von liberalen
Vertretern der Hochfinanz wie Max Warburg und Carl Melchior in die deutsche Delegation bei der Friedenskonferenz 1919. Darauf abhebend hat LEO

Leo Haupts: HAUPTS [179] Ansätze deutscher Friedenspolitik analysiert und die Über-
„Deutsche einstimmungen deutscher und alliierter Wirtschafts- und Finanzsachverständi-
Friedenspolitik" ger herausgearbeitet, für die die Wiederherstellung des Welthandels Priorität
hatte.

Zu bedenken ist allerdings, daß liberal-ökonomisches Denken, das sich in
Vorstellungen von Interdependenz und internationaler Vernetzung bewegte,
in doppelter Weise auf Widerstand stieß. Zum einen war die deutsche Wirt-
schaft keineswegs durchgängig am liberalen Weltmarkt orientiert. Zum ande-
ren waren wirtschaftliche Aspekte für den Prozeß der Wiederherstellung des
Friedens nur Teilaspekte und konnten darüber hinaus – als Gegenbewegung
zum Versuch einer Ökonomisierung der Politik – durchaus zu einer Politisie-
Peter Grupps rung der Ökonomie führen. So hat denn PETER GRUPP mit aller Entschieden-
Kontinuitätsthese heit auf der „Kontinuität" deutscher Politik „hinsichtlich des Ziels wie der
Methoden" [178: Deutsche Außenpolitik, 289] beharrt. Entscheidende
Indikatoren sind für ihn die Politik auf den „Nebenschauplätzen" in Ostmit-
teleuropa und die weitgehend unverändert gebliebene personelle Struktur im
Auswärtigen Amt. Besonders bezeichnend erscheint ihm die Ernennung Brock-
dorff-Rantzaus zum Außenminister: „Ein kaiserlicher Fachmann löste den
anderen ab" [Ebd., 18]. In erheblichem Maß verantwortlich dafür sei die SPD
gewesen, deren „mangelndes Interesse" für Außenpolitik zum Überleben der
SPD und „alten Kräfte" [ebd., 289] beigetragen habe. So wenig zu leugnen ist, daß die
Außenpolitik Sozialdemokratie unter dem „Primat der Gesellschaftspolitik" stand [69: D.
GROH/P. BRANDT, „Vaterlandslose Gesellen", 184], so ist doch festzuhalten,
daß die SPD als wichtigster Faktor des Staatsumsturzes auch im innenpolitischen Bereich mit der Beharrungskraft der Bürokratien und Führungsgrup-
pen konfrontiert war. Es handelt sich also eher um ein strukturelles Problem,
von dem der Apparat des Auswärtigen Amts nicht ausgenommen war.

Unter den Spitzenbeamten fanden sich relativ wenig Neulinge, darunter
Zusammensetzung Ulrich Rauscher und Adolf Müller, die langjährigen Gesandten in Warschau
der Beamtenschaft beziehungsweise Bern [428: K. DOSS, Zwischen Weimar und Warschau; 131:
im Auswärtigen K.H. POHL, Adolf Müller]. Von den wenigen Außenseitern abgesehen [105: P.
Dienst KRÜGER, Struktur, 127ff.], die zudem 1929/30 entweder durch Tod oder Errei-
chen der Altersgrenze ausschieden [ebd., 159], erwies sich das Diplomatische
Korps über die gesamte Zeit der Weimarer Republik hinweg – und lange auch
über 1933 hinaus – als Paradebeispiel für das Beharrungsvermögen einer Elite.
Immerhin kam es nach dem Ersten Weltkrieg zu einem Generationenwechsel.
Für den Kreis der mit Rußland und der Sowjetunion befaßten Beamten und
Diplomaten hat dies INGMAR SÜTTERLIN mit seiner detaillierten Beschreibung
der Personalstruktur aufgezeigt [416: Die „Russische Abteilung" des
Auswärtigen Amts, 25ff.], ohne aber die „These von der Kontinuität der Elite-
Beamten" [ebd. 29] entkräften zu können.

Bei aller Kontinuität in der Substanz erfuhr die Bürokratie des Auswärtigen Amts allerdings doch eine gewisse „Modernisierung". Die diplomatische Elite wandelte sich von einer „Standes- zur Funktionselite" [107: P. KRÜGER, Die deutschen Diplomaten, 288]. Dazu paßt auch, daß das Auswärtige Amt sich nicht nur der Welt der Wirtschaft zu öffnen begann, sondern fallweise auch die Dienste von international versierten und aktiven Persönlichkeiten [70: P. GRUPP, Harry Graf Kessler; 417: H. UNGER, Moritz Schlesinger] oder Organisationen [59: J. DÜLFFER, De l'internationalisme; 72: P. GRUPP, Juden] in Anspruch nahm. Vom Prozeß der Professionalisierung waren Spitzenbeamte wie die zu verschiedenen Zeitpunkten als Staatssekretär fungierenden Adolf Georg Otto („Ago") von Maltzan, Carl von Schubert und Bernhard Wilhelm von Bülow betroffen. Diese Namen zeigen indes, daß Elitenkontinuität nicht unbedingt, wie etwa der in der DDR renommierte Historiker WOLFGANG RUGE noch Ende der achtziger Jahre unterstellt hat [136], mit Politikkontinuität korrespondiert. Maltzan wandelte sich vom Verfechter der Rapallo-Politik zum Befürworter einer auf die USA setzenden Westorientierung. Schubert ist aus der multilateralen Entspannungspolitik von Locarno ebensowenig wegzudenken wie Bülow aus der seit 1930 die Oberhand gewinnenden Kritik daran. Mit anderen Worten: Wichtiger als die soziale Zusammensetzung der außenpolitischen Elite erscheinen die politischen Überzeugungen und Zielvorstellungen ihrer Mitglieder. Nicht zuletzt die Person von Gustav Stresemann macht vollends deutlich, wie sich trotz gesellschaftlicher und wirtschaftlicher Konstanten politisches Denken wandeln konnte. Historischen Erkenntnisgewinn versprechen Untersuchungen zur Lernbereitschaft und Lernfähigkeit der Führungsschichten, die wie etwa Stresemann als Repräsentanten des kaiserlichen Deutschland mit Kriegsniederlage und Revolution konfrontiert waren. Für sie stellte sich die Frage, ob sie mit den politischen Kräften der Weimarer Koalition zur Bildung einer spezifisch republikanischen Elite beitragen wollten. Damit standen und fielen gleichermaßen das parlamentarische System und eine friedenswahrende Außenpolitik.

Ob der langjährige deutsche Außenminister Gustav Stresemann nur aus taktischen Gründen und nur vorübergehend ein Anwalt der Verständigungspolitik war, ob er der Entspannungspolitik von Locarno nur einen „instrumentalen Charakter" zumaß [W. MICHALKA, Einleitung, in: 230: XIV], oder ob er nicht nur den Versailler Vertrag revidieren, sondern auch den europäischen Frieden konsolidieren, also nicht einfach zum Vorkriegszustand des Deutschen Reiches zurückkehren wollte, wird von der neueren internationalen Forschung zunehmend weniger kontrovers diskutiert. Indem sie letzterer Position zuneigt, weist sie ausdrücklich darauf hin, daß Stresemann als herausragendes Beispiel eines Lernprozesses angesehen werden könne. In ihm seien die Erfahrungen und der hohe Preis der wilhelminischen Außenpolitik

Professionalisierung der Spitzenbeamten

Elitenkontinuität, aber nicht unbedingt Politikkontinuität

Lernbereitschaft der Führungsschichten

Beurteilung Stresemanns s. auch 92 ff.

zugunsten eines gewandelten Konfliktverhaltens verarbeitet worden. Stresemann forderte den Teil der Nation zum Umdenken auf, dessen „unbelehrtes Kraftgefühl", wie Ludwig Dehio es in den fünfziger Jahren nannte [Versailles nach 35 Jahren, in: 55: L. DEHIO, Deutschland und die Weltpolitik, 106], rückwärts orientiert war. Als politische Führergestalt der entstehenden republikanischen Elite dachte Stresemann in der Kategorie der Interdependenz, so daß er die nationale Außenpolitik in das internationale Interessengeflecht der Großmächte einzufügen bestrebt war. Diese von PETER KRÜGER [103] bezogene Position ist in der Monographie von MANFRED BERG [284] oder der Synthese von KLAUS HILDEBRAND [82] ebenso bestätigt worden wie in der großen Studie des französischen Historikers CHRISTIAN BAECHLER [216] oder in den Thesen des eine Stresemann-Biographie vorbereitenden britischen Historikers JONATHAN WRIGHT [248, 249]. Baechler nennt Stresemanns Politik „un facteur de paix à l'interieur et à l'exterieure" [216: CHR. BAECHLER, Stresemann, 901]. Stresemanns Absage an den Krieg als Mittel der Politik sei – so Baechler [ebd., 700] in Übereinstimmung mit WRIGHT [248: Stresemann and Locarno, 117] – definitiv gewesen. Die Auffassung, Stresemann habe mit falschen Karten gespielt und sei vor allem ein verschleierter, auf seine Chance wartender Nationalist gewesen, wie sie schon in den fünfziger Jahren von ANNELIESE THIMME [245] vertreten wurde, kann nur noch historiographisches Interesse beanspruchen.

Die nach dem Zweiten Weltkrieg großen Schwankungen unterworfene Beurteilung Stresemanns hing mit unterschiedlichen Erkenntnisinteressen zusammen. Suchten die einen in der geschichtsarmen Bundesrepublik Deutschland angesichts einer von Gewalt und Krieg erfüllten Zeitgeschichte nach historischen Anknüpfungspunkten für internationales Bewußtsein und erblickten in Stresemann einen Wegbereiter für internationale Kooperation und sogar für die europäische Integration, so ordneten ihn die anderen in einen Interpretationsrahmen ein, in dem die Kontinuität von Expansion und kriegerischer Gewalt als Wesenszug deutscher Großmachtpolitik erschien. Die immer wieder auflebende Diskussion kommentierte der französische Historiker JACQUES BARIÉTY mit der knappen Frage: „Ist es notwendig, immer in den Begriffen von Kontinuität und Diskontinuität zu räsonnieren?" [Rezension zu 103: P. Krüger, Außenpolitik, in: VfZG 37 (1989), 516–524] Bariéty sprach von einer „Obsession" der deutschen Geschichtswissenschaft, übereinstimmungen und Unterschiede zwischen der Weimarer Republik auf der einen und dem Kaiserreich, dem Nationalsozialismus und schließlich auch der Bundesrepublik Deutschland auf der anderen Seite herauszuarbeiten und den Ort der Weimarer Republik in der Geschichte der – mit ANDREAS HILLGRUBER [85] zu sprechen – „gescheiterten Großmacht" bestimmen zu wollen.

Marginalien:

Stresemann als Leitfigur der republikanischen Elite

Stresemanns Absage an den Krieg

Bariétys Kritik an der Kontinuitätsdebatte

In der Tat wird dieser Problematik vielfach nachgegangen. Für PETER GRUPP etwa stehen in seiner Studie über die Anfänge der deutschen Außenpolitik nach dem Ersten Weltkrieg die Gegenbegriffe „Neubeginn" und „Kontinuität" im Mittelpunkt: „Hat es 1918/19 einen wirklichen Neubeginn in der deutschen Außenpolitik gegeben oder herrschte Kontinuität; ist der Neubeginn gegebenenfalls durchgreifend und umfassend gewesen oder gemäßigt und auf Einzelgebiete beschränkt geblieben; war die möglicherweise zu beobachtende Kontinuität offen oder verdeckt?" [178: Deutsche Außenpolitik, 287] In der Darstellung von MARSHALL LEE und WOLFGANG MICHALKA [111] rangieren die Begriffe „Kontinuität" und „Bruch" im Untertitel. Im Überleben der politischen Eliten über 1918/19 hinaus und im Weiterleben älterer außenpolitischer Konzepte wie etwa der Vorstellung einer deutschen Durchdringung Ostmittel- und Südosteuropas erblicken die Autoren Analogien zum Kaiserreich wie auch eine Brücke zum Nationalsozialismus, der im übrigen aber etwas „völlig Neues" [ebd., 156] dargestellt habe.

Grupp und Lee/
Michalka zum
Kontinuitätsproblem

Wie die deutsch-amerikanische Doppelautorschaft schon erkennen läßt, handelt es sich bei der Frage nach Kontinuität bzw. Diskontinuität keineswegs um eine Spezialität der deutschen Historiographie. Auch Bariétys französischer Kollege Raymond Poidevin ging mit allem Nachdruck dieser Problematik nach und fragte weniger im Sinne Bariétys nach dem „eigenen Profil" der Weimarer Außenpolitik und ihrer einzelnen Phasen als nach den Kontinuitätslinien, über die Weimar mit anderen Epochen verbunden war. „Charakteristisch" für „die Deutschen" sei eine „ungeheure Dynamik", die sie immer wieder auf den Weg der „Expansion" treibe [132: R. POIDEVIN, Unruhige Großmacht, 411–414] . Selbstverständlich leugnet Poidevin nicht die Unterschiede, die sich in seinem Untersuchungszeitraum zwischen der Jahrhundertwende und den siebziger Jahren feststellen lassen. Als analytischen Grundbegriff aber, der als verbindendes Element dient, benutzt er den Begriff der Expansion. Die Weimarer Republik habe mit dem Ziel der „Wiedergewinnung der Großmachtstellung" vielfach an Vergangenes angeknüpft und sei darauf bedacht gewesen, „die wirtschaftliche, finanzielle sowie kulturelle Expansion wieder aufzunehmen" [ebd., 111].

Raymond Poidevins
Expansions-Begriff

Schon Poidevins Einschränkung des Expansions-Begriffs auf den außermilitärischen Bereich zeigt an, wo für ihn gravierende Unterschiede im Verlauf deutscher Außenpolitik im 20. Jahrhundert bestehen. Aber indem er das ubiquitäre Verlangen der Staaten und erst recht der führenden Mächte nach Machtsicherung, Interessenwahrung und Einflußnahme im Fall der Weimarer Republik – und auch der Bundesrepublik – auf den Begriff der Expansion reduziert, läßt er die Spezifika außenpolitischen Konfliktverhaltens in den Hintergrund treten und verwischt entscheidende Differenzen. Gerade auf sie hat insbesondere Peter Krüger abgehoben, indem er den Begriff der

„republikanischen Außenpolitik" einführte. Sein Interesse galt der „eigenständigen republikanischen Außenpolitik" [103: P. KRÜGER, Außenpolitik, 16]. Die „typisch ‚Weimarer Außenpolitik' " [ebd., 30] basierte auf dem Zusammengehen der politischen Parteien, die – wie SPD, Zentrum und DDP – von Anfang an die parlamentarische Republik trugen oder – wie die rechtsliberale DVP – erst nach einer Übergangsphase den Kompromiß zwischen der sozialdemokratischen Arbeiterbewegung und dem bürgerlichen Lager verstärkten. Der Weimarer Kompromiß zwischen den sich im Kaiserreich lange polarisierenden und im Ersten Weltkrieg langsam annähernden gesellschaftlichen und politischen Kräften behauptete sich nach den Kämpfen der Nachkriegsjahre mit dem Krisenjahr 1923 als Höhepunkt sowohl gegen die radikale Linke, die den ‚deutschen Oktober' Wirklichkeit werden lassen wollte, als auch gegen die extrem nationalistische Rechte, der der ‚Marsch auf Berlin' verwehrt blieb.

In der Außenpolitik verfolgten die Parteien, die in den mittleren Jahren der Republik das parlamentarische System bejahten, einen Kurs, der sich sowohl von der vorangegangenen wilhelminischen als auch von der nachfolgenden nationalistischen bzw. nationalsozialistischen Außenpolitik unter-
schied. Die Eigenständigkeit einer spezifisch „republikanischen Außenpolitik" hat jüngst auch wieder KLAUS HILDEBRAND hervorgehoben. In der Ära Stresemann, die mit dem Abbau der Nachkriegskonfrontation und der verheißungsvollen Entspannungspolitik von Locarno die Verträglichkeit von deutscher Großmachtpolitik und europäischer Friedensordnung möglich erscheinen ließ, hätten sich „die modernen Methoden und die überlieferten Ziele der äußeren Politik zu etwas qualitativ Neuem" gefügt, „das seinerseits Autonomie entwickelte". Darum lasse sich „mit Recht von einer republikanischen Außenpolitik eigener Provenienz sprechen" [82: Das vergangene Reich, 475].

Die vergleichsweise groben analytischen Begriffe Kontinuität und Diskontinuität haben in dieser Betrachtungsweise entscheidend an Tragfähigkeit verloren. An ihre Stelle tritt eine Analyse, die die inneren Widersprüchlichkeiten einer Situation benennt und anscheinend unvereinbare Elemente aufeinander bezieht, so daß die globale Frage nach Kontinuität
oder Diskontinuität empirisch fundiert zur Frage nach Elementen von Kontinuität bzw. Diskontinuität in Einzelbereichen weiterentwickelt und konkretisiert wird. So gesehen konnte die republikanische Außenpolitik für sich die Eigenständigkeit des „qualitativ Neuen" beanspruchen und enthielt zugleich schon darum Traditionselemente, weil sie die Wiederherstellung der deutschen Großmachtposition und die Rückkehr Deutschlands in die internationale Politik auf der Basis der Gleichberechtigung anstrebte. Die entscheidende Frage lautete darum letztlich, „welches Element in der neuen Legierung republikanischer Außenpolitik" [ebd.] sich als dominant erweisen würde.

In idealtypisierender Betrachtungsweise lassen sich verschiedene zentrale Merkmale einer republikanischen Außenpolitik ausmachen. Sie gehen auf das liberale Modell der Friedenssicherung zurück, wie es seit Adam Smith und Immanuel Kant immer wieder formuliert worden ist und für die Zeit des Ersten Weltkriegs und seiner Folgen vor allem mit der Programmatik des amerikanischen Präsidenten Woodrow Wilson verbunden war. Demnach sind demokratisch verfaßte Staaten als Zivilmächte einem fundamentalen Paradigmenwechsel verpflichtet, indem sie militärische Gewalt und Krieg nicht mehr als interessenkonforme Mittel der Politik, sondern nur noch als Aushilfe für den Krisenfall ansehen. Das internationale Konkurrenzsystem wird primär mit ‚modernen‘ Mitteln gestaltet, zu denen vor allem Finanz- und Wirtschaftskraft gehören. Republikanische Außenpolitik verzichtet nicht auf Machtbildung und schafft auch das System der hierarchisch positionierten Mächte nicht ab, aber es handelt sich vorzugsweise und idealiter um die ökonomische Variante von Machtpolitik. Auch Handelsstaaten sind Machtstaaten, folgen aber ‚modernen‘ Machtmaßstäben und wollen den ‚vormodernen‘ Kostenfaktor Militär und Krieg tunlichst reduzieren. Da moderne Ökonomie arbeitsteilig angelegt und global ausgerichtet ist, wurde ihr auch eine friedenstiftende Funktion zugewiesen. Frieden durch Demokratie und Freihandel lautet demnach die Botschaft des liberal-republikanischen Modells. Zwischenstaatliche Kooperation und multilaterale Vernetzung sollten die Verfolgung des nationalen Interesses, auf das sich auch jede republikanische Außenpolitik bezieht, international verträglich machen.

Als der Repräsentant republikanischer Außenpolitik par excellence gilt Gustav Stresemann. Wiederholt hat Stresemann, wie er etwa an der Wende der internationalen Politik 1924 für das amerikanische Publikum, seinen wichtigsten Adressaten, darlegte [The Economic Restoration of the World, in: Foreign Affairs 2 (1923/24), 552–557], die Interdependenz von internationalem Finanzfluß, internationalem Handel und internationaler Entspannung beschworen. Die Forschung befaßt sich nicht nur damit, wie vielschichtig Stresemanns Außenpolitik war, sondern fragt auch danach, bis zu welchem Grad die Weimarer Außenpolitik insgesamt mit dem liberalen Modell erfaßt werden kann. Vielfach wird von einer Kernphase republikanischer Außenpolitik ausgegangen, die – unter Rückgriff auf frühere Ansätze kooperativer Erfüllungs- und Revisionspolitik in der Amtszeit Rathenaus als Außenminister – mit der Lösung der Ruhr-Krise 1923/24 einsetzt und mit dem Ende der Ära Stresemann zu ihrem Abschluß kommt. Sie zeichnet sich dadurch aus, daß sowohl die deutsche als auch die internationale Politik insgesamt im Zeichen des liberalen Modells der Friedenssicherung standen. Die Verständigung auf die Vorteile des Wirtschaftsfriedens erreichte in den mittleren zwanziger Jahren ihre höchste Ausprägung.

Liberales Modell der Friedenssicherung

Kernphase republikanischer Außenpolitik

Zugleich hat die Forschung schon in den fünfziger Jahren in einem kur-
zen, aber gewichtigen Aufsatz von GEORGE A. GRÜN [221] und später in der
prägnanten Analyse von JEAN-BAPTISTE DUROSELLE [219] sowie vor allem in
dem Standardwerk von JON JACOBSON [222] betont, daß das Ausmaß der
Verständigung, obwohl es – worauf etwa JAMES JOLL [223] nachdrücklich besteht – einen eindeutigen Fortschritt gegenüber den unmittelbaren Nachkriegsjahren darstellte, deutlich begrenzt war und daß eher von einer relativen
Entspannung als von einer stabilen Friedensordnung zu sprechen ist. Die
Verständigungspolitik von Locarno ließ zahlreiche Konflikte ungelöst, und

Offene Fragen
der Ordnung von
Locarno

auch der Begriff der Verständigung selbst konnte unterschiedliche Inhalte
haben [307: H. AREND, Gleichzeitigkeit des Unvereinbaren, 141–149] . Was in
der Zeit der Weltwirtschaftskrise zusammenbrach und zunehmenden internationalen Spannungen Platz machte, war demnach nicht eine gefestigte internationale Ordnung, sondern ein Zustand nur relativer und unter gewissen
Vorbehalten stehender Friedlichkeit, der von zeitgenössischen Skeptikern
auch als bloßer „Waffenstillstand" bezeichnet wurde [158: C. A. WURM (Hrsg.),
Internationale Kartelle, 30] und der seine positive Bewertung vor allem aus
dem Kontrast zu den Nachkriegsjahren bezog.

Wie immer die zeitgenössische Einschätzung des Locarno-Friedens ausfallen mochte, deutlich ist, daß es sich um eine offene Situation handelte, die
sich entweder in Richtung auf Stabilität weiterentwickeln oder die in den Krieg
zurückfallen konnte. Daß es sich nicht nur um politische Einstellungen und
Entscheidungsfreiheit, sondern auch um vorgegebene Strukturen handelte, ist
sowohl zeitgenössisch gespürt als auch in der Forschung herausgearbeitet wor-

Integrations-
wirkungen der
Industriewirtschaft

den. Die im 19. Jahrhundert zu beobachtenden Integrationswirkungen der Industriewirtschaft [S. POLLARD, The Integration of European Business in the
„Long" Nineteenth Century, in: VSWG 84 (1997), 156–170] hielten nach dem
Ersten Weltkrieg an und erreichten nach William McNeil sogar eine neue Stufe.
Dabei war Deutschland infolge der Kriegsniederlage auf Hilfe von außen angewiesen. Mehr als jedes andere Land war es dem komplexen Wirkungszusammenhang „between domestic politics and the integrated world economic and
monetary system" ausgesetzt [113: W. C. MCNEIL, Weimar Germany, 192]. Die
dadurch gegebene Begrenztheit des Handlungsspielraums wurde auch zeitgenössisch vielfach reflektiert. Stresemanns politisch-ökonomische Rationalität
stellt ein herausragendes Beispiel dar. Besonders aufschlußreich ist, daß auch
Militärs den Zusammenhang von Wirtschaft, Außenpolitik und Krieg durchdacht
haben, und zwar nicht nur im Sinne einer umfassenden Bereitstellung von Ressourcen für einen Krieg, sondern auch im Hinblick darauf, daß die Verklam-
merung moderner Volkswirtschaften zur Vermeidung von Krieg führen könnte.

So hat Wilhelm Groener, der General des Ersten Weltkriegs und
Reichswehrminister 1928–1932, Anfang 1927 in einem Vortrag vor der

Deutschen Weltwirtschaftlichen Gesellschaft in Berlin [publiziert in: Weltwirtschaft 15 (1927), 68-70] die aus seiner Sicht widersprüchlichen Trends der Weltlage beschrieben. Die Weltpolitik unternehme den Versuch, „gewaltsamen Entladungen durch politische Mittel vorzubeugen". „Trotz alledem gehen die Bestrebungen weiter, die Völker für den Krieg zu organisieren." Für Deutschland komme es darauf an, „die Wiedergewinnung der Freiheit seiner Landesverteidigung" durchzusetzen. Bemerkenswert an den Ausführungen Groeners, auf die in der Forschung erstmals, wenn auch in der irrigen, von JOHANNES HÜRTER [Wilhelm Groener. Reichswehrminister am Ende der Weimarer Republik (1928–1932), München 1993, 22] korrigierten Annahme, es handele sich um eine geheime Denkschrift, von DOROTHEA FENSCH und OLAF GROEHLER [Imperialistische Ökonomie und militärische Strategie, in: ZfG 19 (1971), 1167-1177] aufmerksam gemacht wurde, ist die Wahrnehmung des liberalen Modells der Friedenssicherung. Groener läßt es „dahingestellt bleiben", ob die für ihn faktisch gegebenen „Bestrebungen der Regierungen, durch politische Friedensaktionen kriegerischen Entladungen vorzubeugen, auf die Dauer von Erfolg gekrönt sein werden". Er erkennt aber einen möglichen, strukturell wirkenden Damm gegen kriegerischen Konfliktaustrag. Stehe „die Menschheit" vielleicht „an einem Wendepunkt ihrer Geschichte", „indem die moderne Wirtschaft durch ihre Probleme einen unwiderstehlichen Zwang zum Frieden ausübt?" „Modern" an der Wirtschaft war deren Einbindung in globale Strukturen, nicht zuletzt infolge der „Verschuldung der europäischen Staaten". Groeners Schlußfolgerung lautete daher: „Die internationalen Wirtschaftsbeziehungen werden oftmals mächtiger sein als kriegerische Bestrebungen." Die USA befänden sich in einer Schlüsselrolle. „Zum Kriegführen" sei „mehr oder weniger das stille Einverständnis der Vereinigten Staaten nötig."

Widersprüchliche Trends der Weltlage

Wie die weitere Entwicklung gezeigt hat, setzte sich die von Groener ebenfalls für denkbar gehaltene Option des kriegerischen Konfliktaustrags durch. Bei näherem Hinsehen ist unübersehbar, daß die Vertragspolitik von Locarno bereits 1927 an eine Grenze stieß [122: G. NIEDHART, Internationale Beziehungen, 80-86]. Weder wurden die Ergebnisse des Krieges bestätigt und damit auf französischer Seite das angestrebte und herbeigesehnte Gefühl der Sicherheit erreicht, das auch von Großbritannien insoweit geteilt wurde, als es ihm endlich die gewünschte Hinwendung zu Empire-Fragen und außereuropäischen Interessen erlaubt hätte. Noch stellte sich für Deutschland die erhoffte und auch geforderte Eigendynamik ein, mit der eine weitere Revision des Versailler Vertrags hätte vorangebracht und eine rasche Beendigung der Nachkriegszeit erreicht werden können.

Brüchigkeit der Entspannung 1927 s. auch 92 ff.

Hinzu kam, daß auch außerhalb des engeren Geltungsbereichs der Locarno-Verträge seit 1927 Spannungsmomente auftraten. Der Ost-West-

Konflikt war für die internationale Politik zwar noch von untergeordneter Bedeutung, er schlug sich aber 1927 in der krisenhaften Zuspitzung der britisch-
sowjetischen und chinesisch-sowjetischen Beziehungen deutlich nieder. Im
Fernen Osten formierte sich mit der Aktivierung der nationalchinesischen Politik und dem gleichzeitigen Beginn der gegen China gerichteten japanischen
Expansionsplanung schon 1927 der chinesisch-japanische Gegensatz. Damit
wurden gefährliche Risse auch in der fernöstlichen Friedensordnung sichtbar,
die 1922 mit den Washingtoner Verträgen begründet worden war. In Europa
trat das faschistische Italien, das 1925 wenigstens formal noch Garantie-Macht
des Locarno-Friedens war, sich zugleich aber, wie VERA TORUNSKY [468]
gezeigt hat, isoliert fühlte, als revisionistische Macht mit dem Anspruch einer
Führungsmacht in Südosteuropa auf. Aber auch zwischen Großbritannien und
den USA, den beiden Protagonisten des liberalen Westens, machten sich infolge unterschiedlicher Auffassungen in Fragen der maritimen Rüstungskontroll-
politik ernste Spannungen bemerkbar, die die britisch-amerikanischen Beziehungen 1927/28 auf einen Tiefpunkt sinken ließen und zeigten, wie prekär der
liberal-ökonomische Frieden war.

Bemühungen des Völkerbunds um Konfliktlösungen   Der Völkerbund setzte diesen desintegrativen Momenten mit den vorbereitenden Gesprächen für eine Abrüstungskonferenz und mit der Weltwirt-
schaftskonferenz im Mai 1927 Ansätze zu integrativen Konfliktlösungen entgegen, mußte sich als internationale Organisation angesichts der gegenläufi-
gen nationalen Interessen der Staaten aber mit recht gering ausfallenden Teil-
erfolgen zufrieden geben. Auch in der Studie von Matthias Schulz, der sich wie
kein Autor vor ihm auf eine intensive Spurensuche nach Ansätzen europäischer Wirtschaftskooperation gemacht hat und in den Akten des Völkerbunds,
des Auswärtigen Amts oder des Reichswirtschaftsministeriums eine große
Zahl von den nationalstaatlichen Rahmen hinter sich lassenden Vorschlägen
gefunden hat, lautet ein entscheidender Befund, daß „der Impetus der Wirt-
schaftskonferenz" im Herbst 1927, als die Völkerbundsversammlung zusammentrat, „bereits an Kraft eingebüßt" hatte [147: M. Schulz, Deutschland, der
Völkerbund und die Frage der europäischen Wirtschaftsordnung, 127]. Grund-
sätzlicher formuliert wird man mit GUSTAV SCHMIDT sogar betonen können, daß
es nach der Einbeziehung Deutschlands in die internationale Politik 1924/25
nicht zu einer „kooperativen Steuerung der Sicherheits- und der Außenwirtschaftsbeziehungen" kam. Vielmehr bestanden auch in der „Phase der Beruhigung 1924/25–27" „Interessenkonflikte" fort, die „seit 1927" „verschärft wieder auflebten" [142: Der gescheiterte Frieden, 194f.].

Dilemma deutscher Politik   Vor dem Hintergrund von internationalen Konflikten, die sich auch schon
vor der Weltwirtschaftskrise häuften, befand sich die deutsche Außenpolitik in
einem Dilemma. Einerseits war sie angesichts wirtschaftlicher und militärischer Schwäche auf internationale Kooperation angewiesen, um ihre Ziele

(Revision des Versailler Vertrags, Wiederaufstieg zur Großmacht) erreichen zu können. Andererseits konnten internationale Kooperation und Vernetzung als Bremse wirken, wenn die jeweiligen Partner den deutschen Wünschen mit Zurückhaltung, Skepsis oder gar Ablehnung begegneten. In dieser Zwangslage, der „Entscheidungsphase für die deutsche Außenpolitik und das europäische Staatensystem" [101: P. KRÜGER, Deutschland, die Reparationen und das internationale System, 415], versuchten Stresemann und seine Mitarbeiter im Auswärtigen Amt beides: sowohl die weitere Revision des 1924/25 schon modifizierten Versailler Systems als auch die Kooperation mit den Siegermächten. Diese sollten, unter deutschem Revisionsdruck stehend, dem weiteren Abbau von Versailles zustimmen und damit der, wie es vom britischen Botschafter in Berlin klar erkannt wurde, Wiederherstellung des deutschen Übergewichts in Europa. Je gleichberechtigter Deutschland wurde, desto mehr mußte ihm die Führung in Europa wieder zufallen. Auch wenn ein „Methodenwechsel" in der deutschen Politik stattgefunden hatte, wie der britische Botschafter 1928 nach London berichtete, und das „militaristische Programm" „diskreditiert" war, mußte der Endpunkt dieser Entwicklung doch gewisse Besorgnisse hervorrufen [383: D. WÄCHTER, Von Stresemann zu Hitler, 63f.].

Da Stresemann den Hegemonie-Verdacht weder ausräumen konnte, weil die deutsche Großmacht auf dem besten Weg zu ihrer Wiederherstellung war, noch ausräumen wollte, weil die Intention dazu auf deutscher Seite keineswegs fehlte, häuften sich die Widersprüche zwischen nationaler Interessenwahrung und internationalem Interessenausgleich. Daraus erwuchs seit 1928 eine Konfrontation, die in Locarno noch hatte vermieden werden können und die die Kernphase republikanischer Außenpolitik auf die Jahre 1924–27 zusammenschmelzen läßt. Gegen Ende seiner Amtszeit ließ Stresemann revisionspolitische Ansätze nicht mehr fallen, wie er es 1926 gegenüber Polen und auch nach Thoiry noch bereitwillig getan hatte. Vielmehr beharrte er auf seiner revisionsdynamischen Interpretation von Locarno. Sein Staatssekretär von Schubert forderte im Juli 1928 von Frankreich und Großbritannien ein deutschlandfreundliches Bekenntnis: „Wollt ihr die Locarnopolitik tatkräftig weiterführen oder nicht?" [1: ADAP, B 9, 417]. Was in dieser Frage nur als Möglichkeit impliziert war, die Feststellung des Scheiterns der Politik von Locarno, bezeichnet GEORGES-HENRI SOUTOU als Faktum. Ohne Umschweife nennt er auch den für ihn ausschlaggebenden Grund: „1928 suchte das revisionistische Reich seine Machtstellung von 1914 wiederzuerlangen" [Rezension zu 264: F. KNIPPING, Deutschland, Frankreich und das Ende der Locarno-Ära, in: VfZG 38 (1990), 486].

Um die schon vor der Weltwirtschaftskrise sichtbare Ambivalenz in der deutschen Außenpolitik und im europäisch-transatlantischen internationalen System insgesamt zum Ausdruck bringen zu können, spricht PETER KRÜGER

Hegemonie-Verdacht

Revisions-dynamische Interpretation von Locarno

von „rivalisierender Kooperationsbereitschaft" [265: Von der Schwierigkeit europäischen und transatlantischen Bewußtseins, 129]. Dabei legt er den Akzent mehr auf Kooperation als auf Rivalität, um an der Einheit der Ära Stresemann festhalten zu können. Betont man stärker das Moment der Rivalität, das die Kooperation zunehmend schwieriger erscheinen ließ, weil Kooperation stärker als vorher zu eigenen Bedingungen gesucht wurde, kann dies freilich nicht heißen, einen folgerichtig und unaufhaltsam verlaufenden und sich zur nationalsozialistischen Revisionspolitik steigernden Verfallsprozeß der ‚republikanischen' Außenpolitik seit 1928 annehmen zu müssen. Intentional blieb die deutsche Außenpolitik am ‚Konzert der Mächte' orientiert, auch wenn sie die infolge der unaufhaltsamen Restauration der deutschen Großmacht auftretenden Aporien nicht unter Kontrolle halten konnte.

Von der Stresemannschen Absicht zur Kooperation, die das Kooperationsnetz freilich nur unzureichend knüpfen konnte, ist die Außenpolitik der Präsidialregierungen seit 1930 zu unterscheiden, die nicht nur dem mit der Weltwirtschaftskrise abermals wachsenden internationalen Konfliktpotential [253: J. BECKER/K. HILDEBRAND (Hrsg.), Internationale Beziehungen in der Weltwirtschaftskrise] ausgesetzt war und reaktiv die „generelle ‚Re-Nationalisierung' der Politik aller Großmächte" [88: A. HILLGRUBER, Unter dem Schatten von Versailles, 64; vgl. auch 275: G. SCHMIDT, Internationale Politik in der Weltwirtschaftskrise, 46f.] mitvollzog, sondern auch ein schon Anfang der siebziger Jahre von HERMANN GRAML [259] pointiert umrissenes außenpolitisches Denken erkennen ließ, das die von HENRY A. TURNER [246] herausgestellte Grundintention der republikanischen Außenpolitik, den Nationalstaat in ein internationales Beziehungsgeflecht multipolaren Charakters einzufügen, bewußt zurückstellte. An ihre Stelle traten Alleingänge wie das als „Sündenfall der deutschen Außenpolitik" [103: P. KRÜGER, Außenpolitik, 533] und als endgültige Absage an den „Gedanken der internationalen Zusammenarbeit in Europa" [281: R. STEININGER, „...Der Angelegenheit ein paneuropäisches Mäntelchen umhängen...", 441] geltende Projekt einer deutsch-österreichischen Zollunion 1931 oder der Ausstieg aus der Abrüstungskonferenz des Völkerbunds 1932. Schritte dieser Art und parallel dazu das Verlangen nach einem Ende der Reparationen, die gerade erst im Young-Plan von 1929 eine neue Gestalt angenommen hatten, hat die Forschung – wenn auch mit unterschiedlicher Gewichtung – als neue Phase deutscher Außenpolitik zwischen Stresemann und Hitler interpretiert.

Prinzipielle Einigkeit herrscht dahingehend, daß nicht erst die Ernennung Hitlers zum Reichskanzler am 30. Januar 1933 einen außenpolitischen Wandel herbeigeführt habe. Über den Zeitpunkt und das Ausmaß des Wandels dagegen wird heute weit differenzierter geurteilt, als dies noch PETER KRÜGER in seinem Standardwerk [103] getan hat. Wie erwähnt will er mit dem

(Marginalien:)
Spannung zwischen Kooperation und Konflikt

Außenpolitik der Präsidialregierungen s. auch 92 ff.

Krügers These vom Zäsurcharakter des Jahres 1930

Beginn der Präsidialkabinette 1930 einen Einschnitt markiert wissen. Auch in einer weiteren Synthese zur Weimarer Außenpolitik läßt er auf die „Ära der Verständigungspolitik 1924–1930" die „Agonie der Verständigungspolitik 1930–1933" folgen [106: Versailles, 156]. Die deutsche Außenpolitik habe 1930 zu „neuen außenpolitischen Methoden" [ebd., 161] gegriffen und sei schrittweise zu einer rein nationalen Perspektive unter Vernachlässigung internationaler Verpflichtungen und Rücksichten übergegangen. „Im Gegensatz zur Stresemann-Ära wollte die Reichsregierung jetzt aus internationalen Bindungen und Verpflichtungen heraus und die Voraussetzungen für eine unbehinderte, einseitige Politik der freien Hand schaffen" [ebd. 162]. Obwohl Deutschland in der Zeit der Weltwirtschaftskrise mit der Abwendung von internationalen Lösungsansätzen keineswegs allein stand, trug es seit 1930 „doch erheblich zu der internationalen Destabilisierung" [ebd., 169] bei, die im Laufe der dreißiger Jahre in die zum Zweiten Weltkrieg führende internationale Anarchie einmündete.

Der innenpolitische Einschnitt, der in Deutschland mit dem Auseinanderbrechen der Großen Koalition und dem Beginn der Präsidialkabinette Brüning, Papen und Schleicher verbunden war, fällt in dieser Betrachtungsweise mit dem „epochalen Zäsurcharakter der Weltwirtschaftskrise" [283: B.-J. WENDT, Großdeutschland, 162] als politisch-ökonomischer Doppelkrise mit zerstörerischer Wirkung für die politische und wirtschaftliche internationale Ordnung zusammen. Der Übergang zur nationalsozialistischen Phase deutscher Außenpolitik – so sehr man auch die Unterschiede zwischen „nationalistischer" und „nationalsozialistischer" Politik betonen muß [82: K. HILDEBRAND, Das vergangene Reich, 557–559] – war mit Blick auf Autarkie und Großraumwirtschaft, auf Revisionspolitik und Aufrüstung vielfach ein „gleitender" [283: B.-J. WENDT, Großdeutschland, 216] Übergang.

Weltwirtschaftskrise als politisch-ökonomische Doppelkrise

Genauere Vorstellungen über diese Entwicklung konnten nur gewonnen werden, wenn die deutsche Außenpolitik in den Jahren der Weltwirtschaftskrise eingehender untersucht wurde, als dies lange Zeit der Fall war. Über Jahrzehnte hinweg hatte sich die Aufmerksamkeit der Forschung vor allem auf den Versailler Vertrag mit all seinen Folgen und auf den Komplex der internationalen Entspannung in der Locarno-Ära konzentriert. Die 1987 erschienene Studie von FRANZ KNIPPING über die deutsch-französischen Beziehungen von 1928 bis 1931 [264] stellte eine bemerkenswerte Erweiterung herkömmlicher Periodisierungsusancen dar. Auch in der Untersuchung von PHILIPP HEYDE zum Reparationsproblem [262] stehen die Beziehungen zwischen Deutschland und Frankreich im Zentrum. Der Übergangsphase von der Großen Koalition zur Regierung Brüning wandte sich ANDREAS RÖDDER mit seiner Studie zur Amtszeit von Julius Curtius als Außenminister zu [272]. Wie die deutsche Politik zwischen 1928 und 1933 vom britischen Botschafter in

Monographien zu den Jahren 1928–32

Berlin perzipiert wurde, hat DETLEF WÄCHTER untersucht [383]. Von der
Dissertation HEYDES [262] abgesehen, der an der Vorstellung vom Wendejahr
1930 festhält, wird mit diesen Arbeiten die Frage, ob und wann es Weichenstel-
lungen oder gar Zäsuren gegeben hat, mit denen die Entspannungspolitik von
Locarno abgebaut oder beendet wurde, neu gestellt, wenn auch nicht einheit-
lich beantwortet.

Neubestimmung
der Jahre 1929/30

Zwei Positionen lassen sich ausmachen. Beide stellen den Zäsurcharakter
des Jahres 1930 in Frage und relativieren den Beginn der Weltwirtschaftskrise
als epochalen Einschnitt. Die Krise der Ära Stresemann und ein Wandel deutscher Außenpolitik werden entweder schon vor dem Ende der Amtszeit Stresemanns angesetzt oder erst zu einem Zeitpunkt, der im Laufe der Präsidialkabinette eingetreten sei, jedenfalls nicht mit dem Amtsantritt Brünings zu-
sammenfalle. Anders als etwa KLAUS HILDEBRAND, für den das „Ende der Ära
Stresemann" eine „Zäsur in der Geschichte der Weimarer Republik" markiert
und der im „Wendejahr 1930" einen „außenpolitischen Kurswechsel des Deutschen Reiches" konstatiert [82: Das vergangene Reich, 509, 511, 516], verwen-

Knippings These
vom Zäsur-
charakter des
Jahres 1928

det FRANZ KNIPPING den Begriff der „Zäsur" schon für den Sommer 1928. Das
damals „fast gleichzeitige Aufbrechen der Räumungs-, Reparations- und Rüstungsfrage" sei mit einer „Zäsur der internationalen Nachkriegsentwicklung"
gleichzusetzen. „Vor allem auf deutscher Seite" habe man ein konfrontatives
Konfliktverhalten unter Vernachlässigung von Verständigungsansätzen an den
Tag gelegt [264: Deutschland, Frankreich und das Ende der Locarno-Ära, 32].

Analog zu wirtschaftshistorischen Beobachtungen, die nach dem New
Yorker Börsenkrach 1929 in die Depression geratene Wirtschaft sei keineswegs gesund gewesen, wirft Knipping die Frage auf, ob „tiefgreifende Auflö-
sungserscheinungen des internationalen politischen Zusammenhalts bereits
auftraten, bevor die handelnden Politiker in den Industriestaaten sich ungewöhnlichen ökonomischen Schwierigkeiten gegenübersahen" [ebd., 4]. Er be-
jaht diese Frage in eindeutiger Weise. Die Locarno-Jahre von 1925 bis 1927,
die er in Übereinstimmung mit dem oben erwähnten zeitgenössischen Urteil
als „eine Art Waffenstillstand" bezeichnet, hätten zwar den deutsch-französischen Gegensatz nicht aufgelöst. Dieser sei aber „im Geist von Locarno", d.h.
im Rahmen eines „Grundkonsenses" behandelt worden, der nur „kooperative Problemlösungen" in Frage kommen ließ. Seit 1928 dagegen sei eine
„Frontstellung" zwischen den Locarno-Mächten entstanden, die Knipping vor
allem auf die „von der deutschen Regierung einseitig forcierte Aktivierung
des Anspruchs auf vorzeitige Räumung des gesamten Rheinlands" zurück-
führt [ebd., 219f.]. Briands vornehmlich sicherheitspolitisch motivierter Euro-
pa-Plan 1929 und die skeptisch-distanzierte deutsche Reaktion darauf noch zu
Stresemanns Lebzeiten machen deutlich, daß – wie auch JACQUES BARIÉTY
[251] betont – der entspannungspolitische Konsens von Locarno nicht mit der

Amtszeit Stresemanns identisch war, sondern sich schon vor ihrem Ende und noch während der bis März 1930 dauernden Großen Koalition aufzulösen begann.

Die Grenzen der Entspannung von Locarno zu betonen, heißt nicht, das unter maßgeblicher deutscher Mitwirkung in Locarno Erreichte zu schmälern. Es kann auch nicht heißen, daß allzu einfache Kontinuitätslinien gezogen werden und die Jahre seit 1928 als unaufhaltsamer „Aufbruch in die Krise der dreißiger Jahre" und als unumkehrbare „Wende von einer Nachkriegszeit zu einer neuen Vorkriegszeit" vestanden werden [264: F. KNIPPING, Deutschland, Frankreich und das Ende der Locarno-Ära, 219]. Zwar fand 1928 eine „Aktivierung der deutschen Revisionspolitik" statt, aber sie ist schwerlich als Beginn jener Politik zu qualifizieren, „die über die Ära Brüning in die Ära Hitler führte" [ebd., 220]. Die Untersuchung von ANDREAS RÖDDER [272], die sich den letzten Monaten der Großen Koalition nach Stresemanns Tod und dem ersten Kabinett Brüning widmet, hat deutlich gemacht, daß eine präzise und differenzierende Beschreibung zu einem Vergleich zwischen Brüning, dem ersten Reichskanzler in der Phase der Präsidialkabinette, und Hitler, dem letzten in dieser Reihe, führt, der neben manchen Berührungspunkten die unübersehbaren Unterschiede hervortreten läßt. Rödder kommt zu einer Relativierung des Zäsurcharakters des Jahres 1930, indem er die Kontinuitätslinien anders zieht, nämlich von Stresemann über Curtius bis Brüning. Curtius habe als Stresemanns Nachfolger der deutschen Außenpolitik zwar einen „höheren Anteil an Revisionismus" untergemischt [272: A. RÖDDER, Stresemanns Erbe, 272]. Sein „nationaleres" Auftreten sei aber „unter Beibehaltung von grundsätzlichen Zielvorgaben der Stresemannzeit und unter Beachtung rechtlicher Bindungen" erfolgt [ebd., 279]: „Nachdrücklicher und ungeduldiger wurden die deutschen Interessen in den Vordergrund gerückt, Kooperation und Abstimmung mit den anderen Mächten traten dagegen zurück. Hinzu kamen Curtius' politische Fehler: sein Verhalten nach der Rheinlandräumung und vor allem die Durchführung des Zollunionsprojekts. Insgesamt aber behielt die deutsche Außenpolitik, wenn auch mit verschobener Akzentsetzung, die Politik der Evolution bei, Revisionen nur mit friedlichen Mitteln zu verfolgen, vertragliche Bindungen zu achten und trotz ‚nationalerer' Orientierung auch Zusammenarbeit mit den anderen Mächten zu suchen" [ebd., 281].

Damit wird das von Curtius betriebene deutsch-österreichische Zollunionsprojekt in den von Stresemann erstellten Rahmen eingeordnet. Dies hat erhebliche Konsequenzen für die Periodisierung der Weimarer Außenpolitik. Rödder läßt das Ende der republikanischen Außenpolitik nicht schon 1930 beginnen und trennt die zweijährige Amtszeit von Curtius, für die er historische Offenheit reklamiert, ausdrücklich von der späteren Entwicklung. Erst als Curtius unter dem Druck der „nationalen Opposition" scheiterte,

Rödders These von der revisionspolitischen Kontinuität über 1930 hinaus

habe die Weimarer Republik „eine jener vielen Stufen auf ihrem scheinbar
unaufhaltsamen und doch bis zuletzt aufhaltbaren Weg in den Untergang"
betreten [ebd., 282]. Rödders Bemühungen, nicht nur die Regierung Brüning
[vgl. auch A. RÖDDER, Dichtung und Wahrheit. Der Quellenwert von Heinrich
Brünings Memoiren und seine Kanzlerschaft, in: HZ 265 (1997), 77–116, hier
99], sondern die gesamte Zeit der Präsidialkabinette „bis zuletzt" nicht als direkte Vorgeschichte des Nationalsozialismus und seiner Außenpolitik erscheinen zu lassen, vermeidet zwar die Keule des Kontinuitätsarguments, sperrt
sich aber gegenüber der Frage, wo Wirkungszusammenhänge und prozessuale
oder strukturelle Verknüpfungen auszumachen sind. Nimmt man singuläre
und strukturelle Momente zugleich in den Blick, so „zerbricht" Hitler verschiedene Kontinuitäten, aber er knüpft eben auch daran an, wie THOMAS NIP-
PERDEY betont hat [1933 und die Kontinuität der deutschen Geschichte, in:
DERS., Nachdenken über die deutsche Geschichte, München 1986, 195].

Singuläre und strukturelle Momente in der Kontinuitätsdebatte

Wie für jede Konstellation empfiehlt es sich auch für die Zeit der Weltwirtschaftskrise und den Beginn der Diktatur in Deutschland, nach dem Mischungsverhältnis von liberal-republikanischer und nationalistisch-militär-
staatlicher Politik zu fragen. Ohne Einigkeit im Detail zu erzielen, hat die Forschung einen eindeutigen Trend herausgearbeitet: Der Anteil republikanischer Außenpolitik ging sukzessive zurück. Manche Forscher weisen darauf
hin, daß es schon in der Stagnationsphase Stresemannscher Revisionspolitik
zu einer schärfer werdenden Auseinandersetzung um den Kurs der deutschen
Außenpolitik kam, in deren Verlauf politische Positionen und gesellschaftliche
Kräfte in eine deutlicher werdende Konkurrenz zum liberal republikanischen
Ansatz traten. Sie ließen sich nicht nur von der Frage Stresemanns bestimmt,
welche Fortschritte die Einfügung in internationale Selbstverpflichtungen und
die multilaterale Suche nach „gleichlaufenden Interessen" für die Rückkehr
Deutschlands in die internationale Politik als gleichberechtigter Großmacht
gebracht hatten. Sie stellten das Ausmaß der internationalen Verflechtung
selbst in Frage und wollten den instrumentalen Charakter der Locarno-Ent-
spannung betont wissen, die eher eine Durchgangsphase auf dem Weg zu
neuer außenpolitischer Freiheit als eine Wende zur Zähmung nationaler
Eigenwege sein sollte.

Vorbehalte gegen internationale Verflechtung

Zu Recht hat JÜRGEN C. HESS darauf hingewiesen, daß etwa im Zentrum,
das zu den republikanischen Parteien zählte und die Politik Stresemanns stets
unterstützte, später aber auch mit Heinrich Brüning den ersten Reichskanzler
der Präsidialkabinette stellte, Locarno vielfach auf Vorbehalte stieß. So
bezeichnete Ludwig Kaas, regelmäßiger Sprecher seiner Partei zu außenpolitischen Fragen und seit 1928 ihr Vorsitzender, Locarno im November 1926 als
„ein politisches Opfer ersten Ranges" [80: J. C. HESS, „Das ganze Deutschland
soll es sein", 304]. Ähnlich symptomatisch für die distanzierte Bewertung von

Locarno war die Haltung vieler Wissenschaftler. Nachdem sie sich bis 1925, als auch ein ‚intellektuelles Locarno' möglich schien, von den Partnerorganisationen der Entente-Mächte, mit denen sie vor dem Krieg in Verbindung gestanden hatten, abgelehnt und international isoliert sahen, sträubten sie sich bis gegen Ende der zwanziger Jahre, auf den Kurs der Stresemannschen Verständigungspolitik einzuschwenken. Ihre Opposition „verselbständigte sich gewissermaßen zum Instrument anti-republikanischer Agitation gegen die Locarno-Politik und Deutschlands Eintritt in den Völkerbund" [145: B. Schroeder-Gudehus, Internationale Wissenschaftsbeziehungen, 868].

2. Die ökonomische Variante deutscher Machtpolitik

Im Unterschied zur Forschung der sechziger und siebziger Jahre, wie sie sich in dem von Wolfgang Michalka und Marshall M. Lee herausgegebenen Sammelband darstellt [230], wird seitdem nicht mehr vorrangig der Frage nachgegangen, was Stresemann verschleiert haben könnte und worin seine ‚eigentlichen' Ziele bestanden. Größeres Interesse beansprucht spätestens seit der Habilitationsschrift von Franz Knipping [264] die Frage, welche Auswirkungen die deutsche Politik in der Ära Stresemann auf das europäische Staatensystem hatte; ob der Wunsch nach internationaler Entspannung und Kriegsvermeidung, von dem die republikanische Außenpolitik bestimmt war, tatsächlich hinreichend in praktische Politik umgesetzt wurde oder – angesichts der programmatischen Vorgaben sowie der innenpolitischen und internationalen Strukturzwänge – überhaupt umgesetzt werden konnte. Die Frage lautet nicht eigentlich mit Henry Kissinger, für den Stresemann „das diplomatische Geschehen der zwanziger Jahre am nachhaltigsten formte" [98: H. Kissinger, Vernunft der Nationen, 288], ob „Frieden und Versöhnung" für Stresemann und die republikanische Elite insgesamt „eigenständige Wertbegriffe" waren [ebd., 3o8], sondern wie groß der Handlungsspielraum war, den Wunsch nach Friedenswahrung national und international in Friedenspolitik umzusetzen.

Die deutsche Außenpolitik in der Mitte der zwanziger Jahre war von drei Faktoren bestimmt, die Stresemann entweder nicht ändern wollte oder auf die sein politisches Handeln keinen oder nur wenig Einfluß hatte, so daß ein Verlust an außenpolitischer Flexibilität unausweichlich war:

1. Stresemann verfolgte mit der weitgehenden Revision des Versailler Vertrags die Wiederherstellung des deutschen Großmachtstatus und die Rückkehr Deutschlands in die internationale Politik als Nahziel. Dadurch setzte er sich unter Zeitdruck. Wiederherstellung des deutschen Großmachtstatus

2. Der Zeitdruck erhöhte sich noch einmal, weil Stresemanns Nahziel für weite Teile der deutschen Öffentlichkeit nicht schnell genug erreicht wurde und zudem als übermäßig ‚europäisch' abgefedert zu sein schien. Zeitdruck und ‚europäische' Abfederung

Französische Einwände

3. Was aus deutscher Sicht entweder selbstverständlich war oder zu langsam erfolgte, warf aus französischer Sicht bereits die Sicherheitsfrage auf, weil es, wenn auch mit friedlichen Mitteln, die deutsche Führungsrolle in Kontinentaleuropa wieder herstellte.

Ein höheres Maß an friedenspolitischer Effizienz und internationaler Stabilität wäre nur zu erreichen gewesen, wenn Frankreich – etwa bei der Rheinlandräumung oder in der Rüstungsfrage – größere Zugeständnisse gemacht hätte und wenn Deutschland bereit gewesen wäre, sich als saturierte Macht zu verstehen und auf der Basis des territorialen Status quo einer Europäischen Union zuzustimmen, wie sie Briand 1929 ins Spiel brachte. Da es an solchen Schritten mangelte, stand die internationale Ordnung schon auf schwachen Füßen, als die Weltwirtschaftskrise das Ihre zur Destabilisierung beitrug.

Bei alldem darf aber nicht vergessen werden, daß Stresemanns Ansatz einer republikanischen Außenpolitik neu war, für weite Teile des politischen Lebens in Deutschland und der Eliten in Staat und Gesellschaft geradezu umstürzend neu. Die republikanische Elite hatte eine westlich orientierte demokratische Zivilgesellschaft vor Augen und setzte an die Stelle der militärischen die ökonomische Variante deutscher Machtpolitik. Daß Stresemann

Rückkehr in die Weltpolitik über die Weltwirtschaft

durchaus nationale Machtpolitik betrieb, wenn er „über die Weltwirtschaft in die Weltpolitik zurückkehren" wollte [297: W. LINK, Die Beziehungen zwischen der Weimarer Republik und den USA, 64], trug ihm bei den innerdeutschen Kritikern seiner Verständigungspolitik wenig Anerkennung ein. Gleichzeitig bestanden das Mißtrauen in die Ziele deutscher Politik und die Angst vor deutscher Dominanz bei den Nachbarn Deutschlands – allen voran Frankreich und Polen – fort, wie etwa CLEMENS WURM [356] und RALPH SCHATTKOWSKY [460] dargelegt haben.

Die republikanische Elite in Deutschland von der DVP auf ihrem rechten bis hin zur SPD auf ihrem linken Flügel befand sich in einer doppelten

Doppelte Frontstellung der republikanischen Elite

Frontstellung. In Deutschland unterstellte ihr die rechte Opposition den Ausverkauf nationaler Interessen; im Ausland registrierte man – wenn auch mit unterschiedlichen Graden der Beunruhigung – den Wiederaufstieg Deutschlands zur Großmacht. Daß es sich dabei um eine in erster Linie wirtschaftliche Großmacht handelte, die für die Liberalisierung der Weltwirtschaft und für internationale Kooperation eintrat, vermochte das Sicherheitsproblem im Europa der zwanziger Jahre nicht zu lösen. Die im Zuge der *Bankers' Diplomacy* [228: R. MEYER, Bankers' Diplomacy; 141: G. SCHMIDT (Hrsg.), Konstellationen internationaler Politik, 25ff.] nach der Ruhr-Krise erzielte wirtschaftliche Entspannung blieb ungeachtet der Gewaltverzichts- und Schiedsvertragspolitik von Locarno ohne Ergänzung im sicherheitspolitischen Bereich, weil man sich nicht auf ein gemeinsames Friedens- und Sicherheitskonzept

Bankers' Diplomacy

einigen konnte [MICHAEL HOWARD, Introduction, in: 46: 7ff.]. Insofern blieb
die von Dietmar Petzina beobachtete „Neubestimmung von Politik" durch
„wirtschaftswissenschaftlichen Sachverstand" [127: D. PETZINA, Is Germany
Prosperous? 262] in der Praxis internationaler Politik durchaus begrenzt. Zu
unterschiedlich waren die Vorstellungen in Berlin und Paris über das europäische Gleichgewicht und die Rolle Deutschlands in Europa. Aber auch zwischen den Erwartungen Frankreichs und der sicherheitspolitischen Unver-
bindlichkeit Großbritanniens gegenüber West- und Mitteleuropa und erst
recht gegenüber Ostmittel- und Südosteuropa bestand eine deutliche Kluft.

Gleichwohl war der unter maßgeblicher Beteiligung amerikanischer und
britischer Experten und Banken herbeigeführte und mit dem Dawes-Plan ein-
geläutete „Wirtschaftsfrieden" [296: W. LINK, Die amerikanische Stabilisie-   Wirtschaftsfrieden
rungspolitik in Deutschland, 286, 622] nicht gering zu achten. MATTHIAS
SCHULZ [147] hat die deutschen und internationalen Anstrengungen aufgezeigt, ihn in der zweiten Hälfte der zwanziger Jahre zu erhalten. Unter deutscher Zustimmung und Mitwirkung, was ihn vom Versailler Frieden unterschied, bedeutete er einen ersten und unabdingbaren Schritt zur Entspannung
in Europa. Er war ergänzungsbedürftig, aber doch ein zureichendes Minimum,
um Gemeinsamkeiten der Großmächte sichtbar werden zu lassen und die auf
Friedenswahrung gerichteten Bedürfnisse des Weltmarkts zur Basis für die
internationalen Beziehungen zu machen. Vor allem: Er entsprach nicht nur
dem Kalkül deutscher Interessenpolitik, sondern auch dem auf Friedenserhalt   Interessen- und
gerichteten Verständnis von internationalen Beziehungen, das der republika-   Friedenswahrung
nischen Außenpolitik eigen war. Durch die Zusammenbindung von Interes-
sen- und Friedenswahrung sollte sowohl die deutsche Großmacht wiederhergestellt als auch ein Zustand internationaler Stabilität in Europa erreicht werden. Beides war, wie Peter Krüger betont, wechselseitig aufeinander bezogen.
„Die Ausgestaltung der kollektiven Sicherheit im Rahmen des Völkerbunds"
war nach Locarno im Auswärtigen Amt nicht nur „als Ziel akzeptiert", sondern mußte darüber hinaus „im deutschen Großmachtinteresse sogar voran-
getrieben werden" [103: P. KRÜGER, Außenpolitik, 390]. Frieden stellte für das
durch die Kriegsniederlage geschwächte Deutschland die geeignete Rahmen-
bedingung dar, um die Auswirkungen des Kriegs Schritt um Schritt vergessen
zu machen. Insofern mußte eine republikanische Außenpolitik, da sie realitäts-
orientiert war, auch nicht den militärischen Zusammenbruch bei Kriegsende
leugnen und zur Dolchstoßlegende Zuflucht nehmen.

Wie insbesondere WERNER LINK [296] und im Anschluß an ihn auch
MANFRED BERG [284, 285] deutlich gemacht haben und was JONATHAN
WRIGHT [248: Stresemann and Locarno, 112] als Konsens der neueren For-
schung bezeichnet hat, war Stresemanns Außenpolitik – wie schon diejenige
Rathenaus zuvor – darauf bedacht, die Wirtschaft als Bindeglied der interna-

tionalen Beziehungen zu nutzen. Deutschlands Stellung hing von seiner Verankerung im Welthandel ab; indem es seine internationale Einbindung selbst betrieb, leistete es aus seiner Sicht einen Beitrag zur Friedenssicherung. Wie am Beispiel der Beziehungen zu Schweden [423: O. ÅHLANDER, Staat, Wirtschaft und Handelspolitik], den baltischen Staaten [435: J. HIDEN, The Baltic States and Weimar Ostpolitik], Ostmittel- und Osteuropa [148: R.M. SPAULDING, Osthandel; 446: E. KUBŮ, Die brüchigen Beziehungen] oder zum Balkan [429: J. ELVERT, Der Balkan und das Reich] gezeigt worden ist, waren die Handelsbeziehungen in den ersten Nachkriegsjahren ein wichtiger Ansatz, um überhaupt Außenbeziehungen unterhalten zu können. Innerhalb verhältnismäßig kurzer Zeit rückten Fragen von Handel und Finanz unter dem Druck der Reparationsproblematik bzw. der wirtschaftlichen Diskriminierung Deutschlands durch den Versailler Vertrag, aber auch als Konsequenz der Wiederentfaltung des deutschen Wirtschaftspotentials immer mehr ins Zentrum der deutschen und internationalen Politik, so daß ihnen in steigendem Maß eine politische Bedeutung zukam [144: H.-J. SCHRÖDER, Zur politischen Bedeutung der deutschen Handelspolitik].

Bedeutung des Außenhandels

Die ‚deutsche Frage‘ stellte sich in zwanziger Jahren nicht in dem umfassenden Sinn wie vor dem Ersten Weltkrieg, als die europäische Zentralmacht sowohl ihre wirtschaftliche als auch ihre militärische Macht zur Geltung brachte. Nach dem Ersten Weltkrieg war die militärische Macht gebrochen, und auch wirtschaftlich war Deutschland deutlich geschwächt. Allerdings war in verschiedenen Schlüsselindustrien ein Erholungsprozeß zu verzeichnen, der die internationale Stellung der deutschen Großindustrie wieder sichtbar werden ließ. Am Beispiel der chemischen und Elektroindustrie hat Harm G. Schröter diese Dimension der ‚deutschen Frage‘ analysiert und für die 1925 gebildete IG Farben von einem „informal economic empire“ gesprochen, das Anfang der dreißiger Jahre in Nord-, Ost- und Südeuropa etabliert war [146: H.G. SCHRÖTER, The German Question, 388]. Auch wenn dieser eindrucksvolle Verlauf außenwirtschaftlichen Erfolgs schon für die Elektrobranche nicht in gleichem Umfang zutrifft, ist doch unübersehbar, daß die deutsche Industrie insgesamt und nicht zuletzt auch die von den Bestimmungen des Versailler Vertrags besonders getroffene Schwerindustrie im europäischen Vergleich wieder eine starke Position erlangt hatte und daß die mit Versailles verfolgte Intention, die deutsche Wirtschaftskraft nachhaltig zu reduzieren, nicht erreicht wurde.

Internationale Stellung der deutschen Großindustrie

Vor diesem Hintergrund wird deutlich, daß der Verzicht der republikanischen Elite auf Krieg als Mittel der Politik das Problem der deutschen Machtstellung in Europa zwar mildern, aber keineswegs beseitigen konnte – und auch nicht sollte, zumal auch in der Amtszeit Stresemanns sowohl geheime und illegale, gegen Versailles verstoßende als auch offene Rüstungsmaßnah-

Wirtschaftsmacht und Militärmacht

men betrieben wurden. Die ökonomische Variante deutscher Machtpolitik hatte politische Implikationen, deren Bedeutung je nach Perspektive und Interessenlage unterschiedlich ausfiel, sowohl in der zeitgenössischen als auch in der geschichtswissenschaftlichen Urteilsbildung.

Methodisch gesehen wird hier nicht nur das Verhältnis von Wirtschaftsmacht und Militärmacht berührt, sondern auch die Frage nach den vielfältigen Bestimmungsfaktoren von Außenpolitik. Die nur zu unterstreichende Feststellung von Clemens Wurm, die „Analyse der Vermittlung von Ökonomie und Politik" zähle zu den „schwierigsten Themenbereichen auf dem Gebiet der Forschung zur internationalen Politik", und seine Suche nach „Wirkungszusammenhängen" und „Interaktionsgefügen" [C.A. WURM, Politik und Wirtschaft in den internationalen Beziehungen, in: 158:1] machen deutlich, daß der Versuchung zu reduktionistischen Erklärungsansätzen widerstanden werden muß, wie sie etwa FRITZ FISCHER [63] oder KARL HEINRICH POHL [235] vorgeschlagen haben. Gleichzeitig läßt Gilbert Zieburas Hinweis auf die in der Zwischenkriegszeit anzutreffende „unentwirrbare wechselseitige Durchdringung von Politik und Ökonomie" [159: G. ZIEBURA, Weltwirtschaft und Weltpolitik, 15] kaum darauf hoffen, das Zurechnungsproblem lösen zu können. Der derzeitige Forschungsstand läßt einerseits einen Konsens über die Verzahnung von Politik und Wirtschaft erkennen, andererseits aber auch einen Mangel an präzisen Fallstudien, in denen ganz konkret Entscheidungsabläufe in dem von VOLKER R. BERGHAHN eingeforderten [Preface, in: 51: VIII] Beziehungsgeflecht von Wirtschaft und Politik sowie Mentalitäten und Wahrnehmungsmustern analysiert werden.

So diffizil die Probleme erscheinen, wenn man Aussagen von einiger Reichweite anstrebt, so besteht doch kein Zweifel daran, daß Frankreich, wie schon betont wurde, sein Kriegsziel einer nachhaltigen wirtschaftlichen Schwächung Deutschlands nicht erreichte und umgekehrt Deutschland gerade die Wirtschaft und die weltwirtschaftlichen Zusammenhänge nutzen konnte, um infolge seiner Interessenüberschneidung mit den USA und Großbritannien wieder in den Kreis zunächst der Wirtschaftsgroßmächte zurückzukehren. Dieser Prozeß der „Revision durch weltwirtschaftliche Verflechtung" [284: M. BERG, Gustav Stresemann und die Vereinigten Staaten von Amerika, 116] wurde nach der Wiedererlangung der handelspolitischen Souveränität 1925 noch verstärkt. Politik und Wirtschaft in Deutschland stimmten darin überein, daß die Ausweitung von Marktanteilen und die Orientierung am Vorkriegsstandard im nationalen Interesse lagen.

Wie auf der politischen lagen auch auf der außenwirtschaftlichen Ebene die Suche nach ausgleichender Kooperation und die Entfaltung von Macht dicht beieinander. Kartellabsprachen wie die Internationale Rohstahlgemeinschaft 1926 [JACQUES BARIÉTY, Das Zustandekommen der Internationalen

Wechselseitige Durchdringung von Politik und Ökonomie

Revision durch weltwirtschaftliche Verflechtung

Rohstahlgemeinschaft (1926) als Alternative zum mißlungenen ,Schwerindu-
striellen Projekt' des Versailler Vertrages, in: 108: 552ff.; U. NOCKEN,
International Cartels and Foreign Policy. The Formation of the International
Steel Cartel 1924–1926, in: 144: 33ff.] bewirkten beides: internationale Kooperation und Sicherung nationaler Interessen. Wie Locarno eine unabdingbare
Voraussetzung für den politischen Frieden war, aber noch nicht den stabilen
Frieden selbst darstellte, waren auch die handelspolitischen Verträge der Regierung und die internationalen Absprachen zwischen Großindustrien darauf
angewiesen, daß sie von wirtschaftlichen Turbulenzen verschont blieben und
daß ergänzende Schritte zur Vertiefung der Kooperation wie z.B. Kapitalver-
flechtungen erfolgten. Denn Warenaustausch und Kartellvereinbarungen
allein waren nicht ausreichend, „der Herstellung von Interdependenz" und
der friedensfördernden „Verschränkung von Interessen" zu dienen [355: C.A.
WURM, Deutsche Frankreichpolitik, 155] und damit die Ambivalenzen der
Wirtschaftsmacht zu reduzieren. Nur bei weitergehenden Integrationsmaß-
nahmen hätte aus wirtschaftlicher Kooperation ein auch sicherheitspolitisch
verwertbarer positiver Effekt entstehen können.

  Freilich wird man hinzufügen müssen, daß von den integrationspoliti-
schen Erfahrungen der zweiten Nachkriegszeit nicht auf die Defizite der
ersten geschlossen werden darf. Was wünschenswert gewesen wäre und was
historisch tatsächlich möglich war, muß sorgfältig auseinander gehalten werden. Gemessen an der europaweit anzutreffenden nationalstaatlichen Grund-
orientierung war das erreichte Maß an Multilateralismus und internationalen
Verbindungen bereits ein beachtlicher Schritt. Ihm wären möglicherweise weitere gefolgt, wenn mehr Zeit zur Verfügung gestanden hätte. Wenn auf die
relative Stabilisierung der Dawes- und Locarno-Ära nur die Phase der Des-
illusionierung über das 1924/25 schon Erreichte gefolgt wäre und nicht noch
der säkulare Einbruch der Weltwirtschaftskrise, wären die seit der Mitte der
zwanziger Jahre diskutierten Zollunionspläne vielleicht tatsächlich zu den von
PETER KRÜGER [104] vergleichsweise positiv bewerteten „Ansätzen zu einer
europäischen Wirtschaftsgemeinschaft" geworden, die in pragmatischer Weise
vorsichtig hätten ausgebaut werden können. Umgekehrt erscheint das Argu-
ment zwingend, daß der Primat des Nationalen so ausgeprägt und der Grad
der Bereitschaft zu internationaler Verregelung und partiellem Souveräni-
tätsverzicht so schwach ausgebildet war, daß die in der Weltwirtschaftskrise
erfolgenden nationalen Alleingänge kaum überraschen konnten. Bei aller notwendigen Differenzierung und Abwägung wird man einem Fazit zustimmen
können, das WERNER BÜHRER [Westdeutschland in der OEEC. Eingliede-
rung, Krise, Bewährung 1947–1961, München 1997, 24] aus dem Vergleich mit
der europäischen Integration nach dem Zweiten Weltkrieg gewonnen hat:
„Die Kooperationsbestrebungen der zwanziger Jahre waren noch zu stark

Marginalien (linker Rand):

Ambivalenzen der
Wirtschaftsmacht

Ansätze zu einer
europäischen
Wirtschafts-
gemeinschaft

Primat des
Nationalen

geprägt von den Imperativen einer auf den eigenen, kurzfristigen Vorteil be-
dachten machtorientierten Außenpolitik, um Enttäuschungen oder Mißerfol-
ge überstehen zu können. Verfechtern dieses traditionellen Denkens galten
Völkerbund, Internationale Rohstahlgemeinschaft oder Zollunion zunehmend als ‚Fessel‘ einer konsequenten deutschen Interessenpolitik. Kooperation konnten sie sich allenfalls unter deutscher Hegemonie vorstellen. Die
Weltwirtschaftskrise verhalf diesen Tendenzen schließlich zum Durchbruch.
Der Völkerbund arbeitete zwar weiter, und die Internationale Rohstahlgemeinschaft erlebte in Gestalt der Internationalen Rohstahlexportgemein-
schaft eine Neuauflage, doch das Interesse an institutionalisierten, multilateralen Formen der Zusammenarbeit ließ deutlich nach."

Die ökonomische Variante deutscher Machtpolitik war ein in seinen *Ökonomische Variante deutscher Machtpolitik*
nachweisbaren Ergebnissen und darüber hinaus in seiner Entwicklungsfähig-
keit innovativer Ansatz im deutschen außenpolitischen Denken. Zugleich
handelte es sich um Machtpolitik. Die republikanische Großmacht entwickelte ein Konfliktverhalten, das am liberalen Modell des Weltmarkts ausgerichtet
war und folglich Unilateralismus oder militärische Gewalt verwarf. Groß-
machtdenken als solches aber blieb schon aufgrund der natürlichen Größe des
Landes in Deutschland unvermeidlicherweise bestehen. Auch die Macht des
Handelsstaats war „expansionistisch", wenn auch nicht „im militanten und
schon gar nicht im kriegerischen Sinn" [77: L. HERBST, Der Krieg und die
Unternehmensstrategie deutscher Industriekonzerne, 102]. Wie auf der politischen Ebene stellt sich auch hier die entscheidende Frage, wie der Handelsstaat seine Macht gebrauchte und wie sich die ökonomische Variante deutscher Machtpolitik, die von der umfassenderen militärisch-ökonomischen
Machtprojektion des Kaiserreiches übrig geblieben war, auswirkte. Kann man
von einer „Instrumentalisierung der Wirtschaft" sprechen, waren der Außen- *Instrumentalisierung der Wirtschaft*
handelspolitik als Instrument der Außenpolitik „genuin machtpolitische
Zielsetzungen inhärent" und war sie „kollektiven Vereinbarungen" gegenüber
ablehnend eingestellt [150: D. STEGMANN, „Mitteleuropa", 203, 211], oder war
der deutsche Handelsstaat zur Selbstbindung fähig und läßt sich „eine Konti- *Selbstbindung des Handelsstaats*
nuität hegemonialer Denkstrategien" für die Außenwirtschaftspolitik zumin-
dest in der Ära Stresemann „nicht nachweisen" [147: M. SCHULZ, Deutschland, der Völkerbund und die Frage der europäischen Wirtschaftsordnung,
24]? Der niederländische Historiker JOHANNES HOUWINK TEN CATE [439] hat
anhand einer instruktiven Fallstudie vor eindimensionalen Verkürzungen ge-
warnt, wenn man der Zweck-Mittel-Relation von Wirtschaft und Politik auf
den Grund gehen will.

Insgesamt dürfte es Schwierigkeiten bereiten, von einzelnen Fällen allge-
meine Sätze abzuleiten und von dem Mitte der zwanziger Jahre auf Polen oder *Wirtschaftlicher Druck auf Ostmittel- und Südosteuropa*
die Tschechoslowakei verstärkt ausgeübten wirtschaftlichen Druck [447: H.

LIPPELT, Politische Sanierung; 446: E. KUBŮ, Die brüchigen Beziehungen], dem seit Oktober 1926 Stresemanns Wunsch nach besseren Handelsbeziehungen mit Polen an die Seite zu stellen ist [148: R.M. SPAULDING, 160], auf eine durchgängige Linie deutscher Politik zu schließen. Für die in der Weltwirtschaftskrise forcierte Südosteuropa-Politik kommt die Forschung – wie u.a. HANS PAUL HÖPFNER [436], Hans-Jürgen Schröder [277], HOLM SUNDHAUSSEN [282] oder JÜRGEN ELVERT [62, 429] zeigen – allerdings übereinstimmend zu dem Ergebnis, daß sie nicht nur das Ziel der Exportsicherung verfolgte, sondern auch das der politischen Einflußnahme und der Schwächung Frankreichs in dieser Region.

C. Deutschland im internationalen System

1. Der Versailler Vertrag und seine Revision

Wurde die Forschung im vorigen Kapitel vor allem im Hinblick darauf gesichtet, wie sie die konzeptionellen Voraussetzungen, die Ressourcen und das Konfliktverhalten der Weimarer Außenpolitik in einzelnen Phasen beurteilt, so stehen im folgenden die internationalen Rahmenbedingungen und die bilateralen Beziehungen im Vordergrund. Zentraler Ausgangspunkt deutscher Außenpolitik nach dem Ersten Weltkrieg war der Friedensvertrag von Versailles. Die Unzufriedenheit der Zeitgenossen mit dem Versailler Vertrag, die nicht nur in Deutschland, sondern auch bei den Siegermächten und nicht zuletzt in Frankreich anzutreffen war, hat sich in der Historiographie fortgesetzt und zu höchst unterschiedlichen Beurteilungen der Friedensregelung geführt. In der Forschung lassen sich, grob gesagt, zwei große Richtungen unterscheiden: zum einen Untersuchungen, die das internationale System als Strukturbedingung nationaler Politik zum Gegenstand machen; zum anderen die größere Gruppe von Studien, die sich auf einzelne Staaten, ihre Interessenlagen und Perzeptionsmuster konzentrieren.

Allgemeine Kritik am Versailler Vertrag

Einwände von Keynes

Schon 1919 äußerte sich der britische Wirtschaftswissenschaftler John Maynard Keynes, der der Delegation seines Landes bei der Pariser Friedenskonferenz angehört hatte, in negativer Weise über den Vertrag. Die Friedensmacher hätten, wie die bereits 1920 ins Deutsche übersetzte Streitschrift betitelt war, die „Economic Consequences of the Peace" übersehen [375: M. PETER, KEYNES, 29ff.]. Zu hohe Reparationsforderungen an Deutschland würden sich desintegrativ auf die europäische Wirtschaft auswirken und eine schwere Belastung für die Nachkriegsordnung darstellen. Keynes, dessen Schrift ein großer publizistischer Erfolg beschieden war, löste eine langjährige internationale Debatte aus [127: D. PETZINA, Is Germany Prosperous?]. Er sprach weniger als Anwalt Deutschlands, sondern wollte auf internationale wirtschaftliche Zusammenhänge aufmerksam machen, die man nicht straflos im Namen nationaler Ansprüche und Sicherheitsinteressen zerreißen dürfe.

Die auf das internationale System bezogene Kritik an der Ordnung von Versailles zieht sich bis heute durch die Forschung. Statt die „Strukturdefekte des imperialistischen Zeitalters" zu beseitigen, seien „– vor allem in der Weltwirtschaft – neue Strukturdefekte geschaffen" worden [142: G. SCHMIDT, Der gescheiterte Frieden, 174]. Jeder Versuch einer Friedensordnung mußte „vergeblich bleiben, der eine Neuordnung unter Ausschluß und obendrein zu Lasten Rußlands und Deutschlands, jener beiden Mächte, die im Sicherheitssystem und in den Weltwirtschaftsbeziehungen vor 1914 Schlüsselfunktionen innehatten, anstrebte" [ebd., 182]. Daran anknüpfend unterstreicht auch KLAUS SCHWABE, in der bis 1924/25 andauernden Ausgrenzung Deutschlands habe ein Konstruktionsfehler der Versailler Ordnung gelegen, die darüber hinaus infolge nationalegoistischer Stimmungen in den einzelnen Mächten eine Basis für „das komplizierte außenpolitische Wirken diplomatisch-wirtschaftlicher Eliten" vermissen ließ [Einleitung, in: 21: DERS., Quellen zum Friedensschluß von Versailles, 38]. Damit stellt Schwabe neben die Ebene des internationalen Systems die nationale Interessenperspektive, aus der heraus das Friedensvertragswerk politisch und wissenschaftlich vorrangig bewertet wurde und überwiegend noch wird.

Strukturdefekte der Versailler Ordnung

Mittlerweile ist ein deutlicher Trend zu einer vergleichsweise positiven Einschätzung des Versailler Vertrags festzustellen. Sie findet ihren Niederschlag etwa in vielen Beiträgen, die 1994 anläßlich einer internationalen wissenschaftlichen Tagung zu diesem Thema vorgelegt wurden [164: M.F. BOEMEKE/G.D. FELDMAN/E. GLASER (Hrsg.), The Treaty of Versailles]. Auch die deutsche Geschichtswissenschaft hat eine abwägende Haltung gegenüber dem Vertragswerk entwickelt. Traf der Friedensvertrag in der Weimarer Republik auf einhellige Ablehnung und wurde er nach dem Zweiten Weltkrieg oft genug als ein ausschlaggebender Faktor genannt, wenn es galt, das Scheitern der Weimarer Republik zu erklären, so ist diese Beurteilung einer Sehweise gewichen, in der nicht nur die Schwierigkeiten der unter dem Druck ihrer jeweiligen nationalen Stimmungen und Interessendefinitionen stehenden Friedensmacher Berücksichtigung finden, sondern auch anerkannt wird, „daß der Versailler Vertrag trotz seiner momentanen Härte auf längere Sicht eine Reihe von Möglichkeiten für eine konstruktive deutsche Außenpolitik und für den Wiederaufstieg Deutschlands zu einer geachteten Großmacht bot" [K. SCHWABE, Einleitung, in: 21: DERS. (Hrsg.), Quellen zum Friedensschluß von Versailles, 35].

Positivere Einschätzung des Versailler Vertrags
s. auch 92 ff.

Schon 1951 äußerte sich Gerhard Ritter in dieser Weise [99: E. KOLB, Weimarer Republik, 35, 196]. Es dauerte allerdings längere Zeit, bis aus dieser

Einzelstimme ein größerer Chor wurde. Anfang der achtziger Jahre unterschied Andreas Hillgruber zwischen der Realität des Versailler Vertrags, der die deutsche Machtstellung schwächte, aber angesichts der Wahrung der Reichseinheit keineswegs zerstörte, und seiner Perzeption durch die Deutschen, für die der Vertrag ein karthagischer Straffrieden mit dem Ziel der dauerhaften Schwächung Deutschlands war. Hillgruber wies auch auf die Mehrdeutigkeit hin, die der Vertrag schon zeitgenössisch annehmen konnte. Im Zuge der Ruhr-Krise 1923 erschien er durchaus in einem positiven Licht, als Stresemann mit seinem „Beharren auf ‚Versailles'" dessen Revision zugunsten Frankreichs und damit ein „Super-Versailles", „das die Zerstückelung Deutschlands eingeschlossen hätte", verhindern wollte und konnte [88: A. HILLGRUBER, Unter dem Schatten von Versailles, 60f.].

Ablehnung der französischen Politik Im Zentrum der deutschen Abwehrhaltung gegen Versailles stand die französische Deutschlandpolitik. Auch die britische und amerikanische Bereitschaft, den Versailler Vertrag unter bestimmten Voraussetzungen zu revidieren, implizierte eine Kritik: Frankreich verhindere mit seinem Bestreben, den Frieden zur Festschreibung seiner europäischen Führungsrolle zu nutzen, die Errichtung eben dieses Friedens, der die Einbeziehung Deutschlands in die europäische Politik und die Zustimmung Deutschlands zur europäischen Ordnung erfordere. Sicht Frankreichs Aus französischer Sicht, die seit den siebziger Jahren vor allem von französischen und amerikanischen Historikern analysiert worden ist, ergab sich freilich genau daraus eine beunruhigende Sicherheitslücke. Denn der Versailler Vertrag führte, obwohl er den deutschen Kriegsgegner über die akuten Auswirkungen der Kriegsniederlage hinaus schwächte, in Frankreich nicht zu dem erhofften Gefühl der Sicherheit vor Deutschland. In „einer obsessiven Sorge um die eigene Sicherheit" waren die französischen Kriegsziele auf zweierlei gerichtet gewesen: Einmal auf „strategische Sicherheit – daher der Wille, auf die eine oder andere Weise den Rhein zu kontrollieren"; darüber hinaus aber auch auf „wirtschaftliche Sicherheit", da „man begriffen hatte, daß Sicherheit im 20. Jahrhundert untrennbar mit industrieller Stärke verbunden war" [G.H. SOUTOU, Die Kriegsziele des Deutschen Reiches, Frankreichs, Großbritanniens und der Vereinigten Staaten während des Ersten Weltkrieges: ein Vergleich, in: 191: 35]. Weil die dauerhafte Kontrolle über den Rhein auf der Pariser Friedenskonferenz nicht durchsetzbar war, gab sich Frankreich mit einem Garantieversprechen seiner Bündnispartner zufrieden. Doch ließ das amerikanische und damit auch das britische Ausscheren aus dem parallel zu Versailles vereinbarten Garantievertrag Frankreich auf dem Kontinent mit einem potentiell nach wie vor überlegenen deutschen Nachbarn allein, so daß die angestrebte strategische Sicherheit nicht erreicht werden konnte. Während Versailles für Deutschland zum Ausdruck französischer Hegemonie in Europa wurde, war es für die französische Regierung vom Makel des Sicherheitsdefizits geprägt, das im Laufe der Ruhr-Krise 1923, als Frankreich in der Tat zu der von Stresemann befürchteten Revision von Versailles ansetzte [J. BARIÉTY, Die französische Politik in der Ruhrkrise, in: 206: 11–27], beseitigt werden sollte.

Die Besetzung des Ruhrgebiets war darüber hinaus auch im Hinblick auf wirtschaftliche Sicherheit eine Machtprobe. Denn mit dem Versailler Vertrag war „ein regelrechtes ökonomisches Projekt" [310: J. BARIÉTY, Sicherheitsfrage und europäisches Gleichgewicht, 320], die Beschneidung auch der wirtschaftlichen Übermacht Deutschlands, verbunden gewesen. Dieses „Projekt" geriet schon 1922 ins Wanken, als es der deutschen Schwerindustrie offensichtlich gelungen war, den Verlust der lothringischen Erze auszugleichen. Worauf es hier vor allem ankommt und was Historiker wie JACQUES BARIÉTY [308], WALTER A. MCDOUGALL [333] oder MARC TRACHTENBERG [348, 211] betonen: Die Forderungen an Deutschland nach territorialen Abtretungen, zu denen 1921 noch das oberschlesische Industriegebiet hinzukam, nach handelspolitischen Restriktionen oder nach – durchaus nicht von Frankreich allein verlangten – Reparationszahlungen seien keineswegs erhoben worden, um eine französische Hegemonie in Europa zu errichten. Vielmehr hätten sie der Herstellung eines europäischen Gleichgewichts durch Beendigung der deutschen Vorkriegshegemonie dienen sollen.

Mit dieser Betonung der „defensiven Grundhaltung Frankreichs" [J. DÜLFFER, Die französische Deutschlandpolitik nach dem Ersten Weltkrieg, in: ASG 21 (1981), 594] war eine international viel diskutierte [siehe etwa S. MARKS, The Myths of Reparations, in: CEH 11 (1978), 231–255 oder die Beiträge von W. MCDOUGALL, M. TRACHTENBERG, CH.S. MAIER, K. SCHWABE und G. WRIGHT in: JModH 51 (1979), 4–85 sowie J. JACOBSON, Is there a New International History of the 1920s? In: AHR 88 (1983), 617–645] revisionistische Wende gegen die bis dahin überwiegend anzutreffende Sichtweise vollzogen, in der die französische Nachkriegspolitik als machtorientiert und friedenspolitisch destruktiv erschien, ehe sie – vor den Scherben ihrer Politik stehend – von den USA und Großbritannien auf einen konstruktiven Weg gebracht worden sei. Indem die französische Politik nun dem durchweg positive Assoziationen weckenden Gleichgewichtsbegriff zugeordnet wurde, rückte ihre gesamteuropäische Intention in den Mittelpunkt. In der französischen Perzeption, die jetzt wesentlich deutlicher als zuvor herausgearbeitet wurde, ging es in der Tat vorrangig um die Eindämmung des als Bedrohung empfundenen deutschen Nachbarn. Deutschland sollte seine „hegemonialträchtige industrielle Dominanz" verlieren. An deren Stelle sollte „auf dem Kontinent ein homogeneres Wirtschaftsgefüge" treten. „Die Abschwächung des deutschen und die Stärkung des Industriepotentials seiner Nachbarn erschien notwendig, um in Europa ein neues Gleichgewicht und dadurch den Frieden zu begründen" [311: J. BARIÉTY, Deutschland, Frankreich und das Europa von Versailles, 65].

Versailles als ökonomisches Projekt

Herstellung eines europäischen Gleichgewichts

Gleichgewichts- Bei aller Gegensätzlichkeit, die das französische Gleichgewichtsmodell
modell von Wilsons Vorstellung eines liberalen Friedens durch Demokratie und
Freihandel trennte, ist doch auffällig, daß beide Modelle von der mit politischen Mitteln erreichbaren Herstellbarkeit des Friedens ausgingen und den
Zustand des Friedens von der eigenen nationalen Interessenlage her definier-
ten. Indem ein „Prozeß der industriellen Umstrukturierung Kontinentaleuro-
pas" [ebd., 67] in Gang gesetzt werden sollte, wollte Frankreich das natürliche
demographische und wirtschaftliche Ungleichgewicht zwischen Deutschland
und Frankreich korrigieren und die wirtschaftliche Dynamik in das Prokru-
Liberales Modell stesbett einer quantifizierenden Gleichgewichtsmechanik zwingen. Demgegenüber erschien es aus der Sicht der USA und auch Großbritanniens vor-
dringlich, den demokratischen Frieden und den Wirtschaftsfrieden durchzusetzen.

An letzteres knüpfte Keynes in seiner erwähnten Kritik mit der ‚moder-
neren' Vorstellung an, „Sicherheit vor einem möglichen Wiederaufleben deut-
Sicherheit durch scher Hegemonialbestrebungen" könne eher aus der Integration der deut-
Integration schen Wirtschaft in europäische Zusammenhänge und nicht aus der Amputie-
rung und Isolierung Deutschlands erwachsen [375: M. PETER, John Maynard
Keynes, 40]. In der Forschung ist diese Sichtweise etwa von PETER KRÜGER
[100, 101] mit Nachdruck aufgegriffen worden. Er erkennt ausdrücklich an,
daß die Arbeiten von WALTER MCDOUGALL [333] und MARC TRACHTENBERG
[348] zur nötigen Klärung zahlreicher Sachfragen beigetragen haben. Darüber
hinaus sei es durchaus legitim, die französische Interessenlage am Ende eines
Krieges zu beleuchten, der weite Teile Frankreichs zerstört hatte. Zugleich
aber sei es geboten, in einem nächsten Forschungsschritt Multiperspektivität
zu entwickeln und die Reparationsfrage in den breiten Kontext der internationalen Nachkriegspolitik zu stellen. Mit Recht fordert Krüger, eine Verengung auf finanztechnische Fragen und eine Isolierung wirtschaftlicher Aspekte
zu vermeiden. Stelle man die wirtschaftlichen Faktoren in den Zusammenhang der 1919 von Frankreich unter Festhalten an militärischer Machtaus-
übung dominierten alliierten Deutschlandpolitik, so sei „eine französische
Vorherrschaft auf dem Kontinent" [100: P. KRÜGER, Das Reparationsproblem,
45] und keineswegs ein Zustand des Gleichgewichts als Resultat des Versailler
Vertrags unabweisbar.

Neben der Bewertung des Versailler Vertrags steht seine Durchführung
im Blickpunkt der Forschung oder – anders formuliert – das Scheitern seiner
Implementierung und seine Revision. Besondere Aufmerksamkeit erfährt die
1919 in Paris nur im Grundsatz beschlossene, aber inhaltlich noch nicht fixier-
te Regelung der Reparationen. Wie kontrovers sowohl national als auch inter-
Reparationen und national um eine Lösung gerungen wurde, wie politische und wirtschaftliche
interalliierte
Schulden Argumente einander überlagerten und auch blockierten, wie differenziert die

deutsche Seite in ihrer Mischung aus Ablehnung und Erfüllung des Vertrags
zu sehen ist, hat GERALD FELDMAN [172] in einer umfassenden Synthese seiner zahlreichen Studien zu Politik und Gesellschaft im Zeitalter des Weltkriegs und der Inflation beschrieben. Mit der Bestandsaufnahme von BRUCE
KENT [95] liegt eine kritische Gesamtdarstellung vor, die den Verlauf der Re-
parationsdebatte nachzeichnet und bemängelt, daß alle Beteiligten, ob Sieger
oder Verlierer des Krieges, kurzfristige und in der jeweiligen nationalen
Öffentlichkeit wirksame Gesichtspunkte, nicht aber die zentrale Aufgabe des
europäischen Wiederaufbaus ins Zentrum rückten. Zu ähnlichen Ergebnissen
kommt DENISE ARTAUD [47, 161] mit ihren Forschungen zu den interalliierten
Schulden.

Beide Komplexe zählten nach dem Krieg zu den schwierigsten internationalen Konfliktstoffen, weil (sicherheits)politische, wirtschaftliche und finanztechnische Fragen ein Problembündel darstellten, das zeitgenössisch kaum zu
entwirren war und die Forschung einer bisher nicht eigentlich bewältigten
interdisziplinären Herausforderung ausgesetzt hat. Die USA traten dabei als
der größte Gläubiger mit 16 Schuldnern auf. Deutschland war mit elf Gläubi-
gern der größte Schuldner. Obwohl sich die USA immer dagegen wehrten, die
Kriegsschulden und die Reparationen als Paket zu behandeln, bestand doch
schon dadurch ein Zusammenhang, daß sie in beiden Bereichen eine Schlüs-   *Schlüsselrolle*
selrolle spielten. Sie waren es auch, die seit 1922 auf eine 1924 mit dem Dawes-   *der USA*
Plan erreichte Revision des Reparationsverfahrens drängten und von denen
schließlich 1931 das Signal zur Aussetzung aller internationalen Zahlungsverpflichtungen ausging. In der Rolle der USA, aber auch Großbritanniens erblickte die deutsche Politik – wie es von WERNER LINK [296] und HERMANN-
JOSEF RUPIEPER [202] analysiert worden ist – folgerichtig einen Ansatzpunkt,
um die Reparationen als „politische Waffe" Frankreichs [101: P. KRÜGER,
Deutschland, die Reparationen und das internationale System, 411] abwehren
und das „Ende der französischen Vorherrschaft in Europa" [243: S. A. SCHUKER,   *Ende der*
The End of French Predominance in Europe] herbeiführen zu können. In der   *französischen*
Tat gab Frankreich nach seinem Pyrrhussieg 1923 „den Versuch auf, eine   *Vorherrschaft*
europäische Pax Gallica zu errichten" [52: V. BERGHAHN, Sarajewo, 190].

Neben den Reparationen enthielt der Versailler Vertrag zahlreiche weitere Punkte, auf deren Revision von deutscher Seite gedrungen wurde. Sie alle
wurden virulent, nachdem mit dem Dawes-Plan die erste Revision der Reparationsregelung und mit der Wiederherstellung der handelspolitischen Souveränität im Januar 1925 und der Konferenz von Locarno im Oktober 1925 die
Rückkehr Deutschlands als annähernd gleichberechtigter Großmacht in die
internationale Politik erfolgt war. Im Bereich der territorialen Fragen stand
die Nichtanerkennung der Ostgrenze im Vordergrund. Insbesondere Polen   *Nichtanerkennung*
sah sich dem deutschen Druck ausgesetzt. Es erhielt weder eine Zusicherung   *der Ostgrenze*

in der Grenzfrage, noch wurde es in Berlin als prinzipiell gleichberechtigter
Akteur auf der europäischen Bühne angesehen. Gleichzeitig aber ist zu unterstreichen, daß die deutsche Revisionspolitik in ihren Planungen auf das Mittel
des Krieges verzichtete [449: K. MEGERLE, Danzig, Korridor und Oberschlesien, 173ff.].

Deutsche
Minderheiten im
Ausland   Solange der territoriale Status quo nicht geändert werden konnte, fun-
gierte die Frage der deutschen Minderheiten im Ausland als Ersatz. So sehr
auf diesem Feld eine „spezifische Form der Außenpolitik" [446: E. KUBŮ, Die
brüchigen Beziehungen, 17] entwickelt wurde, so hat doch vor allem BASTIAAN
SCHOT [241, 242] gezeigt, daß Stresemann ein Gleichgewicht zwischen den
Forderungen von Minderheitenorganisationen wie dem ‚Verband deutscher
Volksgruppen in Europa' oder dem ‚Deutschtumsbund zur Wahrung der Min-
derheitsrechte in Polen' und übergeordneten Zielen seiner Verständigungspo-
litik angestrebt hat, ohne es freilich, wie CAROLE FINK unterstrichen hat
[Stresemanns Minderheitenpolitik, in: 230: 375–399], konsequent durchhalten
zu können. Zudem kollidierten die deutschen Vorstellungen mit denen des
Völkerbunds, die wohl auf den Schutz, vor allem aber auf die Assimilation der
Minderheiten in den bei Kriegsende neu geschaffenen Nationalstaaten Ost-
mittel- und Südosteuropas gerichtet waren [111: M. LEE/W. MICHALKA, German
Foreign Policy, 94]. Ebenfalls außerhalb des revisionspolitischen Kalküls blieb
der Ansatz des von RUDOLF MICHAELSEN [229] untersuchten ‚Europäischen
Nationalitätenkongresses', der mit seiner Zielsetzung der Völkerverständi-
gung die Minderheitenfrage aus der nationalen Verengung herauslösen wollte.

Kolonien   Weitgehend im Vorfeld operativer Politik standen die Kolonialverbände
mit ihrem Kampf gegen die „Kolonialschuldlüge", obwohl die Regierung vor
dem Hintergrund einer in der Mitte der zwanziger Jahre zunehmenden Kolo-
nialpropaganda im Grundsatz die Kolonialforderung durchaus aufgegriffen
hat [238: A. RÜGER, Richtlinien und Richtungen deutscher Kolonialpolitik; A.
J. CROZIER, Die Kolonialfrage während der Locarno-Verhandlungen und danach, in: 230: 324–349].

Auf das die deutsche Außenpolitik nach Locarno prägende Spannungs-
Spannung zwischen
Verständigungs-
und Revisions-
politik   verhältnis zwischen Stresemanns Ausgleichspolitik und seiner Revisionspolitik ist bereits hingewiesen worden. Es läßt sich insbesondere am Verlangen
nach vorzeitiger Räumung des Rheinlands aufzeigen, aber auch anhand der
wachsenden Forderung nach Aufhebung der militärischen Diskriminierung. In
einer wichtigen, aber wenig zur Kenntnis genommenen Studie hat GAINES
POST [133] schon 1973 den institutionellen Rahmen nachgezeichnet, in dem
Rüstungsplanung
und -politik   die militärische Planung erfolgte. Auf der einen Seite galt der Primat der
Politik, auf der anderen Seite war die Politik der Reichswehr „immer in erster
Linie Rüstungspolitik" [66: M. GEYER, Deutsche Rüstungspolitik, 121]. Die
politische Führung gab schon in der zweiten Hälfte der Amtszeit Stresemanns,

als das Zentrum und seit Juni 1928 die SPD den Reichskanzler stellten, dem
steigenden Druck nach, der sich aus den Reichswehrplanungen ergab. Zwischen 1924 und 1928 verdoppelte sich der Etat der Reichswehr. Rüstungsaus-
gaben, die bisher verdeckt oder geheim waren, wurden 1928, wenn auch ohne
ordentliches parlamentarisches Verfahren, etatisiert [73: E.W. HANSEN,
Reichswehr und Industrie, 114ff; 56: W. DEIST, Die Aufrüstung der Wehrmacht,
448ff.].

Die in der zweiten Hälfte der zwanziger Jahre durchgeführten Rüstungs-
maßnahmen blieben teilweise innerhalb der Grenzen des Versailler Vertrags,
bewegten sich teilweise aber auch in der völkerrechtswidrigen Illegalität wie
die von MANFRED ZEIDLER [422] minutiös untersuchte Zusammenarbeit zwi-   Reichswehr und
schen Reichswehr und Roter Armee. Einzelne Rüstungsprogramme gingen   Rote Armee
noch weit darüber hinaus und planten den Krieg der Zukunft. Im Hinblick auf
die politisch-gesellschaftliche Dimension dieses Prozesses hat Andreas Hillgruber vom „Militarismus an Ende der Weimarer Republik und im ‚Dritten   Militarismus am
Reich'" gesprochen [84: A. HILLGRUBER, Großmachtpolitik und Militarismus,   Ende der Weimarer
37–51] und damit ein seit 1929/30 sichtlich stärker werdendes Element be-   Republik
nannt, das HANS-HARALD MÜLLER [121] auch anhand von literarischen
Texten herausgearbeitet hat und das eine zentrale Brücke zum Nationalsozialismus darstellt.

An diesem Punkt wird deutlich, wie breit das Thema Revision des Versailler Vertrags anzugehen ist. Keineswegs kann sich die Forschung auf außenpolitische Aspekte im engeren Sinn beschränken. Nicht zuletzt gilt dies auch für
den sozialpsychologischen Kern allen deutschen Revisionsbegehrens, die in
Artikel 231 des Versailler Vertrags angesprochene Kriegsschuldfrage. Der   Kriegsschuldfrage
Kampf gegen die „Kriegsschuldlüge" stellt die von ULRICH HEINEMANN [76]
nachgezeichnete Ausgangsposition der Deutschen in ihrer generellen revisio-
nistischen Grundhaltung dar. Er diente als „*die* Integrationsklammer der politischen Kultur Weimars" [U. HEINEMANN, Die Last der Vergangenheit. Zur
politischen Bedeutung der Kriegsschuld- und Dolchstoßdiskussion, in: 53:
385]. Noch 1927 nannte Stresemann die Ansichten von Hermann Kantorowicz,
der in seinem für den Untersuchungsausschuß des Reichstags angefertigten
und auf Druck des Auswärtigen Amts unter Verschluß gehaltenen ‚Gutachten
zur Kriegsschuldfrage 1914' von einer erheblichen Mitschuld Deutschlands
am Beginn des Krieges gesprochen hatte, „politischen Masochismus" und kritisierte dessen Berufung an die Universität Kiel [232: G. NIEDHART, Gustav
Stresemann, 190f.].

In der Forschung herrscht Konsens darüber, daß das „Streben nach Revi-   Streben nach
sion", wie KLAUS HILDEBRAND [82] den Weimar-Abschnitt seiner Darstellung   Revision
zur deutschen Außenpolitik zwischen 1871 und 1945 überschreibt, allen Spielarten Weimarer Außenpolitik zugrunde lag. ANDREAS HILLGRUBER [86] hat

anhand des leitmotivisch auftauchenden Revisionismus-Begriffs die Frage
nach „Kontinuität und Wandel in der Außenpolitik der Weimarer Republik"
gestellt. Unter Einbeziehung auch innenpolitisch-gesellschaftlicher Vorstellungen hat MICHAEL SALEWSKI [138] vom „Weimarer Revisionssyndrom"
gesprochen. Wiederum anders benutzt BERND MARTIN [115] Abstufungen des
Begriffs, um Teilbereiche der Weimarer Außenpolitik zu charakterisieren. Die
Beziehungen zur Sowjetunion will er als „potentielle Revision", diejenigen zu
Frankreich als „verschleierte Revision" verstanden wissen, während das Themenfeld Reparationen, europäische Sicherheit und USA unter den Begriff
„offene Revision" gestellt wird. Unabhängig davon, wie treffend die dem
Revisionismus-Begriff hier beigegebenen Epitheta sein mögen, wird deutlich,
daß es sich um einen Zentralbegriff handelt, dessen Benutzung im Einzelfall
recht unterschiedlich ausfällt.

Pauschalkritik am Revisionsbegehren   Einige Historiker verwenden ihn im Sinne einer Pauschalkritik. Jede
Form von Revisionspolitik fällt dabei unter das Verdikt einer anmaßenden
Machtpolitik, mit der die Ergebnisse des Krieges in ihr Gegenteil verkehrt werden sollten. Auch die auf internationale Kooperation zielende, aber eben auch
auf Gleichberechtigung pochende republikanische Außenpolitik, die auf wirtschaftliche Macht setzte, erscheint in dieser Perspektive als defizitär. Der „republikanische Revisionismus", der auch ohne Druck der politischen Rechten
den Status quo bis hin zur Außerkraftsetzung des im Versailler Vertrag ausge-
sprochenen ‚Anschluß'-Verbots verändern wollte, habe die „Akzeptierbarkeit
für die europäischen Nachbarn" nicht ausreichend reflektiert und sei „desta-
bilisierend für das internationale politische System der zwanziger Jahre"
gewesen [80: J. C. HESS, „Das ganze Deutschland soll es sein", 278, 289, 312].

Formen von Revisionspolitik   Eine weniger rigorose Sicht der Revisionsproblematik unterscheidet verschiedene Formen von Revisionspolitik, etwa zwischen kooperativem und
konfrontativem Revisionismus [125: G. NIEDHART, Revisionismus und friedlicher Wandel]. Schon die Völkerbundssatzung hat in Artikel 19 den Gedanken
des friedlichen Wandels entwickelt und insofern war ein „Hebel zur friedlichen Revision" im Vertragswerk von Versailles „unmittelbar eingebaut" [163:
W. BAUMGART, Brest-Litowsk und Versailles, 617]. Daran anknüpfend stellt
sich als Problem der Forschung, ob friedenswahrender Revisionismus, wie er
der republikanischen Außenpolitik eigen war und zur Wiederherstellung der
deutschen Großmacht führen sollte, in das Versailler System verträglich ein-
gebettet wurde und ob die Siegermächte ihrerseits die Anpassung des Versailler Systems an die Realität des deutschen Machtpotentials – wenn man so will:
an die Realität des natürlichen deutschen Gewichts in Europa – vorzunehmen
bereit waren.

Kooperative Revisionspolitik   Jede differenzierte Analyse der deutschen Revisionspolitik läuft darauf
hinaus, die Ära Stresemann ganz oder teilweise als Modellfall kooperativer

Revisionspolitik zu beschreiben. Sie war kooperativ, weil sie eine Revision des Versailler Vertrags nur in Kooperation mit den Westmächten glaubte erreichen zu können und nicht in Konfrontation zu ihnen, sei es durch Verweigerung oder durch die Suche nach Bündnispartnern wie der Sowjetunion. Wie der zeitgenössische Begriff Erfüllungspolitik, mit dem die Politik Stresemanns und seiner Vorgänger Wirth oder Rathenau diskriminiert wurde, schon zeigt, war die Anerkennung bzw. die Teilanerkennung der Realität ein zentrales Merkmal kooperativer Revisionspolitik. Die von den Siegern gestaltete Realität mußte unter Verzicht auf Gewaltanwendung als solche anerkannt werden, bevor sie verändert werden konnte. Andernfalls konnte man mit den Siegermächten nicht ins Gespräch kommen. Die Anerkennung von Realitäten, dies demonstrierte Stresemann mit dem Abbruch des passiven Widerstands in der Ruhr-Krise 1923, vermochte einen Dialog zu eröffnen.

Das Prinzip des friedlichen Wandels sorgte darüber hinaus dafür, daß die Realität nicht statisch, sondern veränderbar war. Zu diesen methodischen Prämissen mußten zusätzliche Faktoren hinzutreten, die die operative Umsetzung in der internationalen Politik gewährleisteten. Deutscherseits gehörte dazu die Absage an militärische Gewalt und die Ausrichtung auf die ökonomische Variante von Großmachtpolitik. International war ausschlaggebend, daß die Identität des ‚Handelsstaats' eine revisionspolitisch ausreichende Interessenüberlappung mit Großbritannien und vor allem den USA eröffnete. Entscheidend war, daß die USA zum Motor friedlichen Wandels und damit objektiv zum Wegbereiter des deutschen Revisionismus wurden.

Die Eigenständigkeit der Stresemannschen Revisionspolitik hat Andreas Rödder in seiner Analyse der Amtszeit von Julius Curtius als Außenminister bestätigt, indem er von Stresemanns „Verständigungsrevisionismus" spricht. Darauf läßt er die Phase des „Verhandlungsrevisionismus" folgen, der von Curtius und Brüning betrieben wurde und der sich vom „chauvinistischen Konfrontationsrevisionismus der extremen Rechten" dadurch unterschied, daß er an bestehenden „vertraglichen Verpflichtungen" festhielt und sich auf die „friedliche Verfolgung deutscher Ziele auf dem Verhandlungsweg" beschränkte, also „auf dem Weg der Evolution blieb" [272: A. RÖDDER, Stresemanns Erbe, 276]. Habe sich Stresemanns Politik darauf gegründet, „Revision und Verständigung nicht als Antagonismen zu behandeln", so habe Curtius dieser „Legierung", die er „grundsätzlich" beibehalten habe, einen „höheren Anteil an Revisionismus" untergemischt [ebd., 271f.]. Zweifellos wird man dem Nachfolger Stresemanns attestieren können, daß er wie später auch Brüning unilaterale revisionspolitische Schritte ausschloß. Allerdings wird man den Plan einer deutsch-österreichischen Zollunion durchaus als Grenzfall einstufen müssen. Symptomatisch erscheint auch die von GABRIELE RATENHOF [455] beschriebene japanfreundliche Haltung der Reichsregierung nach der

(Randnotiz: Amtszeit von Curtius)

(Randnotiz: Höherer Anteil an Revisionismus)

japanischen Aggression 1931 in der Mandschurei, die den Auftakt zur
Revision der Nachkriegsordnung mit kriegerischen Mitteln bedeutete. In
Berlin erhoffte man sich davon eine positive Einstellung Japans gegenüber
deutschen Revisionswünschen.

Wie schon betont, hat die neuere Forschung die Bedeutung des Jahres
1930 als eindeutiges Wendejahr deutscher Revisionspolitik in Frage gestellt,
wobei für manche Historiker die Auflösung des Idealtypus von Verständigungsrevisionismus schon während der Amtszeit Stresemanns einsetzt, für
andere dagegen der Stresemannsche Ansatz im Grundsatz seine Fortsetzung
auch in der Zeit der Präsidialkabinette findet. Unstrittig scheint aber zu sein,
daß sich 1929/30 – keineswegs erst durch die Septemberwahlen 1930 angestoßen, aber durch diese noch einmal verstärkt – „selbst bei den gemäßigten
republiktreuen Parteien" ein „nationalistischeres Klima" ausbreitete [272: A.
RÖDDER, Stresemanns Erbe, 274] und die deutsche Außenpolitik „eine
Tendenz zur Bilateralisierung der Außenbeziehungen und zum Rückzug aus
multilateralen Verpflichtungen erkennen ließ" [ebd., 275]. Dies führt zu der
generellen Frage nach der Rolle Weimar-Deutschlands im internationalen
System und nach dem Stellenwert einzelner Staaten für die Weimarer
Außenpolitik.

Nationalistisches
Klima
s. auch 92 ff.

2. Internationale Ordnung und bilaterale Beziehungen

Die Revision des Versailler Vertrags ging mit der sich wandelnden Rolle
Deutschlands im internationalen System einher. 1919 von den Verhandlungen
in Paris um die Nachkriegsordnung noch ausgeschlossen, strebte Deutschland
in einer ersten bis 1925/26 dauernden Phase nach der Rückkehr in die internationale Politik. Danach stand die Frage im Mittelpunkt, welchen Gebrauch
Deutschland von seiner wenigstens im Grundsatz wiederhergestellten Groß-
machtrolle machen und in welchem Tempo ihre Vollendung angestrebt werden würde. Die Forschung hat sich diesem Themenkomplex in zweierlei Weise
zugewandt. Einmal wird nach dem Grad und der Art der Einbindung in das
internationale System gefragt, nach dem Verhältnis von nationaler Interessen-
formulierung und internationaler Verflechtung. Zum anderen richtet sich die
Aufmerksamkeit auf die Gestaltung bilateraler Beziehungen und die Bedeutung einzelner Staaten für die deutsche Außenpolitik.

Für die Geschichte der internationalen Beziehungen der Neuzeit brachte
die Zeit nach dem Ersten Weltkrieg eine bedeutsame Neuerung. Die Europäer, die ihre Konflikte 1914 nicht mehr unterhalb der Schwelle zu einem allgemeinen Krieg hatten lösen können, sahen sich mit der Forderung des amerikanischen Präsidenten Woodrow Wilson konfrontiert, als Teil der Friedensregelung eine internationale Organisation zur Friedenssicherung, den

Völkerbund, einzurichten. Zwar konnte Wilson sein eigenes Land nicht zum Beitritt bewegen. Dies änderte aber nichts an der zentralen Rolle der USA als Initiator für eine internationale Organisation, die die Autonomie der Nationalstaaten einzuschränken begann, indem ein relatives Kriegsverbot ausgesprochen wurde und Formen multilateraler Diplomatie institutionell verankert wurden. Aus deutscher Sicht war der Völkerbund zunächst freilich nichts anderes als ein Bündnis der Sieger zur Zementierung des Status quo, denn Deutschland war die Mitgliedschaft im Völkerbund bis 1926 verwehrt. Erst 1928, als eine weitere amerikanische Initiative zum Briand-Kellogg-Pakt, einem Kriegsächtungspakt, führte, konnte Deutschland als Großmachtakteur im internationalen Zusammenhang mitwirken und zugleich versuchen, das ausschlaggebende Gewicht der USA auch auf der bilateralen Ebene zu nutzen [224: P. KRÜGER, Friedenssicherung und deutsche Revisionspolitik; 218: E. BUCHHEIT, Der Briand-Kellogg-Pakt].

Völkerbund

Peter Krüger hat moniert, daß die Weimarer Außenpolitik es trotz bedenkenswerter Ansätze nicht vermocht habe, „sich zu einer in sich geschlossenen Konzeption für eine künftige europäische Ordnung und die Gestaltung der internationalen Verhältnisse unter modernen Bedingungen durchzuringen, welche die Interessen der anderen Mächte, ihre Besonderheiten und Traditionen angemessen in Rechnung gestellt und die Basis für eine Erörterung mit ihnen geboten hätte" [103: P. KRÜGER, Außenpolitik, 554]. Zweifellos blieb die Fähigkeit der außenpolitischen Elite der Weimarer Republik begrenzt, sich in die Perspektive ihrer Verhandlungspartner zu versetzen und die Interessendefinition ihrer Gegenspieler nachzuvollziehen oder gar ein kollektives Interesse als Kategorie europäischer Politik zu entwickeln. Dieses Defizit war allerdings nicht auf die deutsche Außenpolitik beschränkt, so daß für die internationale Politik der zwanziger Jahre insgesamt von einem strukturellen Mangel zu sprechen ist. Man bewegte sich zwischen geregelten Kooperationsformen und internationaler Anarchie. Ohne diesen Punkt überbewerten zu wollen, ist auch zu bedenken, daß das theoretische Wissen über Zusammenhänge internationaler Politik noch in den Anfängen steckte. Für die rückblickende Bewertung ist nicht nur das Scheitern zu registrieren, sondern auch die Fähigkeit zum ersten Schritt.

Beginn geregelter Kooperations-formen

Die deutsche Politik hat in der Ära Stresemann mit der Tradition des Unilateralismus bzw. der exklusiven Blockbildung gebrochen und damit begonnen, in Kategorien internationaler Interdependenz zu denken. Es ist wiederum Peter Krüger, der sich dieser Problematik in intensiver Weise zugewandt hat. Angestoßen wurden seine neueren Studien nicht zuletzt durch die Europa-Forschung, die nach historischen Wurzeln der europäischen Integration sucht. Dabei geht es nicht mehr um den „Mythos" von Stresemann als „engagiertem Europäer" [247: W. WEIDENFELD, Gustav Stresemann], der für

Wurzeln der europäischen Integration

die Traditionsbildung der frühen Bundesrepublik von Bedeutung war, sondern um das Spannungsverhältnis zwischen nationalstaatlicher und europäischer Orientierung. In der Forschung hat es immer wieder zu Unsicherheiten und einander ausschließenden Urteilen geführt, daß diese auf den ersten Blick widersprüchlichen Phänomene nur in ihrer Gegensätzlichkeit, nicht aber in ihrer Verzahnung und Gleichzeitigkeit gesehen wurden. Die seit Beginn der ‚Erfüllungspolitik' zunehmende Verflechtung mit dem Ausland, die gerade Stresemann als Merkmal der internationalen Rahmenbedingungen deutscher Politik zu unterstreichen nicht müde wurde, war zum einen ein Beitrag zu internationaler Kooperation und Friedenssicherung. Zum anderen entsprach es den Eigeninteressen des Handelsstaats gerade unter den Bedingungen der Nachkriegszeit, multilaterale Formen der internationalen Politik zu entwickeln, weil sie für die Entfaltung ökonomischer Macht förderlich waren und darüber hinaus auch die Rückkehr zu voller Souveränität und Gleichberechtigung erleichtern konnten.

(Randnotiz: Nebeneinander von Kooperation und nationalem Egoismus)

Internationale Kooperation – sei es auf europäischer Ebene, sei es im Völkerbund – bedeutete im Kontext der zwanziger Jahre und erst recht in der Weltwirtschaftskrise niemals Integration der Staaten oder Supranationalität. So hat JÜRGEN C. HESS in seiner Studie über die DDP [79], die zugleich eine Fallstudie zu republikanischer Außenpolitik darstellt, die Nationalstaatsfixierung als unverrückbare Grundlage jeglicher Außenpolitik betont. Zugleich hat er aber auch deutlich gemacht, daß es sich um einen auf militärische Gewalt verzichtenden „demokratischen Nationalismus" handelte, der „neue Formen der internationalen Politik" im Rahmen des Völkerbunds anerkannte [80: J. C. HESS, „Das ganze Deutschland soll es sein", 285].

(Randnotiz: Demokratischer Nationalismus)

Auch PETER KRÜGER [108, 109] gelangt zu dem Ergebnis, daß es nach der Aufgipfelung nationalistischer Feindschaften im Ersten Weltkrieg und danach fortwirkender Feindbilder nur unter den günstigen Rahmenbedingungen der relativen Stabilisierung in der Dawes- und Locarno-Ära zu einem Bewußtsein für gesamteuropäische Interessenlagen und zu konkreter europäischer Kooperation kam, aber eben nicht zu darüber hinausführenden institutionell ausreichend abgesicherten Integrationsansätzen. Die europäische Perspektive war nur eine von mehreren Optionen. „Es gab keine gefestigte Gruppierung politischer und gesellschaftlicher Kräfte für eine langfristige, Zeit benötigende Politik der kleinen Schritte und der Gewöhnung an Europa und an die interessengeleitete, funktionale europäische Integration" [109: P. KRÜGER, Der Europagedanke in der Weimarer Republik, 31]. Dies ist ein ebenso klarer wie freilich kaum überraschender Befund. Der historisch mögliche Wandel bestand wohl, wie schon oben zu bedenken gegeben wurde, weniger in der Herstellung von Integration als in der Aufweichung der für die zwanziger Jahre noch spezifischen nationalen Kategorien durch die Praxis multilateraler Kooperation.

(Randnotiz: Kooperation ohne Integration s. auch 92 ff.)

In Entsprechung dazu stellt sich für die deutsche Völkerbunds-Politik die historisch spezifische Frage nach dem Mischungsverhältnis von nationalem Interessenkalkül und internationaler Kooperation. Der Mehrdeutigkeit und Komplexität dieser Politik kaum angemessen erscheinen reduktionistische Deutungen, wonach der Beitritt zum Völkerbund „im Grunde aus reinen Zweckmäßigkeitserwägungen" [320: H. HAGSPIEL, Verständigung zwischen Deutschland und Frankreich? 290] und vornehmlich aus revisionsstrategischem Kalkül [97: CHR.M. KIMMICH, Germany and the League of Nations] erfolgt sei. Dem ist zu Recht entgegengehalten worden, man könne die Politik der internationalen Einbindung „nicht als bloßes taktisches Manöver" abtun [94: J. JOHN/J. KÖHLER, Der Völkerbund und Deutschland, 388]. Insgesamt wird man sagen können, daß die in den Anfangsjahren von der Ablehnung des Versailler Vertrags geprägte deutsche Einstellung zum Völkerbund [157: J. WINTZER, Deutschland und der Völkerbund] durchaus mit revisionspolitischen Hoffnungen verbunden war und daß etwa die *Deutsche Liga für Völkerbund*, aber auch die SPD diesen Gesichtspunkt in ihrer Unterscheidung zwischen dem realen und dem von ihnen geforderten ‚wahren' Völkerbund ausdrücklich betonten [52: J. DÜLFFER, De l'internationalisme; 89: U. HOCHSCHILD, Sozialdemokratie]. Für den Bereich der Außenwirtschaftsbeziehungen hat MATTHIAS SCHULZ die deutsche Haltung zur Weltwirtschaftskonferenz des Völkerbunds 1927 dahingehend charakterisiert, daß eine „Bereitschaft zu institutionell verfestigter wirtschaftlicher Kooperation" festzustellen sei [147: Deutschland, der Völkerbund und die Frage der europäischen Wirtschaftsordnung, 339]. Warum von hier kaum Beruhigungsimpulse auf revisions- und sicherheitspolitische Konflikte ausgingen, bedarf ebenso genauerer Untersuchungen wie das vielsträngige Beziehungsgeflecht zwischen Deutschland und dem Völkerbund.

Einstellung zum Völkerbund

Ungleich intensiver sind die bilateralen Beziehungen Deutschlands bearbeitet worden, in erster Linie die Beziehungen zu den westlichen Großmächten, aber auch zur Sowjetunion. Seit der grundlegenden Studie von WERNER LINK [296] ist nicht nur deutlich, welch wichtigen Platz Deutschland in der amerikanischen Nachkriegspolitik einnahm, sondern auch, wie Politik und Wirtschaftsinteressen ineinandergriffen. Die deutsch-amerikanischen Beziehungen verliefen sowohl auf der politisch-staatlichen als auch auf der nicht-staatlichen Ebene, was eine entsprechende – u.a. von MELVYN P. LEFFLER [293], FRANK COSTIGLIOLA [287], WILLIAM MCNEIL [299] oder STEPHEN A. SCHUKER [303] demonstrierte – Breite des wissenschaftlichen Zugriffs nach sich zog. Darüber hinaus, denkt man etwa an die amerikanische Rolle bei den Reparationsregelungen, waren die Beziehungen zwischen Washington und Berlin in das Geflecht der transatlantischen interalliierten Beziehungen und der anglo-amerikanischen Bankenpolitik eingefügt, so daß zum Teil gar nicht

Die USA und Deutschland

mehr von bilateralen Beziehungen im engeren Sinn zu sprechen ist. Da die USA als stärkste Wirtschaftsmacht aus dem Ersten Weltkrieg hervorgingen, nahmen sie in allen wichtigen internationalen Vorgängen eine Schlüsselrolle ein, selbst wenn sie nicht am Verhandlungstisch saßen oder sicherheitspolitisch verbindliche Verpflichtungen vermieden. Auf Deutschland bezogen hat WERNER LINK [294] angesichts der Asymmetrie im amerikanisch-deutschen Verhältnis von einem „penetrierten System" gesprochen.

Deutsche Vorstellungen von der Rolle der USA

Deutsche Politiker und Vertreter der Wirtschaft haben diesen Sachverhalt erkannt, auch wenn sie nicht immer die richtigen Schlüsse aus dem amerikanischen Interesse an der Stabilisierung Europas unter Einschluß Deutschlands gezogen haben. Die Orientierung der auf innere Reformen und einen Kompromißfrieden setzenden Kräfte in Deutschland an Wilsons liberalem Modell der Friedenssicherung [196: T. OPPELLAND, Matthias Erzberger] führte, wie SCHWABE [304, 305] gezeigt hat, zu auf beiden Seiten des Atlantiks reichlich unterschiedlichen Auffassungen darüber, was unter dem ‚Wilson-Frieden' zu verstehen sei. Deutsche Illusionen über die Handlungsbereitschaft der USA zugunsten des in den Konflikten der Nachkriegszeit bedrängten Deutschen Reiches wiederholten sich in der Krise 1922, bevor die amerikanische Intervention in den Vorgängen um die Ruhr 1923 dann tatsächlich zu einer Deutschland aufwertenden, aber es keineswegs einseitig begünstigenden Machtverlagerung in Europa führte. Sie beruhte auf der Öffnung Deutschlands für amerikanische Vorstellungen und der Anerkennung der amerikanischen Führung bei der wirtschaftlichen Rekonstruktion Deutschlands und Europas.

Stresemann und die USA

In diesem Sinn hat MANFRED BERG [284] die überragende Bedeutung der USA für Stresemanns Außenpolitik und die deutschen Außenbeziehungen insgesamt beleuchtet. Daß der Versuch der deutschen Politik, die wiedererlangte wirtschaftliche Stärke in rasche revisionspolitische Erfolge umzusetzen, vergeblich blieb, lag nicht zuletzt an den Grenzen, die Deutschland infolge seiner Anlehnung an die USA beachten mußte. Insgesamt kommt Berg zu dem Schluß, daß auch Stresemann die Möglichkeiten überschätzte, das prinzipielle Eintreten der USA für friedlichen Wandel für konkrete deutsche Revisionsambitionen nutzen zu können.

Haltung der USA zur deutschen Revisionspolitik

In spektakulärer Weise wurde dies nach dem Gespräch von Thoiry deutlich. Offensichtlich unterlief Stresemann, der ausdrücklich „keine Sonderpolitik" außerhalb des Rahmens der „allgemeinen Politik zur Befriedung und zum Wiederaufbau Europas" verfolgen wollte, eine Fehleinschätzung der USA, wenn er mit deren Zustimmung zu Thoiry rechnete, da die USA „seit den Tagen von Versailles die wirkliche Befriedung Europas als eines ihrer Ziele bezeichnet" hätten [37: G. STRESEMANN, Vermächtnis 3, 35f.]. Auch während der Verhandlungen über den Young-Plan 1929 kam die „atlantische Konzeption der Reparationspolitik", wie Reichsbankpräsident Schacht sie als „Architekt der wirtschaftlichen Zusammenarbeit mit den USA" in prinzipieller Übereinstimmung mit Außenminister Stresemann verstanden wissen wollte [263: J. HOUWINK TEN CATE, Hialmar Schacht, 227], nicht zum Zuge. Wenn das Interesse der USA an multipolarer Stabilität in Europa Deutschland auch zu einer maßvollen Revision des Versailler Systems verhalf, so waren die USA doch niemals Partei, sondern beurteilten die europäischen Fragen aus der Perspektive eigener Interessen. Auch Brüning mußte dies feststellen, als Washington seiner Revisionspolitik „nur in Grenzen Sympathie" entgegenbrachte [290: E. GLASER-SCHMIDT, Verpaßte Gelegenheiten? 45].

Aus deutscher Sicht war es dennoch unabdingbar, daß die USA in Europa präsent waren. Sie bremsten zwar allzu weit reichende deutsche Erwartungen, weil sie auf international gültigen Verbindlichkeiten im Rahmen eines unter ihrer Federführung revidierten Versailler Systems bestanden und dadurch ein neuerliches Streben nach Großmachtautonomie begrenzen wollten. Aber dies galt auch für Frankreich, das infolgedessen eine für Deutschland günstige Herabstufung hinnehmen mußte. Die dadurch fällige „Umorientierung" der französischen Sicherheitspolitik hat CLEMENS WURM [354] im innenpolitischen und internationalen Kontext auf breiter Quellengrundlage analysiert.

Den Ausgangspunkt der Forschung zur deutschen Frankreichpolitik markiert die Arbeit von MICHAEL-OLAF MAXELON [331], die dem Zusammenhang von Interessenpolitik (Wiederherstellung der deutschen Großmacht) und Verständigungspolitik (Errichtung einer europäischen Friedensordnung) bei Stresemann nachgeht. Maxelon zeigt den Konflikt auf, der aus der „Ablehnung einer Juniorpartnerschaft mit Frankreich" [252: J. BECKER, Probleme der Außenpolitik Brünings, 286] und der durchgängig zu beobachtenden Zielsetzung der Weimarer Außenpolitik erwuchs, „eine mit Frankreich gleichrangige politische Großmacht zu werden" [272: A. RÖDDER, Stresemanns Erbe, 226], also ein Ziel zu verfolgen, das Frankreich gerade verhindern wollte. Auch KARL J. MAYER [332] beleuchtet mit deutlicher Akzentuierung der Sicherheitsproblematik die Gegenläufigkeit in den deutsch-französischen Nachkriegsbeziehungen und arbeitet insbesondere die Grundlagen heraus, die im Auswärtigen Amt bereits vor der Ära Stresemann gelegt wurden, um Frankreich zusätzliche Sicherheitsgarantien zu offerieren.

Bei aller Flexibilität, zu der sich die französische Politik, wie CLEMENS WURM [356] darlegt, vor und nach Locarno international immer wieder genötigt sah, zu der sie sich aber auch aus eigenem Antrieb bereit fand, wurde doch der Grundwiderspruch zwischen der deutschen Revisionsdynamik und dem unbefriedigten französischen Sicherheitsverlangen mit dem Vertragswerk von Locarno nicht ausgeräumt. Man könnte sogar sagen, daß er sich ver-

Deutsche Frankreichpolitik

Gleichrangigkeit mit Frankreich als Ziel

Deutsch-französische Gegensätze trotz Locarno

stärkte, da aus deutscher Sicht mit dem Rheinpakt die französische Sicherheit gegenüber dem deutschen Nachbarn gewährleistet zu sein und kein Grund zu bestehen schien, auf den weiteren raschen Abbau von Versailles zu verzichten. Dazu gehörte an erster Stelle die Räumung des Rheinlands. Für die deutsche Seite mußte sich in diesem Punkt die Tragfähigkeit der deutsch-französischen Annäherung erweisen. Stattdessen wurden in der Pfalz die französischen Besatzungstruppen nach Locarno noch verstärkt [341: D. RIESENBERGER, Eine Rede Gustav Stresemanns, 187], und insgesamt veränderten sich angesichts der fortgesetzten französischen Militärpräsenz im Rheinland die „Umrisse eines Gegnerbildes Frankreich" [350: M. VOGT, Die Haltung der deutschen Parteien, 61] in keiner Weise.

Die von Stresemann und Briand unter unentbehrlicher amerikanischer und britischer Mithilfe betriebene Entspannungspolitik blieb vielfach eine Angelegenheit der hohen Politik und ohne die wünschenswerte öffentliche Breitenwirkung. Die schon wiederholt erwähnte Fragilität des deutsch-französischen Locarno-Friedens wird um einiges konkreter, wenn man sich vor Augen hält, daß die Gesellschaften nach Jahrzehnten der Feindschaft und der Feindbilder, aber auch aufgrund unterschiedlicher politischer Kulturen und sozial-ökonomischer Entwicklung im Zeitalter der Industrialisierung einander zutiefst „fremd" waren, wie HARTMUT KAELBLE es in seiner vergleichenden Gesellschaftsgeschichte nennt [Nachbarn am Rhein. Entfremdung und Annäherung der französischen und deutschen Gesellschaft seit 1880, München 1991, 145ff.]; oder daß die für die Meinungsbildung in Deutschland so wichtige Gruppe der Historiker Frankreich überwiegend als kulturell fremd und politisch-gesellschaftlich veraltet wahrnahm [343: E. SCHULIN, Das Frankreichbild deutscher Historiker]. Selbst die Repräsentanten deutscher und französischer Pazifisten waren national gebunden und kamen nach dem Krieg nur mühsam wieder ins Gespräch [K. HOLL, Pazifismus in Deutschland, Frankfurt 1988, 165ff.].

Deutsch-französische Gesellschaftsbeziehungen s. auch 92 ff.

Wie es um die Beziehungen zwischen Deutschland und Frankreich auf der nicht-staatlichen Ebene stand, ist ein Themenfeld, das in den letzten Jahren zunehmend erschlossen wurde. Autoren wie DIETER TIEMANN [347], HANS MANFRED BOCK [314, 315] oder GUIDO MÜLLER [336] sind den deutsch-französischen Gesellschaftsbeziehungen in der Absicht nachgegangen, die Dichte und den Ertrag der deutsch-französischen Kontakte zu untersuchen. Ihre Studien lassen erkennen, daß in der Entspannungsphase von Locarno eine deutliche Zunahme von grenzüberschreitenden Aktivitäten im Bereich von Wirtschaft und Kultur zu verzeichnen ist, daß es sich aber – was kaum überraschen kann – stets um gesellschaftliche Minderheiten handelte und daß die Aufname und Vermehrung von Kommunikation – durchaus analog zur Kommunikation zwischen den Regierungen – noch lange keine Einigung auf ver-

schiedenen deutsch-französischen Konfliktfeldern nach sich zog. Wenige Jahre
nach dem Krieg war die „Befreundung mit dem Fremden", wie Ina Belitz ihr
Buch zur *Deutsch-Französischen Gesellschaft* treffend betitelt, eine Angelegenheit, die einen langen Atem erforderte sowie mehr Zeit, als tatsächlich zur
Verfügung stand: „Produktiv, kreativ und teilweise innovativ hatte man sich an
die Revision der deutsch-französischen Beziehungen gemacht. Man hatte
grundlegende Denkanstöße gegeben, Kommunikationsnetze geknüpft, erste
Strukturen und Modelle gesellschaftlicher und kultureller Transnationalität
entwickelt und erprobt. Günstigere Rahmenbedingungen und eine längere
Zeitspanne der wirtschaftlichen Prosperität und der politischen Kooperation
der Locarno-Ära hätte vielleicht aus den Visionen Realität werden lassen und
transnationale Erfahrungen popularisieren können" [313: I. BELITZ, Befreundung mit dem Fremden, 525f.].

Vor diesem Hintergrund gewinnen die schon oben diskutierten Aussagen
FRANZ KNIPPINGS [264] über die konfliktreichen deutsch-französischen
Beziehungen zwischen 1928 und 1931 erhöhte Plausibilität. Der Europa-
Gedanke Briands glich einer Notbremse zur Rettung des Versailler Systems,
die sanft wirken sollte, von Deutschland aber als Vollbremsung perzipiert und
zurückgewiesen wurde. In der Tat begann 1930 ein Ringen um die „Neuordnung Europas", bei dem sich herausstellen sollte, „ob es Frankreich oder der
Reichsregierung gelingen würde, den Rahmen für eine Nachbesserung bzw.
Neuauflage der Friedenskonferenz unter veränderten Vorzeichen abzu-
stecken" [275: G. SCHMIDT, Internationale Politik in der Weltwirtschaftskrise,
35]. Frankreich konnte dabei durchaus eine partnerschaftliche Rolle unter der
– für die französische Führung allerdings unakzeptablen – Voraussetzung
zugewiesen werden, daß Deutschland von den militärischen Restriktionen des
Versailler Vertrags befreit würde. Der angestrebte Bilateralismus in der
Frankreichpolitik der Regierung von Papen läßt dies ebenso erkennen wie der
nach Locarno auch bei Teilen der Rechten geäußerte Wunsch nach einer
deutsch-französischen Aussöhnung [340: J. REULECKE, Nationaler Friede am
Rhein? 176ff.; 336: G. MÜLLER, Gesellschaftsgeschichte und internationale
Beziehungen, 53].

In Gestalt der USA und Frankreichs war die deutsche Außenpolitik mit
den beiden Grundtypen von Großmachtpolitik konfrontiert, die die internationalen Beziehungen nach dem Ersten Weltkrieg in ihrer je eigenen Weise zu
prägen versuchten. Aufgrund ihres Machtpotentials waren sie die jeweiligen
Protagonisten konkurrierender Modelle der Friedenssicherung. Es ist darum
nicht überraschend, daß die Forschung, soweit sie die Beziehungen der Weimarer Republik zu den Westmächten untersucht, sich vor allem der Bedeutung der USA und Frankreichs für die deutschen Außenbeziehungen zugewandt hat. Mit den Studien von WERNER WEIDENFELD [384] und CONSTANZE

(Randnotiz) Ringen um die europäische Neuordnung 1930

Stresemann und
Großbritannien

BAUMGART [358] liegen zwei Untersuchungen zu Stresemanns Englandpolitik vor, die in der Anlage sehr unterschiedlich ausfallen, aber übereinstimmend Großbritannien als wichtigen Faktor für friedlichen Wandel und damit als Partner deutscher Revisionspolitik erscheinen lassen.

Mehr Aufmerksamkeit – auch von seiten der deutschen Geschichtswissenschaft – hat die britische Deutschlandpolitik und -wahrnehmung gefunden. Schon erwähnt wurde die britische Mitwirkung bei der *Bankers' Diplomacy.* Wie im Fall der USA wurde sie auch in Großbritannien von der Regierung begrüßt und mitgetragen, denn sie versprach, zur politischen und wirtschaftlichen Reintegration Deutschlands in die internationale Gesellschaft zu führen. Seit der britische Premierminister David Lloyd George in dem der Pariser Friedenskonferenz im März 1919 unterbreiteten Fontainebleau-Memorandum die doppelte Aufgabenstellung von innerer Stabilität zur Eindämmung nachkriegsbedingter gesellschaftlicher Konflikte einerseits und internationaler Befriedung zur Wiederherstellung des liberalen Weltsystems und Eindämmung extremer Nationalismen bzw. linksrevolutionären Potentials in Europa andererseits umrissen hatte [380: G. SCHMIDT, Effizienz und Flexibilität, 140f., 169, 184; 373: G. NIEDHART, Multipolares Gleichgewicht,

Britische
Deutschlandpolitik

116f.], lag die bestimmende Linie der britischen Deutschlandpolitik fest. Deutschland mußte an der Rekonstruktion Europas beteiligt werden und sollte darum einen Friedensvertrag erhalten, der sowohl die Forderungen seiner Kriegsgegner berücksichtigte, als auch für Deutschland akzeptabel war.

Diese Zielsetzung konnte erst 1924/25 verwirklicht werden, als mit Dawes-Plan und Locarno der anglo-amerikanische Frieden begründet wurde. Einschlägige Untersuchungen wie diejenigen von CHRISTOPH STAMM [381], ANGELA KAISER [369] oder DETLEF WÄCHTER [383] haben aber auch die in Deutsch-

Gefahr der
„englischen
Illusion"

land gelegentlich anzutreffende „englische Illusion" [135: A. ROSENBERG, Geschichte der Weimarer Republik, 87f.] bloßgelegt, wonach Großbritannien als Verbündeter zur Revision des Versailler Vertrags gewonnen werden könnte. Tatsächlich teilte Großbritannien, dessen durch Deutschland vor dem Krieg hervorgerufenes Sicherheitsproblem mit der Beseitigung der deutschen Kriegsflotte gelöst war, längst nicht alle militärpolitischen Überzeugungen und Entschlüsse Frankreichs, was JÜRGEN HEIDEKING [75] am Beispiel der alliierten Militärkontrollpolitik in Deutschland verdeutlicht hat. In Entscheidungssituationen unternahm Großbritannien jedoch keine Alleingänge, und bisweilen schien es gar, als könnte London wieder zur Vorkriegsentente mit Frankreich zurückkehren wollen. Keine deutsche Regierung durfte den Fehler machen, die fraglos vorhandenen britisch-französischen Differenzen zu überschätzen und Großbritannien als Hebel gegen Frankreich benutzen zu wollen.

Der Ausweg aus dem Versailler System und die Rückgewinnung einer deutschen Großmachtposition waren nur im Zuge multilateraler Politik im

Westen unter gleichmäßiger und koordinierter Einbeziehung sowohl der beiden Entente-Mächte Großbritannien und Frankreich als auch der USA zu
erreichen. Darin bestand die Grundlage der republikanischen Außenpolitik
und ihrer Doppelstrategie, die Revision des Versailler Vertrags mit dem Versuch der internationalen Stabilisierung zu verbinden. Die Macht im Osten des
Deutschen Reiches, das im Krieg militärisch gescheiterte und 1917 revolutionierte Rußland, zunächst als Russische Sozialistische Föderative Sowjetrepublik (RSFSR) und seit Ende 1922 als Union der Sozialistischen Sowjetrepubliken (UdSSR) ein neuartiger und weltweit kaum anerkannter Faktor der internationalen Politik, spielte in dieser Konzeption eine eher untergeordnete Rolle. Gleichwohl hat kaum ein Ereignis die Phantasie der Zeitgenossen und vieler Historiker so bewegt wie der am Rande der Konferenz von Genua im April
1922 zwischen Deutschland und der RSFSR abgeschlossene Vertrag von Rapallo. War dies ein gegen die Versailler Ordnung gerichtetes Bündnis zwischen
der potentiell stärksten Kontinentalmacht und der Vorhut der Weltrevolu-
tion?

Vertrag von Rapallo s. auch 92 ff.

Die Forschung hat dem Vertrag die unterschiedlichsten Funktionen zuge-
messen. Sowjetische oder marxistisch orientierte Autoren haben die friedens-
fördernde Funktion des Vertrags betont. In der westdeutschen Geschichtswissenschaft schwankte das Urteil zwischen einer gewissen Wertschätzung und
gänzlicher Ablehnung. WINFRIED BAUMGART sah die Bedeutung von Rapallo
„in der gleichgewichtspolitischen Neugestaltung der damaligen internationalen Konstellation" [387: Deutsche Ostpolitik, 252]. Von einem Irrweg, der von
vielversprechenden Ansätzen multilateraler Politik wegführte, sprach PETER
KRÜGER [397], während Heinrich Küppers unter Wiederaufnahme der älteren
These HERMANN GRAMLS [392] hinter Rapallo eine „angriffsorientierte
Außenpolitik" und ein „Kampfinstrument" gegen Frankreich und Polen ver-
mutet [188: H. KÜPPERS, Joseph Wirth, 152, 157]. Von solchen Zuspitzungen
deutlich abgesetzt hat THEODOR SCHIEDER schon Ende der sechziger Jahre
Rapallo einen „Normalisierungs- und Liquidationsvertrag" genannt [415: Die
Entstehungsgeschichte des Rapallo-Vertrags, 600], und der britische
Historiker JOHN HIDEN hat 1994 auf den wichtigen Unterschied zwischen der
realen Bedeutung des Vertrags und einzelnen Reaktionen auf ihn hingewiesen: „The effects of Rapallo were less dramatic than its reception" [367:
Between Ideology and Power Politics, 81].

Ungeachtet des begrenzten Stellenwerts von Rapallo insgesamt ist es
freilich legitim, einzelne Wirtschafts- oder Rüstungsinteressen zu identifizie-
ren, die eine stärkere Hinwendung zur Sowjetunion befürworteten und die
etwa von HARTMUT POGGE VON STRANDMANN [410, 411] oder MANFRED
ZEIDLER [422] analysiert worden sind. Dasselbe gilt auch für politische Überlegungen, wie sie von HEINRICH KÜPPERS [188] und ULRIKE HÖRSTER-

Träger der Rapallo-Politik

PHILIPPS [181] am Beispiel der Person von Reichskanzler Wirth beschrieben worden sind. Dies kann aber nicht heißen, Rapallo in einem Atemzug mit Brest-Litowsk und dem Hitler-Stalin-Pakt zu nennen und als einen „Kulminationspunkt einer Ost-Option deutscher Groß- und Weltmachtstrebens" zu bezeichnen [403: R.-D. MÜLLER, Das Tor zur Weltmacht, 343]. Eine derartige Deutung übersieht, daß Rapallo für den deutschen Außenminister Rathenau einen „Notbehelf" [192: W. MICHALKA, Die Außenpolitik von Weimar, 391] und eine „Anpassung an die Situation" von Genua [399: H.G. LINKE, Der Weg nach Rapallo, 101], nicht aber eine Wendung gegen den Westen darstellte. Man tut gut daran, „Rußland-Politik und ‚Rapallo'-Politik begrifflich voneinander zu trennen" [417: H. UNGER, Moritz Schlesinger, 29].

Unterscheidung zwischen Rußland- und Rapallo-Politik

Verschiedene in letzter Zeit in bemerkenswerter Zahl erschienene Studien zur Wahrnehmung der Sowjetunion in Deutschland – genannt seien die Arbeiten von KAI-UWE MERZ [401], INGMAR SÜTTERLIN [416], DONAL O'SULLIVAN [408] und ARNIM WAGNER [418] – machen deutlich, daß es in den deutsch-sowjetischen Beziehungen immer nur zu einem „distanzierten Zusammenwirken" [82: K. HILDEBRAND, Das vergangene Reich, 430] kommen konnte. Insbesondere in der Ära Stresemann stand die deutsche Politik „im Zeichen einer resoluten Westbindung" [ebd., 467] und versprach sich nicht von exklusiven Beziehungen zur Sowjetunion Erfolg, sondern von einem Ausbau der Westbeziehungen. Stresemanns Sowjetunion-Politik war nicht so aktiv, wie es das „nationalistische Milieu" von ihm forderte [216: CHR. BAECHLER, Stresemann, 886]. Von erheblichem Gewicht war die parallel zur Locarno-Politik erfolgende Korrektur der in vielen Rußlandexpertisen des Auswärtigen Amts in den frühen zwanziger Jahren vorgenommenen Einschätzung, die russische Wirtschaft werde sich im Zeichen der Neuen Ökonomischen Politik Lenins nach Westen öffnen und vom kontinuierlich wachsenden russischen Markt könnten wichtige Stimulierungseffekte für die deutsche Wirtschaft ausgehen. Solche positiven Erwartungen wichen einer weitaus skeptischeren Beurteilung [416: I. SÜTTERLIN, Die „Russische Abteilung" des Auswärtigen Amtes, 202ff.; 148: R.M. SPAULDING, Osthandel, 179, 192].

Primat der Westpolitik

Von außen betrachtet mochte Rapallo ein „Trauma" nach sich ziehen [316: R. BOURNAZEL, Rapallo]. In Großbritannien [379: S. SALZMANN, British Policy] oder in den USA [289: A. FROHN, Der „Rapallo-Mythos"] bot es bei nüchterner Einschätzung dagegen keinen Anlaß zu ernsten Besorgnissen. Daran anknüpfend erscheint das in der deutschen Geschichtswissenschaft viel gebrauchte Bild von der „Ost-West-Balance" [331: M.-O. MAXELON, Stresemann und Frankreich 1914–1929. Deutsche Politik der Ost-West-Balance; 82: K. HILDEBRAND, Das vergangene Reich, 458, 472] kaum angemessen, weil es eher eine unabhängige Position zwischen ‚Ost' und ‚West' suggeriert, als eine vorwiegend nach Westen blickende und materiell im liberalen

System des Westens stehende Politik erfaßt. Auch in der Weltwirtschaftskrise, als allein der sowjetische Markt für Investitionsgüter aufnahmefähig war und der Rußlandhandel, der die Rettung für einzelne Unternehmen der Werkzeugbranche und der Metallindustrie bedeutete, von Regierungsseite gefördert wurde [406: H.-W. NIEMANN, Russengeschäfte; 412: H. POGGE V. STRANDMANN, Industrial Primacy in German Foreign Policy?], konnte keine „Ostoption" ergriffen werden [407: H.-W. NIEMANN, Die deutsch-sowjetischen Wirtschaftsbeziehungen, 99ff.].

Der sowjetische Markt in der Weltwirtschaftskrise

Das Bild der Balance trifft weniger auf Stresemann zu als auf seinen Kritiker Brockdorff-Rantzau, den deutschen Botschafter in Moskau zwischen 1922 und 1928, der, ohne die Westpolitik ausdünnen zu wollen, für eine stärkere Gewichtung der Ostpolitik eintrat [139: C. SCHEIDEMANN, Brockdorff-Rantzau]. Hinzu kommt, daß die Weimarer Außenpolitik in ihrer erklärt republikanischen Form in einem doppelten Sinn als „Westpolitik" betrieben wurde [102: P. KRÜGER, Die „Westpolitik" der Weimarer Republik, 125ff.]. Sie hatte ihren materiellen Schwerpunkt im Westen, weil die rasche Wiederherstellung deutscher Macht nur in ihrer ökonomischen Variante und darum nur in Anlehnung an die westlichen Industriestaaten vorstellbar war. Zugleich aber war sie auch Ausdruck einer von liberalen Normen des Westens geprägten Politik, die von der Vorstellung eines globalen Markts und einer auf Friedenswahrung gerichteten internationalen Kooperation – möglichst unter Einbeziehung auch der Sowjetunion – bestimmt war. Insofern war auch die Ostpolitik „Westpolitik". Ihr Ziel war nicht ein Sonderverhältnis zur Sowjetunion, wie es in der Politik der Reichswehr oder auch in ostpolitischen Wünschen mancher Wirtschaftskreise zur Zeit von Rapallo angestrebt wurde, sondern die Rückgewinnung des Revolutionsstaats im Osten für den Westen.

Brockdorff-Rantzau und die Sowjetunion

Westpolitik im doppelten Sinn

D. Tendenzen der Forschung seit 1999

In einer längeren Besprechung der ersten Auflage dieses Buches schritt PETER KRÜGER die ganze Breite des Forschungsfelds ab, das betreten wird, wenn man sich mit der Außenpolitik der Weimarer Republik befasst. Nicht zuletzt kam es ihm darauf an, noch bestehende „weiße Flecken" in der Forschungslandschaft aufzuzeigen. Künftige Forschungen sollten sich darauf konzentrieren, die „Struktur des internationalen Systems" ebenso zu analysieren wie die „Interessen und Traditionen auswärtiger Politik der europäischen Mächte". Ferner komme es darauf an, den „kollektiven Vorstellungen" und Wahrnehmungsmustern nachzugehen, die für Deutschland und sein internationales Umfeld auszumachen sind. Schließlich sei der biographische Zugriff von Bedeutung, der den Blick auf die „maßgebenden, die Politik beeinflussenden und gestaltenden Persönlichkeiten" freigebe [48: 676]. Wer sich mit Außenpolitik befasst, so KRÜGERS weiteres Plädoyer, müsse die „Wechselwirkung" [ebd., 681] von Innen- und Außenpolitik ebenso bedenken wie den internationalen und transnationalen Kontext. Kurzum: KRÜGER formuliert das Maximalprogramm einer großen Synthese, die alle Analyseebenen miteinander zu verbinden hätte.

Auf die weiten Fragen folgen in der Forschungsrealität seit jeher und unvermeidlicherweise die begrenzten Antworten. Sie anhand repräsentativer Beispiele aus der Fülle der seit 1999 erschienenen Literatur vorzustellen, ist der Zweck der folgenden Skizze. Zu registrieren ist eine unverändert andauernde Auseinandersetzung der Forschung mit der Rolle Deutschlands in der internationalen Politik nach dem Ersten Weltkrieg. Nach wie vor werden die klassischen politikgeschichtlichen Themen bearbeitet, die sich mit den Beziehungen zwischen Deutschland und den auf der Pariser Friedenskonferenz auftretenden europäischen Großmächten [162: B.D. FULDA, 191: S. RUDMAN, 141: P. ALTER, 204: G.T. WADDINGTON, 169: G. JOHNSON, 147: N. BEAUPRÉ, 178: P. KRÜGER, 159: M. DREIST], den USA [170: D. JUNKER, 158: P. COHRS, 205: M. WALA] und der Sowjetunion [143: C. BAECHLER, 108: M. KLUSEK, 146: B.H. BAYERLEIN, 199: S. SLUTSCH], kleineren europäischen Staaten [190: R. ROOWAAN, 202: C. STERZENBACH, 186: M. O'DRISCOLL, 193: H. SAARINEN, 198: G. SEEWANN, 140: M. ALEXANDER] sowie außereuropäischen Ländern [139: ALEMA, 172: M. KASSIM] oder mit Fragen multilateraler Politik und des internationalen Systems [91: M. DOCKRILL/J. FISHER, 18: C. CARLIER/G.-H. SOUTOU, 40: G. JOHNSON, 62: S. PEDERSEN] befassen. Auch neuere Studien zur außenpolitischen Programmatik von Entscheidungsträgern [42: E. KOLB, 121: W. MICHALKA] und zu Wahrnehmungsmustern in der internationalen Politik und den transnationalen Beziehungen [65: K. ROBBINS, 207: TH. WITTEK, 201: J. SPÄTER, 197: A. SEDLMAIER, 166: F. ILIC, 184: E. OBERLOSKAMP, 192: H.

SAARINEN] sind zu verzeichnen. Es fällt aber auf, dass im Zuge eines Trends, der sich als „Erneuerung und Erweiterung" [21: E. CONZE] der Geschichtsschreibung über Außenpolitik und internationale Beziehungen versteht und den Begriff „internationale Geschichte" als übergeordneten Sammelbegriff benutzt [54: W. LOTH/J. OSTERHAMMEL, 27: J. DÜLFFER/W. LOTH], das Themenspektrum in zunehmendem Maß auch nichtstaatliche Akteure und gesellschaftliche Kräfte umfasst, die als integraler Bestandteil der äußeren Politik und der zwischenstaatlichen Beziehungen betrachtet werden. Neben die Außenpolitik im engeren treten die Außenbeziehungen im umfassenden Sinn; neben die internationalen Beziehungen auf staatlicher Ebene die transnationalen Beziehungen der Gesellschaftswelt. Insbesondere für die deutsch-französische Beziehungsgeschichte liegen in bemerkenswerter Dichte Forschungen vor, die der Wirtschaft [97: C. FISCHER, 209: C.A. WURM], der Kultur [151: H.M. BOCK, 150: H.M. BOCK, 154: H.M. BOCK], verschiedenen Organisationen und Gruppen [183: G. MÜLLER, 163: I. GORGUET, 196: J. SCHRÖDER, 187: E. PASSMAN] oder einzelnen Persönlichkeiten [175: P. KRÜGER, 176: P. KRÜGER, 164: P.C. HARTMANN, 200: G. SONNABEND, 161: C. FRANZ, 189: R. RAY, 148: W. BECKER] gelten. Der Analyse auswärtiger Kulturpolitik [45: M. KRÖGER, 72: C. SCHOBER] kommt auch insofern ein eigener Stellenwert zu, als die Weimarer Republik gerade auf kulturellem Gebiet einen Neubeginn deutscher Außenbeziehungen jenseits der diskreditierten Machtpolitik starten konnte.

Internationale Geschichte

Deutsch-französische Beziehungsgeschichte

Symptomatisch für das Selbstverständnis der neueren Forschung ist bereits die Formulierung von Buchtiteln. Während die erstmals 1976 erschienene und jetzt in einer Neuauflage vorliegende Darstellung von SALLY MARKS noch von internationalen Beziehungen (international relations) spricht [56], firmiert die jüngste Synthese von ZARA STEINER unter dem Begriff internationale Geschichte (international history). STEINERS opus magnum [77] besticht durch die Weite des Blicks, der das politische Handeln nationaler Regierungen und die internationalen Rahmenbedingungen ebenso erfasst wie ideologische Grundpositionen, innenpolitisch-gesellschaftliche Formationen, wirtschaftliche Faktoren oder sicherheitspolitische Konzeptionen. Für Deutschland und die internationale Entwicklung insgesamt beschreibt sie den beschwerlichen Weg, der langsam aus dem Schatten des Krieges herausführte. Mit der Locarno-Ära sei ein Neubeginn sichtbar geworden, der sich deutlich von der unmittelbaren Nachkriegszeit und den späteren Verwerfungen der Weltwirtschaftskrise unterschieden habe. Der Beitrag der unter der Führung des langjährigen Außenministers Gustav Stresemann stehenden deutschen Politik zu diesem europäischen Friedensprozess, der Elemente des älteren Konzerts der Mächte mit Neuansätzen multilateraler Diplomatie verband, wird von STEINER in angemessener Weise herausgearbeitet. Ebenfalls aus England kommt ein weiterer gewichtiger Beitrag zur

STEINERS Synthese

WRIGHTS
Stresemann-
Biographie
Politik Stresemanns. „Weimars größtem Staatsmann" hat JONATHAN WRIGHT eine profunde Darstellung gewidmet, in der er die Interdependenz von Innen- und Außenpolitik im Kontext von Stresemanns doppelter Zielsetzung –Stabilisierung des politischen Systems in Deutschland und entspannungsorientierter Interessenausgleich mit den Großmächten – beleuchtet [82]. Treffend spricht RALPH BLESSING von einer „Modernisierung der Außenpolitik", auch wenn das dem liberalen Modell der Friedenssicherung (wirtschaftliche Verflechtung, kollektive Sicherheit, Demokratisierung) verpflichtete Konzept nicht wie gewünscht realisiert werden konnte [13].

Krise und Verfall
des Locarno-
Friedens
Wie sich der Wandel vom kooperativen Konzept Stresemanns [93: J. DÜLFFER, 50: P. KRÜGER], der keineswegs vergaß, die Revision des Versailler Vertrags voranzutreiben und das Streben nach Gleichberechtigung zu betonen [42: E. KOLB], hin zu einem sukzessive konfrontativer werdenden Kurs deutscher Außenpolitik vollzog, ist nach wie vor umstritten und bedarf dringend einer größeren Studie. Anknüpfen könnte sie an HERMANN GRAML, der nach seiner Studie zur Außenpolitik der Präsidialkabinette [100] die von Anfang an gegenüber Stresemann skeptische Haltung von Bernhard von Bülow untersucht hat [101] , oder an MICHAEL WALA [205] und FRANZISKA BRÜNING [155], die sich dem Verlauf der deutsch-amerikanischen beziehungsweise deutsch-französischen Beziehungen während der Weltwirtschaftskrise zuwenden, müsste aber auch den entspannungsfeindlichen Strömungen nachgehen, die in Politik und Gesellschaft auch schon während der Locarno-Periode auszumachen sind und die unter dem Eindruck der Weltwirtschaftskrise langsam die Oberhand gewonnen haben. Die weit verbreitete Akzeptanz politischer Gewalt, die Leugnung von Schuld am und im Krieg [43: A. KRAMER, 38: J. HORNE/A. KRAMER, 24: L. DE VOS/P. LIERNEUX, 36: G. HANKEL], die Flucht in die Dolchstoßlegende [70: W. SCHIVELBUSCH, 10: B. BARTH, 69: R. SAMMET, 67: M. ROSEMAN] und nicht zuletzt die inneren Vorbehalte gegen eine Politik der internationalen Einbindung [83: H. ZAUN, 104: B.A. JACKISCH, 37: P. HOERES] und die Planungen für den Krieg der Zukunft [12: R. BERGIEN, 46: B.R. KROENER, 52: B. LEMKE, 58: J. NAKATA, 211: M. ZEIDLER] haben in je verschiedener Weise und sich wechselseitig verstärkend dazu beigetragen, dass es Mitte der 1920er Jahre zu einem „Wiederaufleben der Kriegskultur in Deutschland" kam [43: A. KRAMER, 95] und der Rückhalt für die republikanische Außenpolitik [s. oben, 52] nachließ.

Auswirkungen des
Ersten Weltkriegs
Dass der Lernprozess, der für die Transformation von der Kriegs- zur Friedenskultur erforderlich war, so schleppend verlief, hing zum einen mit den Auswirkungen des Krieges als der „Urkatastrophe des 20. Jahrhunderts" [s. oben, 2] zusammen; zum anderen damit, dass der Versailler Vertrag in Deutschland als unverdiente Bestrafung wahrgenommen wurde, die den Einstieg in eine friedliche Zukunft zu verbauen schien. Die Erfahrung von Gewalt und Krieg und die Art der Erinnerung daran hinterließen tiefe Spuren, denen die Forschung

mit politik-, mentalitäts-, sozial- und wirtschaftshistorischen Fragestellungen
nachgegangen ist [135: G.-H. SOUTOU, 59: G. NIEDHART, 80: J. WINTER, 57: H.
MOMMSEN, 28: J. DÜLFFER/G. KRUMEICH, 23: J. CROUTHAMEL]. Insbesondere
das Konzept des „totalen Kriegs" [19: R. CHICKERING/S. FÖRSTER] entfaltete
eine Dynamik, die den Krieg "in allen Winkeln der 'Nachkriegswelt'" weiterhin
spürbar sein ließ [30: N. FERGUSON, 373]. „Jedenfalls sind wesentliche Ursachen
des Zweiten Weltkriegs bereits im Ersten zu erkennen", fasst JOST DÜLFFER
diese Position zusammen [26: 247], deren Vertreter die Auswirkungen des
Krieges als prägend für die „Kumulation gewaltbegünstigender Konstellationen"
[55: G. MAI, 13] in der Innen- und Außenpolitik der Zwischenkriegszeit ansehen.

Zur kriegsbedingten Gewöhnung an übersteigerten Nationalismus und an   Versailler Vertrag
Gewalt in der Politik kam in Deutschland die Verbitterung darüber hinzu, dass
der Ausgang des Krieges und der Friedensschluss die Deutschen als Opfer von
fortgesetzter Gewalt – etwa in Gestalt von Besatzungstruppen [61: M. PAWLEY]
oder Reparationen [33: L. GOMES] – seitens der Siegermächte erscheinen ließ.
Die Kriegsniederlage und die von den Siegermächten erzwungene Annahme
eines in seiner Härte als maßlos empfundenen Friedensvertrags, dessen Revision
von Beginn an gefordert wurde [53: P. LÉTOURNEAU/G.-H. SOUTOU], bedeuteten
einen tiefen Sturz in die Ohnmacht, die angesichts des über das Kriegsende
hinaus andauernden Nationalismus bei den Gewinnern des Krieges [117: M.
MACMILLAN, 207: TH. WITTEK, 197: A. SEDLMAIER] und bei den erst nach dem
Krieg gegründeten Staaten [127: A. ROSHWALD] sowie angesichts der illusio-
nären Hoffnung auf einen „Rechtsfrieden" [86: R. BODEN] um so auswegloser
erfahren wurde. Hinzu kam die erzwungene Reduktion der Reichswehr, der
auf Seiten der Siegermächte keine entsprechende Abrüstung folgte [75: R.J.
SHUSTER, 79: A. WEBSTER]. Es ist durchaus angebracht, der subjektiven Wahrnehmung der Zeitgenossen nachzuspüren [113: G. KRUMEICH, 116: TH. LORENZ].
Mit Z. STEINER [77] ist allerdings zu betonen, dass der Versailler Vertrag keineswegs den Charakter eines „karthagischen" Friedens hatte. Vielmehr bewahrte
er den potentiellen Großmachtstatus Deutschlands [s. auch oben, 71f.]. Wie
sich tatsächlich nur wenige Jahre später zeigen sollte, handelte es sich beim
Vertrag von Versailles [109: E. KOLB, 85: J.-J. BECKER] um ein Diktat mit
Aussicht auf Frieden [123: G. NIEDHART, 128: M. SALEWSKI]. In historisch ver-
gleichender Perspektive erscheint der Frieden von 1919 einerseits als Fortsetzung schon bekannter Formen der Kriegsbeendigung. Andererseits ist nicht
zu übersehen, dass er mit der Gründung des Völkerbunds auch „zukunftswei-
sende Tendenzen" aufwies [92: J. DÜLFFER, 173].

Schon in der Völkerbundsatzung war das Prinzip des friedlichen Wandels
verankert, das der deutschen Revisionspolitik zugute kam, aber auch der
Reintegration Deutschlands als Großmacht in das internationale System [81: J.
WINTZER]. Ein erster, wenn auch erfolgloser Versuch zur erneuten Anbahnung

einer multilateral abgestimmten Nachkriegsordnung in Europa wurde 1922 auf
der Konferenz von Genua unternommen. Am Rande dieser Konferenz unterzeichneten das Deutsche Reich und die Russische Sozialistische Föderative
Sowjetrepublik aus je spezifischen Motiven den Vertrag von Rapallo, der die
Forschung nach wie vor beschäftigt. Einerseits erscheint Rapallo als Variante
deutscher Revisionspolitik [115: H. KÜPPERS, 98: E.I. FLEISCHHAUER] oder als
Ausdruck einer überholten „Großmachtvorstellung" [112: P. KRÜGER, 442],
die der zwingend gebotenen westorientierten Einbindung Deutschlands und
seiner Verflechtung mit den westeuropäischen Großmächten und den USA ent-
gegenstand. Letzteres habe der deutsche Außenminister Walther Rathenau
eigentlich auch gewollt, sei aber von Reichskanzler Wirth und vor allem von Ago
von Maltzan, dem Leiter der Ostabteilung im Auswärtigen Amt, dazu gedrängt
worden, einen Vertragsabschluss mit den in Rapallo residierenden Russen zu
suchen [87: W. BRENNER, 419ff., 131: C. SCHÖLZEL, 325ff.]. Rathenau wusste
durchaus um die Bedeutung des osteuropäischen Wirtschaftsraums für Deutschland. Politisch aber blickte er nach Westen, so dass Rapallo praktisch einem
Scheitern seiner Politik gleichkam [120: W. MICHALKA, 102: J. HENTZSCHEL-
FRÖHLINGS]. Dem hält NIELS JOERES in seiner unveröffentlichten Heidelberger
Dissertation [106] entgegen, Maltzans Konzept habe keineswegs eine Abkehr
vom Westen vorgesehen. Schon gar nicht habe er Rathenau mit Fehlinforma-
tionen unter Druck gesetzt oder manipuliert. Vielmehr habe der Außenminister
in dem klaren Bewusstsein gehandelt, einer drohenden britisch-französisch-
sowjetischen Vereinbarung, die sich zu Lasten Deutschlands ausgewirkt hätte,
zuvorkommen und die Gefahr einer Isolierung Deutschlands abwenden zu
müssen.

Wie auch immer man die Akzente setzt, feststeht, dass die Zukunft der
deutschen Außenpolitik nicht im Osten lag, wo die sowjetische Führung, die
immun gegenüber deutschen Versuchen war, über wirtschaftliche Kooperation
zu einer Transformation des sowjetischen Regimes zu kommen [156: J.D.
CAMERON], auf einen kommunistischen Umsturz in Deutschland wartete. In
Deutschland lag aus Moskauer Sicht der Schlüssel für die Ausbreitung der
Revolution in Europa. Das Krisenjahr 1923 schien dafür beste Voraussetzungen
zu bieten [136: D.R. STONE]. Tatsächlich erwies sich dieses Jahr, das mit der
Ruhrbesetzung durch französische und belgische Truppen begann [zu verschiedenen Aspekten 114: G. KRUMEICH/J. SCHRÖDER, 96: C. FISCHER, 76: C.
STEEGMANS, 180: A.-M. LAUTER, 105: S. JEANNESSON, 118: S. MARKS, 124:
E.Y. O'RIORDAN], als Wende sowohl der deutschen Außenpolitik als auch der
internationalen Nachkriegsbeziehungen insgesamt. Nicht die aus dem Krieg
tradierte militärische Gewalt als Mittel der Konfliktlösung setzte sich durch,
sondern der alternative Ansatz, der zu einer Zivilisierung der Nachkriegskonflikte durch Gewaltverzicht, Konferenzdiplomatie und wirtschaftliche Kooperation

Vertrag von Rapallo *(margin)*

Deutsch-sowjetische Beziehungen *(margin)*

Krisen- und Wendejahr 1923 *(margin)*

führte. Die nach Westen ausgerichtete, aber auch auf einen Ausgleich mit der Sowjetunion bedachte Entspannungspolitik Stresemanns [156: J.D. CAMERON], der sich bei der innerdeutschen Durchsetzung seiner Politik auf die ansonsten oppositionellen Sozialdemokraten stützen musste [31: S. FEUCHT, 11: R. BEHRING], trug dazu ebenso bei wie die Umorientierung der französischen Deutschlandpolitik [107: N. JORDAN, 144: J. BARIÉTY, 167: P. JACKSON]. Dass es zugleich Grenzen der deutsch-französischen Annäherung gab, wird darüber nicht vergessen [138: J. WRIGHT, 208: J. WRIGHT/J. WRIGHT]. Ein weiterer bisher schon bekannter Umstand wird von neueren Arbeiten bestätigt: Der nachgeholte Frieden von Locarno [s. oben, 19] basierte nicht zuletzt auf der ausgleichenden Rolle Großbritanniens, wo die Ruhrbesetzung 1923 zu einer Aufhellung des britischen Deutschlandbilds geführt hatte, und auf der von außen erfolgenden Stabilisierung Europas seitens der USA [20: P.O. COHRS, 207: TH. WITTEK]. Angloamerikanische Stabilisierungspolitik

Die auf Locarno folgenden und zu Optimismus Anlass gebenden entspannungspolitischen Ansätze waren ergänzungsbedürftig, wie auch ROBERT BOYCE in seiner Politik und Wirtschaft gleichermaßen in den Blick nehmenden Studie zur internationalen Geschichte der Zwischenkriegszeit aufzeigt [14]. Aber der „Wirtschaftsfrieden" [s. oben, 65] hätte möglicherweise auch auf den sicherheitspolitischen Bereich ausgedehnt werden können, wenn für die in der Mitte der 1920er Jahre einsetzende relative Stabilisierung, die einen erwartungsvollen Blick in die Zukunft erlaubte [35: R. GRAF], mehr Zeit zur Verfügung gestanden hätte. Dem stand der Verfall der Weltwirtschaft mit unzureichenden Lösungsansätzen [129: S. SCHIRMANN, 89: P. CLAVIN, 63: N.P. PETERSSON, 103: PH. HEYDE, 160: N. FORBES] und die daraus hervorgehende Weltwirtschaftskrise als politisch-ökonomische Doppelkrise [s. oben, 59] entgegen, in deren Verlauf die deutsche Politik im Innern und nach außen eine Abkehr von der Zivilgesellschaft und dem Konzept der internationalen Verflechtung vornahm. Das nie wirklich zur Ruhe gekommene „Problem der Sicherheit vor Deutschland" [119: K.J. MAYER] rückte wieder in den Vordergrund. Auch die Lancierung von Briands Europavorstellungen, die schließlich zu seinem Europaplan führten [99: A. FLEURY, 144: J. BARIÉTY], sind unter dem Gesichtspunkt der Status quo-Sicherung und der Eindämmung Deutschlands zu sehen [71: R. SCHNEIDER]. Es versteht sich, dass Stresemann, der kurz vor seinem Tod damit noch konfrontiert war, dem nur eingeschränkt zustimmen konnte [111: P. KRÜGER, 137: M. VOGT]. Seine Vorstellung von der „Einbindung Deutschlands in Europa" [49: P. KRÜGER, 226] war weniger weitreichend und konkret, als Briand es sich gewünscht hätte [82: J. WRIGHT, 485]. Stresemann war kein „Europäer", wie er den Anhängern der Paneuropa-Bewegung vorschwebte [188: M. POSSELT, 84: A. ZIEGERHOFER-PRETTENTHALER]. Der Europagedanke, von dem ein friedensstiftender Effekt ausgehen sollte, hat die Weltwirtschaftskrise Briands Europaplan

Vorstellungskraft von Teilen der Gesellschaft zwar beflügelt [17: O. BURGARD, 22: V. CONZE, 73: V. SCHÖBERL, 153: H.M. BOCK], für seine politische Umsetzung war die Zeit allerdings noch nicht gekommen.

Quellen

1. W. BECKER (Hrsg.), Frederic von Rosenberg. Korrespondenzen und Akten des deutschen Diplomaten und Außenministers 1913–1937, München 2011.
2. W. ELZ (Hrsg.), Quellen zur Außenpolitik der Weimarer Republik 1918–1933, Darmstadt 2007.
3. W. ELZ (Hrsg.), Gustav Stresemann. Reden der kanzler- und Außenministerzeit (1923–1929). URL: http://www.uni-mainz.de/FB/Geschichte/hist4/795.php
4. R. ERBAR (Hrsg.), Quellen zu den deutsch-französischen Beziehungen 1919–1963, Darmstadt 2003.
5. E. KOLB/L. RICHTER (Hrsg.), Nationalliberalismus in der Weimarer Republik. Die Führungsgremien der Deutschen Volkspartei 1918–1933, 2 Bde. Düsseldorf 1999.
6. B. MARTIN (Hrsg.), Deutsch-chinesische Beziehungen 1928–1937. „Gleiche" Partner unter „ungleichen" Bedingungen. Eine Quellensammlung. Bearb. v. S. Kuß, Berlin 2003.

Hilfsmittel

7. W. ELZ, Die Weimarer Republik und ihre Außenpolitik. Ein Forschungs- und Literaturbericht, in: Historisches Jahrbuch 119 (1999), 307–375.
8. W. ELZ, Weimarer Republik, Nationalsozialismus, Zweiter Weltkrieg (1919-1945). Zweiter Teil: Persönliche Quellen, Darmstadt 2003 (ergänzt und überarbeitet auf der CD-ROM: Quellenkunde zur deutschen Geschichte der Neuzeit von 1500 bis zur Gegenwart, Darmstadt 2005). [Fortführung von oben Nr. 43].

Deutsche und internationale Politik: Überblicke und Teilbereiche

9. G. ARNOLD, Gustav Stresemann und die Problematik der deutschen Ostgrenzen, Frankfurt/M. 2000.
10. B. BARTH, Dolchstoßlegenden und politische Desintegration. Das Trauma der deutschen Niederlage im Ersten Weltkrieg 1914–1933, Düsseldorf 2003.
11. R. BEHRING, Demokratische Außenpolitik für Deutschland. Die außenpo-

litischen Vorstellungen deutscher Sozialdemokraten im Exil, Düsseldorf 1999 [enthält ein wichtiges Kapitel über die SPD vor 1933].

12. R. BERGIEN, Die bellizistische Republik. Wehrkonsens und „Wehrhaftmachung" in Deutschland 1918–1933, München 2012.

13. R. BLESSING, Der mögliche Frieden. Die Modernisierung der Außenpolitik und die deutsch-französischen Beziehungen 1923–1929, München 2008.

14. R. BOYCE, The Great Interwar Crisis and the Collapse of Globalisation, Houndmills 2009.

15. B. BRAUN, „Brennende Grenzen". Revisionspropaganda im deutschen Kino der 1920er Jahre am Beispiel Oberschlesiens, in: B. STÖRTKUHL u.a. (Hrsg.), Aufbruch und Krise. Das östliche Europa und die Deutschen nach dem Ersten Weltkrieg, München 2010, 99–112.

16. M.R. BRAWLEY, Neoclassical Realism and Strategic Calculations: Explaining Divergent British, French and Soviet Strategies toward Germany between the World Wars (1919–1939), in: S.E. LOBELL u.a. (Hrsg.), Neoclassical Realism, the State, and Foreign Policy, Cambridge 2009, 75–98.

17. O. BURGARD, Das gemeinsame Europa – von der politischen Utopie zum außenpolitischen Programm. Meinungsaustausch und Zusammenarbeit pro-europäischer Verbände in Deutschland und Frankreich 1924–1933, Frankfurt/M. 2000.

18. C. CARLIER/G.-H. SOUTOU (Hrsg.), 1918–1925: Comment faire la paix? Paris 2001.

19. R. CHICKERING/S. FÖRSTER (Hrsg.), The Shadow of Total War. Europe, East Asia and the United States 1919–1939, Cambridge 2003.

20. P.O. COHRS, The Unfinished Peace after World War I. America, Britain and the Stabilisation of Europe, 1919–1932, Cambridge 2006.

21. E. CONZE u.a. (Hrsg.), Geschichte der internationalen Beziehungen. Erneuerung und Erweiterung einer historischen Disziplin, Köln 2004.

22. V. CONZE, Das Europa der Deutschen. Ideen von Europa in Deutschland zwischen Reichstradition und Westorientierung (1920–1970), München 2005.

23. J. CROUTHAMEL, The Great War and German Memory. Society, Politics and Psychological Trauma, 1914–1945, Exeter 2009.

24. L. DE VOS/P. LIERNEUX, Der Fall Belgien 1914 bis 1918 und 1940 bis 1944, in: B. THOSS/H.-E. VOLKMANN (Hrsg.), Erster Weltkrieg – Zweiter Weltkrieg. Ein Vergleich, Paderborn 2002, 527–553.

25. J. DÜLFFER, Vom Internationalismus zum Expansionismus: Die deutsche Liga für Völkerbund, in: W. ELZ/S. NEITZEL (Hrsg.), Internationale Beziehungen im 19. und 20. Jahrhundert. Festschrift für Winfried Baumgart zum 65. Geburtstag, Paderborn 2003, 251–266 [dt. Fassung von oben Nr. 59].

26. J. DÜLFFER, Der Niedergang Europas im Zeichen der Gewalt: Das 20. Jahrhundert, in: Ders., Im Zeichen der Gewalt. Frieden und Krieg im 19. und 20. Jahrhundert, hrsg. v. M. KRÖGER u.a., Köln 2003, 238–258.

27. J. DÜLFFER/W. LOTH (Hrsg.), Dimensionen internationaler Geschichte, München 2012.

28. J. DÜLFFER/G. KRUMEICH (Hrsg.), Der verlorene Frieden. Politik und Kriegskultur nach 1918, Essen 2002.

29. W. ELZ, Foreign Policy, in: A. McELLIGOTT (Hrsg.), Weimar Germany, Oxford 2009, 50–77, 286–288.

30. N. FERGUSON, Der falsche Krieg. Der Erste Weltkrieg und das 20. Jahrhundert, Stuttgart 1999.

31. S. FEUCHT, Die Haltung der Sozialdemokratischen Partei Deutschlands zur Außenpolitik während der Weimarer Republik (1918–1933), Frankfurt/M. 1998.

32. I. GEISS, German Foreign Policy in the Weimar Republic and the Third Reich 1919–1945, in: P. PANAYI (Hrsg.), Weimar and Nazi Germany. Continuities and Discontinuities, Harlow 2001, 134–170.

33. L. GOMES, German Reparations, 1919–1932. A Historical Survey, Houndmills 2010.

34. C. FINK, Revisionism, in: G. MARTEL (Hrsg.), A Companion to Europe 1900–1945, Oxford 2006, 326–340.

35. R. GRAF, Die Zukunft der Weimarer Republik. Krisen und Zukunftsaneignungen in Deutschland 1918–1933, München 2008.

36. G. HANKEL, Die Leipziger Prozesse. Deutsche Kriegsverbrechen und ihre strafrechtliche Verfolgung nach dem Ersten Weltkrieg, Hamburg 2003.

37. P. HOERES, „Wer Menschheit sagt, will betrügen." Die Kritik an universalistischen Friedenstheoremen im Ersten Weltkrieg und in der Weimarer Republik, in: J. DÜLFFER/G. NIEDHART (Hrsg.), Frieden durch Demokratie? Genese, Wirkung und Kritik eines Deutungsmusters, Essen 2011, 105–123.

38. J. HORNE/A. KRAMER, Deutsche Kriegsgreuel 1914. Die umstrittene Wahrheit, Hamburg 2004.

39. J. JOACHIMSTHALER, Literatur als Fortsetzung des Krieges, Krieg als Fortsetzung der Literatur mir anderen Mitteln. Zur Identitäts- und Grenzkampfliteratur nach dem Ersten Weltkrieg, in; B. STÖRTKUHL u.a. (Hrsg.), Aufbruch und Krise. Das östliche Europa und die Deutschen nach dem Ersten Weltkrieg, München 2010, 127–148.

40. G. JOHNSON (Hrsg.), Locarno Revisited: European Diplomacy 1920–1929, London 2004.

41. P.M. JUDSON, Nationalism in the Era of the Nation State, 1870–1945, in:

H.W. SMITH (Hrsg.), The Oxford Handbook of Modern German History, Oxford 2011, 499–526.

42. E. KOLB, Gustav Stresemann, München 2003.

43. A. KRAMER, Der Umgang mit der Schuld. Die „Schuld im Kriege" und die Republik von Weimar, in: D. PAPENFUSS/W. SCHIEDER (Hrsg.), Deutsche Umbrüche im 20. Jahrhundert, Köln 2000, 77–96.

44. A. KRAMER, Versailles, deutsche Kriegsverbrechen und das Auslieferungsbegehren der Alliierten 1919/20, in: W. WETTE/G.R. UEBERSCHÄR (Hrsg.), Kriegsverbrechen im 20. Jahrhundert, Darmstadt 2001, 72–84.

45. M. KRÖGER, Die Praxis deutscher auswärtiger Kulturpolitik in den Niederlanden zwischen den Weltkriegen, in: B. DIETZ u.a. (Hrsg.), Griff nach dem Westen. Die „Westforschung" der völkisch-nationalen Wissenschaften zum nordwesteuropäischen Raum (1919–1960), Teilbd. II, Münster 2003, 887–905.

46. B.R. KROENER, Mobilmachungsplanungen gegen Recht und Verfassung. Kriegsvorbereitungen in Reichsheer und Wehrmacht 1918 bis 1939, in: B.THOSS/H.-E. VOLKMANN (Hrsg.), Erster Weltkrieg – Zweiter Weltkrieg. Ein Vergleich, Paderborn 2002, 57–77.

47. P. KRÜGER, Das doppelte Dilemma. Die Außenpolitik der Republik von Weimar zwischen Staatensystem und Innenpolitik, in: German Studies Review 22 (1999), 247–267.

48. P. KRÜGER, Die Weimarer Republik und die Geschichte ihrer internationalen Beziehungen: Notizen zu einer Gratwanderung mit Wegscheiden, in: Historische Zeitschrift 273 (2001), 675–688.

49. P. KRÜGER, Zur europäischen Dimension der Außenpolitik Gustav Stresemanns, in: K.H. POHL (Hrsg.), Politiker und Bürger. Gustav Stresemann und seine Zeit, Göttingen 2002, 194–228.

50. P. KRÜGER, Freiheit und Sicherheit – Anmerkungen zu einem besonderen Aspekt in der Europapolitik der Republik von Weimar, in: T. JÄGER u.a. (Hrsg.), Sicherheit und Freiheit. Außenpolitische, innenpolitische und ideengeschichtliche Perspektiven. Festschrift für Wilfried von Bredow, Baden-Baden 2004, 64–75.

51. P. KRÜGER, La diplomatie allemande et l'ordre international nouveau, in: 144: 175–184.

52. B. LEMKE, Luftschutz in Großbritannien und Deutschland 1923 bis 1939. Zivile Kriegsvorbereitungen als Ausdruck der staats- und gesellschaftspolitischen Grundlagen von Demokratie und Diktatur, München 2005.

53. P. LÉTOURNEAU/G.-H. SOUTOU (Hrsg.), Révisionisme allemande et puissances occidentals entre 1919 et 1939, in: Revue d'Allemagne et des pays de langue allemande 38 (2006), No. 2, 163–275.

54. W. Loth/ J.Osterhammel (Hrsg.), Internationale Geschichte. Themen –
Ergebnisse – Aussichten, München 2000.
55. G. Mai, Europa 1918–1939. Mentalitäten, Lebensweisen, Politik zwischen
den Weltkriegen, Stuttgart 2001.
56. S. Marks, The Illusion of Peace: International Relations in Europe
1918–1933, 2. Aufl. Basingstoke 2003.
57. H. Mommsen (Hrsg.), Der Erste Weltkrieg und die europäische Nachkriegsordnung. Sozialer Wandel und Formveränderung der Politik, Köln
2000.
58. J. Nakata, Der Grenz- und Landesschutz in der Weimarer Republik 1918
bis 1933. Die geheime Aufrüstung der deutschen Gesellschaft, Freiburg
2002.
59. G. Niedhart, Der Erste Weltkrieg. Von der Gewalt im Krieg zu den
Konflikten im Frieden, in: B. Wegner (Hrsg.), Wie Kriege enden. Wege
zum Frieden von der Antike bis zur Gegenwart, Paderborn 2002, 189–211.
60. G. Niedhart, Außenminister Stresemann und die ökonomische Variante
deutscher Machtpolitik, in: K.H. Pohl (Hrsg.), Politiker und Bürger.
Gustav Stresemann und seine Zeit, Göttingen 2002, 229–242.
61. M. Pawley, The Watch on the Rhine. The Military Occupation of the
Rhineland 1918–1930, London 2007.
62. S. Pedersen, Back to the League of Nations, in: AHR 112 (2007),
1091–1117.
63. N.P. Petersson, Anarchie und Weltrecht. Das Deutsche Reich und die
Institutionen der Weltwirtschaft 1890–1930, Göttingen 2009.
64. M. Pöhlmann, Von Versailles nach Armageddon: Totalisierungserfahrung
und Kriegserwartung in deutschen Militärzeitschriften, in: S. Förster
(Hrsg.), An der Schwelle zum Totalen Krieg. Die militärische Debatte
über den Krieg der Zukunft 1919–1939, Paderborn 2002, 323–391.
65. K. Robbins, Present and Past. British Images of Germany in the First
Half of the Twentieth Century and their Historical Legacy, Göttingen
1999.
66. C. Rogowski, "Heraus mit unseren Kolonien!" Der Kolonialrevisionis-
mus der Weimarer Republik und die „Hamburger Kolonialwoche" von
1926, in: B. Kundrus (Hrsg.), Phantasiereiche. Zur Kulturgeschichte des
deutschen Kolonialismus, Frankfurt/M. 2003, 243–262.
67. M. Roseman, Defeat and Stability: 1918, 1945 and 1989 in Germany, in:
C. Levy/M. Roseman (Hrsg.), Three Postwar Eras in Comparison.
Western Europe 1918 – 1945 – 1989, Basingstoke 2002, 257–275.
68. S. Salzmann, Great Britain, Germany and the Soviet Union: Rapallo and
After 1922–1934, Woodbridge 2003 [publizierte Fassung von oben Nr.
379].

69. R. SAMMET, "Dolchstoss". Deutschland und die Auseinandersetzung mit der Niederlage im Ersten Weltkrieg (1918–1933), Berlin 2003.

70. W. SCHIVELBUSCH, Die Kultur der Niederlage. Der amerikanische Süden 1865, Frankreich 1871, Deutschland 1918, Berlin 2001.

71. R. SCHNEIDER, Europas Einigung und das Problem Deutschland. Vorgeschichte und Anfänge, Frankfurt/M.1999.

72. C. SCHOBER, Das Auswärtige Amt und die Kunst in der Weimarer Republik. Kunst und Kunstgewerbeausstellungen als Mittel deutscher auswärtiger Kulturpolitik in Frankreich, Italien und Großbritannien, Frankfurt/M. 2004.

73. V. SCHÖBERL, „Es gibt ein großes und herrliches Land, das sich selbst nicht kennt…Es heißt Europa". Die Diskussion um die Paneuropaidee in Deutschland, Frankreich und Großbritannien 1922–1933, Münster 2008.

74. K. SCHWABE, Deutscher Anti-Amerikanismus in den Zwanzigerjahren, in: TH. STAMM-KUHLMANN u.a. (Hrsg.), Geschichtsbilder. Festschrift für Michael Salewski zum 65. Geburtstag, Stuttgart 2003, 106–118.

75. R.J. SHUSTER, German Disarmament after World War I. The Diplomacy of International Arms Inspection 1920–1931, London 2006.

76. C. STEEGMANS, Die finanziellen Folgen der Rheinland- und Ruhrbesetzung 1918–1930, Stuttgart 1999.

77. Z. STEINER, The Lights that Failed. European International History 1919–1933, Oxford 2005.

78. M. TAKEMOTO, Die Außenpolitik und der Pazifismus der Weimarer Intellektuellen im Umkreis der Zeitschriften der "Weltbühne" und des "Tage-Buchs" in der Zeit 1926–1933, Oldenburg 2007.

79. A. WEBSTER, From Versailles to Geneva: The Many Forms of Interwar Disarmament, in: Journal of Strategic Studies 29 (2006), 225–246.

80. J. WINTER u.a. (Hrsg.), Der Erste Weltkrieg und das 20. Jahrhundert, Hamburg 2002.

81. J. WINTZER, Deutschland und der Völkerbund 1918–1926, Paderborn 2006 [publizierte Fassung von oben Nr. 157].

82. J. WRIGHT, Gustav Stresemann. Weimar's Greatest Statesman, Oxford 2002 [dt. Gustav Stresemann 1878–1929. Weimars größter Staatsmann, München 2006].

83. H. ZAUN, Paul von Hindenburg und die deutsche Außenpolitik 1925–1934, Köln 1999.

84. A. ZIEGERHOFER-PRETTENTHALER, Botschafter Europas: Richard Nikolaus Coudenhove-Kalergie und die Paneuropa-Bewegung in den zwanziger und dreißiger Jahren, Köln 2004.

Deutsche und internationale Politik: Untersuchungen zu einzelnen Phasen

85. J.-J. BECKER, La traité de Versailles, Paris 2002.
86. R. BODEN, Die Weimarer Nationalversammlung und die deutsche Außen-politik. Waffenstillstand, Friedensverhandlungen und internationale Be-ziehungen in den Debatten vom Februar bis August 1919, Frankfurt/M. 2000.
87. W. BRENNER, Walther Rathenau. Deutscher und Jude, München 2005.
88. M. BREUER/N. WEIß (Hrsg.), Das Vertragswerk von Locarno und seine Bedeutung für die internationale Gemeinschaft nach 80 Jahren, Frank-furt/M. 2007.
89. P. CLAVIN, The Failure of Economic Diplomacy: Britain, Germany, France and the United States 1931–1936, Basingstoke 1996.
90. P.O. COHRS, The First 'Real' Peace Settlements after the First World War: Britain, the United States and the Accords of London and Locarno 1923–1925, in: ContE 12 (2003), 1–31.
91. M. DOCKRILL/J. FISHER (Hrsg.), The Paris Peace Conference 1919: Peace without Victory, Basingstoke 2001.
92. J. DÜLFFER, Versailles und die Friedensschlüsse des 19. und 20. Jahrhun-derts, in: Ders., Frieden stiften. Deeskalations- und Friedenspolitik im 20. Jahrhundert, Köln 2008, 157–173 und 358–360.
93. J. DÜLFFER, Gustav Stresemann, in: H. KLOFT (Hrsg.), Friedenspolitik und Friedensforschung. Die Friedensnobelpreisträger aus Deutschland, Berlin 2011, 17–27.
94. W. ELZ, Versailles und Weimar, in: APuZ 50/51 (2008), 31–38
95. E. FELDER, Handlungsleitende Konzepte in der Nationalversammlungs-debatte über die Unterzeichnung des Versailler Vertrages im Jahr 1919, in: A. BURKHARDT/K. PAPE (Hrsg.), Sprache des deutschen Parlamenta-rismus. Studien zu 150 Jahren parlamentarischer Kommunikation, Wiesbaden 2000, 111–131.
96. C. FISCHER, The Ruhr Crisis 1923–1924, Oxford 2003.
97. C. FISCHER, Scoundrels without a Fatherland? Heavy Industry and Trans-nationalism in Post-First World War Germany, in: ContEH 14 (2005), 441–464.
98. E.I. FLEISCHHAUER, Rathenau in Rapallo. Eine notwendige Korrektur des Forschungsstands, in: VfZ 54 (2006), 365–415.
99. A. FLEURY (Hrsg.), Le plan Briand d'Union fédérale européenne, Bern 1998.
100. H. GRAML, Zwischen Stresemann und Hitler. Die Außenpolitik der Präsi-dialkabinette Brüning, Papen und Schleicher, München 2001.
101. H. GRAML, Bernhard von Bülow und die deutsche Außenpolitik. Hybris und Augenmaß im Auswärtigen Amt, München 2012.

102. J. HENTZSCHEL-FRÖHLINGS, Walther Rathenau als Politiker der Weimarer Republik, Husum 2007.

103. PH. HEYDE, Frankreich und das Ende der Reparationen: Das Scheitern der französischen Stabilisierungskonzepte in der Weltwirtschaftskrise 1930–1932, in: VfZ 48 (2000), 37–73.

104. B.A. JACKISCH, Kuno Graf von Westarp und die Auseinandersetzungen über Locarno: Konservative Außenpolitik und die deutschnationale Parteikrise 1925, in: W. PYTA/L.E. JONES (Hrsg.), „Ich bin der letzte Preuße". Der politische Lebensweg des konservativen Politikers Kuno Graf von Westarp (1864–1945), Köln 2006, 147–162.

105. S. JEANNESSON, Poincaré, la France et la Ruhr (1922–1924). Histoire d'une occupation, Strasbourg 1998.

106. N. JOERES, Der Architekt von Rapallo. Der deutsche Diplomat Ago von Maltzan im Kaiserreich und in der frühen Weimarer Republik, Diss. Heidelberg 2005 (URL: http://www.ub.uni-heidelberg.de/archiv/6751).

107. N. JORDAN, The Reorientation of French Diplomacy in the Mid-1920s: The Role of Jacques Seydoux, in: EHR 117 (2002), 867–888.

108. M. KLUSEK, Gustav Stresemanns Osteuropa-Politik in den Jahren 1923–1929. Unter besonderer Berücksichtigung seines Verhältnisses zur UdSSR, Berlin 2011.

109. E. KOLB, Der Frieden von Versailles, München 2005.

110. E. KOLB, Gustav Stresemann – Liberalismus und Nationalismus in seiner außenpolitischen Konzeption, in: Jahrbuch zur Liberalismus-Forschung 22 (2010), 37–46.

111. P. KRÜGER, Der abgebrochene Dialog. Die deutschen Reaktionen auf die Europavorstellungen Briands 1929, in: A. FLEURY (Hrsg.), Le Plan Briand d'Union fédérale européenne, Bern 1998, 289–306.

112. P. KRÜGER, Der Vertrag von Rapallo und die deutsche Außenpolitik. Geschichtsbild und historisches Ereignis, in: Th. STAMM-KUHLMANN u.a. (Hrsg.), Geschichtsbilder. Festschrift für Michael Salewski zum 65. Geburtstag, Stuttgart 2003, 432–442.

113. G. KRUMEICH (Hrsg.), Versailles 1919. Ziele – Wirkung – Wahrnehmung, Essen 2001.

114. G. KRUMEICH/J. SCHRÖDER (Hrsg.), Der Schatten des Weltkriegs: Die Ruhrbesetzung 1923, Essen 2004.

115. H. KÜPPERS, Zwischen Londoner Ultimatum und Rapallo. Joseph Wirth und die deutsche Außenpolitik 1921/22, in: Historische Mitteilungen 13 (2000), 150–173.

116. TH. LORENZ, „Die Weltgeschichte ist das Weltgericht!" Der Versailler Vertrag in Diskurs und Zeitgeist der Weimarer Republik, Frankfurt/M. 2008.

117. M. MacMillan, Peacemakers. The Paris Conference of 1919 and its Attempts to End War, London 2001.
118. S. Marks, Poincaré-La-Peur: France and the Ruhr Crisis of 1923, in: K. Mouré/M.S. Alexander (Hrsg.), Crisis and Renewal in France 1918–1962, London 2002, 28–46.
119. K.J. Mayer, Zwischen Krise und Krieg. Frankreich in der Außenwirtschaftspolitik der USA zwischen Weltwirtschaftskrise und Zweitem Weltkrieg und das Problem der Sicherheit vor Deutschland, Stuttgart 1999.
120. W. Michalka, Der Politiker. Rathenaus politische Karriere, in: K.-H. Hense/M. Sabrow (Hrsg.), Leitbild oder Erinnerungsort? Neue Beiträge zu Walther Rathenau, Berlin 2003, 67–84.
121. W. Michalka, Walther Rathenau – Begründer einer liberalen Außenpolitik? In: Jahrbuch zur Liberalismus-Forschung 22 (2010), 9–36.
122. W. Mulligan, The Reichswehr, the Republic and the Primacy of Foreign Policy, in: German History 21 (2003), 347–368.
123. G. Niedhart, Der Versailler Vertrag: Diktat mit Aussicht auf Frieden, in: Damals 32 (2000), H. 2, 66–71.
124. E.Y. O'Riordan, Britain and the Ruhr Crisis, Basingstoke 2001.
125. R. Orth, Werner von Rheinbaben und die Außenpolitik der Weimarer Republik, Hamburg 2009.
126. B. Roscher, Der Briand-Kellogg-Pakt von 1928: Der „Verzicht auf den Krieg als Mittel nationaler Politik" im völkerrechtlichen Denken der Zwischenkriegszeit, Baden-Baden 2004.
127. A. Roshwald, Ethnic Nationalism and the Fall of Empires: Central Europe, Russia and the Middle East 1914–1923, London 2001.
128. M. Salewski, Versailles 1919: Der fast gelungene Frieden, in: W. Elz/S. Neitzel (Hrsg.), Internationale Beziehungen im 19. und 20. Jahrhundert. Festschrift für Winfried Baumgart zum 65. Geburtstag, Paderborn 2003, 187–203.
129. S. Schirmann, Crise, coopération économique et financière entre états européens 1929–1933, Paris 2000.
130. M. Schlemmer, "Los von Berlin". Die Rheinstaatbestrebungen nach dem Ersten Weltkrieg, Köln 2007.
131. C. Schölzel, Walther Rathenau. Eine Biographie, Paderborn 2006.
132. K. Schwabe, L'Allemagne à Versailles: Stratégie diplomatique et contraintes intérieures, in: Francia 27/3 (2000), 49–62.
133. K. Schwabe, Eine neue Weltordnung? Der Beitrag Amerikas zur Lösung der Deutschlandfrage durch den Friedensschluss von Versailles, in: M. Berg/Ph. Gassert (Hrsg.), Deutschland und die USA in der internationalen Geschichte des 20. Jahrhunderts. Festschrift für Detlef Junker, Stuttgart 2004, 263–278.

134. A. Sharp, Consequences of Peace. The Versailles Settlement: Aftermath and Legacy 1919–2010, London 2010.

135. G.-H. Soutou, 1918: la fin de la Première Guerre Mondiale? In: Revue Historique des Armées 251 (2008), 4–17.

136. D.R. Stone, The Prospects of War? Lev Trotskii, the Soviet Army and the German Revolution in 1923, in: International History Review 25 (2003), 799–817.

137. M.Vogt, Die deutsche Haltung zum Briand-Plan im Sommer 1930: Hintergründe und politisches Umfeld der Europapolitik des Kabinetts Brüning, in: A. Fleury (Hrsg.), Le Plan Briand d'Union fédérale européenne, Bern 1998, 307–329.

138. J. Wright, Locarno: A Democratic Peace? In: Review of International Studies 36 (2010), 391–411.

Bilaterale Beziehungen und Außenpolitik einzelner Staaten

139. Alema, Die Beziehungen zwischen Afghanistan und Deutschland in den Jahren 1919 bis 1929, 2. Aufl. Gießen 2003.

140. M. Alexander, Die Tschechoslowakei und das Deutsche Reich zwischen Versailles und München, in: A. Suppan/E. Vyslonzil (Hrsg.), Edvard Beneš und die tschecholowakische Außenpolitik 1914–1948, Frankfurt/M. 2002, 99–119.

141. P. Alter, "Beschwerliche Reisen über den Kanal" – Großbritannien und Deutschland zwischen den Weltkriegen, in: W.J. Mommsen (Hrsg.), Die ungleichen Partner. Deutsch-britische Beziehungen im 19. und 20. Jahrhundert, Stuttgart 1999, 140–154.

142. L.E. Ambrosius, Democracy, Peace, and World Order, in: J.M. Cooper (Hrsg.), Reconsidering Woodrow Wilson. Progressivism, Internationalism, War, and Peace, Baltimore 2008, 225–249.

143. C. Baechler, L'aigle et l'ours. La politique russe de l'Allemagne de Bismarck à Hitler 1871–1945, Bern u.a. 2001.

144. J. Bariéty (Hrsg.), Aristide Briand, la Société des Nations et l'Europe 1919–1932, Strasbourg 2007.

145. B. Barth u.a. (Hrsg.), Konkurrenzpartnerschaft. Die deutsche und die tschechoslowakische Wirtschaft in der Zwischenkriegszeit, Essen 1999.

146. B.H. Bayerlein, Nikolai Krestinskij, der Sachty-Prozess und die deutsch-sowjetischen Beziehungen, in: Jahrbuch für historische Kommunismusforschung 2003, 176–189.

147. N. Beaupré, Das Trauma des großen Krieges 1918–1932/33, Darmstadt 2009.

148. W. Becker, Deutsche Friedensbewegungen in der Weimarer Republik in

ihren Beziehungen zu Marc Sangnier, in: Historisches Jahrbuch 125 (2005), 175–221.

149. W. BECKER, Sowjetische Religionspolitik und vatikanische Hungerhilfe für Russland. Deutsche Außenpolitik zwischen Moskau und Rom 1920–1929, in: Santa Sede e Russia da Leone XIII a Pio XI, Rom 2006, 184–251.

150. H.M. BOCK, Kulturelle Wegbereiter politischer Konfliktlösung. Mittler zwischen Deutschland und Frankreich in der ersten Hälfte des 20. Jahrhunderts, Tübingen 2005.

151. H.M. BOCK (Hrsg.), Französische Kultur im Berlin der Weimarer Republik. Kultureller Austausch und diplomatische Beziehungen, Tübingen 2005.

152. H.M. BOCK, Stresemanns publizistischer Prätorianer. Zum frankreich- und europapolitischen Wirken von Edgar Stern-Rubarth in der Weimarer Republik, in: I. KOLBOOM/A. RUPPERT (Hrsg.), Zeit-Geschichten aus Deutschland, Frankreich, Europa und der Welt, Lage 2008, 67–88.

153. H.M. BOCK, Das virtuelle Europa. Franzosen und Deutsche in europäischen Projekten der Zwischenkriegszeit, in: L. ALBERTIN (Hrsg.), Deutschland und Frankreich in der Europäischen Union. Partner auf dem Prüfstand, Tübingen 2010, 31–54.

154. H.M. BOCK, Topographie deutscher Kulturvertretung im Paris des 20. Jahrhunderts, Tübingen 2010.

155. F. BRÜNING, La France et le chancelier Brüning. Imaginaire et politique 1930–1932, Dijon 2010.

156. J.D. CAMERON, To Transform the Revolution into an Evolution: Underlying Assumptions of German Foreign Policy Toward Soviet Russia 1919–27, in: Journal of Contemporary History 40 (2005), 7–24.

157. J.D. CAMERON, An Economic Bridgehead. Weimar Germany's Attempt to Mediate Between Soviet Russia and the United States, in: Diplomacy and Statecraft 21 (2010), 614–630.

158. P.O. COHRS, "American Peace" – Ein "demokratischer Frieden"? Wilson und die Suche nach einer neuen Weltordnung nach dem Westen Weltkrieg, in: J. DÜLFFER/G. NIEDHART (Hrsg.), Frieden durch Demokratie? Genese, Wirkung und Kritik eines Deutungsmusters, Essen 2011, 73–103.

159. M. DREIST, Die deutsch-italienischen Beziehungen im Spannungsfeld der europäischen Politik 1918–1934, Franfurt/M. 2000.

160. N. FORBES, Doing Business with the Nazis. Britain's Economic and Financial Relations with Germany 1931–1939, London 2000.

161. C. FRANZ, Fernand de Brinon und die deutsch-französischen Beziehungen 1918–1945, Bonn 2000.

D. Tendenzen der Forschung seit 1999

109

162. B.D. FULDA, Misgivings about Versailles: Lloyd George and the Weimar
Republic, in: M. GÖRTEMAKER (Hrsg.), Britain and Germany in the
Twentieth Century, Oxford 2006, 31–52.

163. I. GORGUET, Les mouvements pacifistes et la reconciliation franco-alle-
mande dans les années vingt (1919–1931), Bern 1999.

164. P.C. HARTMANN, Die Mission Haguenin im Frühjahr 1919. Ein schwieri-
ges Kapitel deutsch-französischer Beziehungen, in: W. ELZ/S. NEITZEL
(Hrsg.), Internationale Beziehungen im 19. und 20. Jahrhundert.
Festschrift für Winfried Baumgart zum 65. Geburtstag, Paderborn 2003,
217–228.

165. M. HILDERMEIER, Germany and the Soviet Union, in: E. MÜHLE (Hrsg.),
Germany and the European East in the Twentieth Century, Oxford/New
York 2003, 29–44.

166. F. ILIC, Frankreich und Deutschland. Das Deutschlandbild im französischen Parlament 1919–1933, Münster 2004.

167. P. JACKSON, French Security and a British ‚Continental Commitment'
after the First World War: a Reassessment, in: EHR 126 (2011), 345–385.

168. S. JEANNESSON, French Policy in the Rhineland, in: Diplomacy and Statecraft 16 (2005), 475–486.

169. G. JOHNSON, The Berlin Embassy of Lord D'Abernon 1920–1926, Basingstoke 2002.

170. D. JUNKER, The United States, Germany, and Europe in the Twentieth
Century, in: R.L. MOORE/M. VAUDAGNA (Hrsg.), The American Century
in Europe, Ithaca/London 2003, 94–113.

171. U. KAISER, Realpolitik oder antibolschewistischer Kreuzzug? Zum Zusammenhang von Russlandbild und Russlandpolitik der deutschen
Zentrumspartei 1917–1933, Frankfurt/M. 2004.

172. M. KASSIM, Die diplomatischen Beziehungen Deutschlands zu Ägypten
1919–1936, Münster 2000.

173. G. KOENEN, Der Russland-Komplex. Die Deutschen und der Osten 1900–
1945, München 2005.

174. S. KOWAL, Der deutsch-polnische Handel 1900–2006, in: D. BINGEN u.a.
(Hrsg), Interesse und Konflikt. Zur politischen Ökonomie der deutsch-
polnischen Beziehungen 1900–2007, Wiesbaden 2008, 25–46.

175. P. KRÜGER, Carl von Schubert und die deutsch-französischen Beziehungen, in: S.A. SCHUKER (Hrsg.), Deutschland und Frankreich. Vom Konflikt zur Aussöhnung. Die Gestaltung der westeuropäischen Sicherheit,
München 2000, 73–96.

176. P. KRÜGER, Stresemann und Briand – mehr als ein Mythos? In: H.
DUCHHARDT (Hrsg.), Europäer des 20. Jahrhunderts. Wegbereiter und
Gründer des „modernen" Europa, Mainz 2002, 39–68.

177. P. KRÜGER, The European East and Weimar Germany, in: E. MÜHLE (Hrsg.), Germany and the European East in the Twentieth Century, Oxford/New York 2003, 7–27.

178. P. KRÜGER, Europäische Ordnung und deutsch-französisches Verhältnis nach dem Ersten Weltkrieg, in: K. MALETTKE/C. KAMPMANN (Hrsg.), Französisch-deutsche Beziehungen in der neueren Geschichte, Berlin 2007, 241–258.

179. P. KRÜGER, Sicherheit durch europäische Ordnung? Die Tschechoslowakei in der deutschen Konzeption internationaler Politik während der Locarno-Ära, in: H. LEMBERG u.a. (Hrsg.), Suche nach Sicherheit in stürmischer Zeit.. Tschechen, Slowaken und Deutsche im System der internationalen Beziehungen der ersten Hälfte des 20. Jahrhunderts, Essen 2009, 81–94.

180. A.-M. LAUTER, Sicherheit und Reparationen: Die französische Öffentlichkeit, der Rhein und die Ruhr (1919–1923), Essen 2006.

181. G. MÜLLER, „Außenpolitik ohne Eigenschaften?" Der russische Faktor in der deutsch-französischen Annäherung 1922/23–1932, in: I. MIECK/P. GUILLEN (Hrsg.), Deutschland – Frankreich – Russland. Begegnungen und Konfrontationen, München 2000, 181–223.

182. G. MÜLLER, France and Germany After the Great War: Business Men, Intellectuals and Artists in Non-Governmental Networks, in: J. GIENOW-HECHT/F. SCHUMACHER (Hrsg.), Culture and International Relations, New York 2003, 95–144.

183. G. MÜLLER, Europäische Gesellschaftsbeziehungen nach dem Ersten Weltkrieg. Das Deutsch-Französische Studienkomitee und der Europäische Kulturbund, München 2005.

184. E. OBERLOSKAMP, Fremde neue Welten. Reisen deutscher und französischer Linksintellektueller in die Sowjetunion 1917–1939, München 2011.

185. M. O'DRISCOLL, "To Bring Light unto the Germans": Irish Recognition-seeking, the Weimar Republic and the British Commonwealth 1930–32, in: European History Quarterly 33 (2003), 65–100.

186. M. O'DRISCOLL, Ireland, Germany and the Nazis. Politics and Diplomacy 1919–1939, Dublin 2004.

187. E. PASSMAN, Civic Activism and the Pursuit of Cooperation in the Locarno Era, in: C. GERMOND/H. TÜRK (Hrsg.), A History of Franco-German Relations in Europe. From "Hereditary Enemy" to Partners, New York 2008, 101–112.

188. M. POSSELT, Die deutsch-französischen Beziehungen und der Briand-Plan im Spiegel der Zeitschrift Paneuropa 1927–30, in: A. FLEURY (Hrsg.), Le plan Briand d'Union fédérale européenne, Bern 1998, 31–51.

189. R. RAY, Annäherung an Frankreich im Dienste Hitlers? Otto Abetz und die deutsche Frankreichpolitik 1930–1942, München 2000.

190. R. ROOWAAN, Im Schatten der großen Politik. Deutsch-niederländische Beziehungen zur Zeit der Weimarer Republik 1918–1933, Münster 2006.

191. S. RUDMAN, Lloyd George and the Appeasement of Germany 1919–1945, Newcastle 2011

192. H. SAARINEN, Von der russischen Grenzmark zum nordischen Staat. Zur Wahrnehmung Finnlands in der Zeit der Weimarer Republik, in: Jahrbücher für Geschichte Osteuropas 53 (2005), 364–383.

193. H. SAARINEN, Die politischen Beziehungen zwischen Finnland und Deutschland in der Zeit der Weimarer Republik, in: Deutsch-Finnische Gesellschaft (Hrsg.), 50 Jahre Deutsch-Finnische Gesellschaft e.V. Festschrift zur Jubiläumsfeier in München 2002, Fellbach 2002, 142–155.

194. C.W. SCHÄFER, André François-Poncet als Botschafter in Berlin (1931–1938), München 2004.

195. U. SCHLIE/T. SCHULZE, Die Wiederaufnahme diplomatischer Beziehungen mit Italien nach dem Ersten Weltkrieg: Notizen Ulrich von Hassells 1919–1921, in: Quellen und Forschungen in italienischen Archiven und Bibliotheken 85 (2005), 318–350.

196. J. SCHRÖDER, Internationalismus nach dem Krieg. Die Beziehungen zwischen deutschen und französischen Kommunisten 1918–1923, Essen 2007.

197. A. SEDLMAIER, Deutschlandbilder und Deutschlandpolitik. Studien zur Wilson-Administration 1913–1921, Stuttgart 2003.

198. G. SEEWANN, Deutsch-ungarische Beziehungen 1918 bis 1944. Verbündete in Niederlage und Revision, in: Haus der Geschichte Baden-Württemberg/Kulturinstitut der Republik Ungarn (Hrsg.), Ungarn und Deutschland. Eine besondere Beziehung, Tübingen 2002, 135–150.

199. S. SLUTSCH, Die sowjetisch-deutschen Beziehungen Ende der 20er/Anfang der 30er Jahre: innen- und außenpolitische Determinanten, in: Mitteilungen der gemeinsamen Kommission für die Erforschung der jüngeren Geschichte der deutsch-russischen Beziehungen 4 (2010), 207–225.

200. G. SONNABEND, Pierre Viénot (1897–1944). Ein Intellektueller in der Politik, München 2005.

201. J. SPÄTER, Vansittart: Britische Debatten über Deutsche und Nazis 1902–1945, Göttingen 2003.

202. C. STERZENBACH, Die deutsch-irischen Beziehungen während der Weimarer Republik 1918–1933. Politik, Wirtschaft, Kultur, Münster 2009.

203. C. STORER, Britain and the Weimar Republic. The History of a Cultural Relationship, London 2010.

204. G.T. WADDINGTON, „Preaching the Gospel of Reasonableness": Anglo-German Relations 1919–1939, in: P. PANAYI (Hrsg.), Weimar and Nazi Germany. Continuities and Discontinuities, Harlow 2001, 293–326.

205. M. WALA, Weimar und Amerika. Botschafter Friedrich von Prittwitz und Gaffron und die deutsch-amerikanischen Beziehungen von 1927 bis 1933, Stuttgart 2001.

206. M. WALA, „Gegen eine Vereinzelung Deutschlands": Deutsche Kultur-politik und akademischer Austausch mit den Vereinigten Staaten von Amerika in der Zwischenkriegszeit, in: M. BERG/PH. GASSERT (Hrsg.), Deutschland und die USA in der Internationalen Geschichte des 20. Jahrhunderts. Festschrift für Detlef Junker, Stuttgart 2004, 303–315.

207. TH. WITTEK, Auf ewig Feind? Das Deutschlandbild in den britischen Massenmedien nach dem Ersten Weltkrieg, München 2005.

208. J. WRIGHT/J. WRIGHT, One Mind at Locarno? Aristide Briand and Gustav Stresemann, in: S. CASEY/J. WRIGHT (Hrsg.), Mental Maps in the Era of Two World Wars, New York 2008, 58–76.

209. C.A. WURM, Internationale Kartelle und die deutsch-französischen Be-ziehungen 1924–1930: Politik, Wirtschaft, Sicherheit, in: S.A. SCHUKER (Hrsg.), Deutschland und Frankreich. Vom Konflikt zur Aussöhnung. Die Gestaltung der westeuropäischen Sicherheit, München 2000, 97–115.

210. C.A. WURM, Business Diplomacy: Die Zusammenkunft deutscher und britischer Industrieller in Broadlands im Oktober 1926, in: Zeitschrift für Unternehmensgeschichte 45 (2000), 131–157.

211. M. ZEIDLER, The Strange Allies – Red Army and Reichswehr in the Inter-war Period, in: K. Schlogel [recte: Schlögel] (Hrsg.), Russian-German Special Relations in the Twentieth Century: A Closed Chapter? Oxford 2006, 99–118.

III. Quellen und Literatur

A. Quellen

Die folgende Auswahl an Akteneditionen, Dokumentationen und persönlichen Quellen dient in ihrer äußersten Begrenztheit einer ersten Orientierung. Vgl. im übrigen die Angaben bei H. G. HOCKERTS [43] und C. M. KIMMICH [44] sowie oben S. 97.

1. Akteneditionen

Deutschland

1. Akten zur Deutschen Auswärtigen Politik 1918–1945. Serie A: 1918–1925; Serie B: 1925–1933, Göttingen 1966–1995.
2. Akten der Reichskanzlei. Weimarer Republik, Boppard 1968–1990.

USA

3. Papers Relating to the Foreign Relations of the United States 1918ff., ab 1932: Foreign Relations of the United States. Diplomatic Papers, Washington, D.C. 1930–1950.
4. The Paris Peace Conference 1919. 13 Bde., Washington, D.C. 1942–1947.

Frankreich

5. Documents Diplomatiques Français. Serie 1914–1919, Paris (ab Bd. 2 Brüssel) 1999ff.; Serie 1920–1932, Paris (ab Bd. 3 Brüssel) 1997ff.
6. Documents Diplomatiques Français 1932–1939. Serie 1: 1932–1935, Paris 1964–1984. Nachdruck Brüssel 2006ff.
7. Documents Diplomatiques Français sur l'Allemagne 1920. Hrsg. v. S. MARTENS, 2 Bde., Bonn/Berlin 1992–1993.

Großbritannien

8. Documents on British Foreign Policy 1919–1939. Serie I: 1919–1925; Serie IA: 1925–1929/30; Serie II: 1929–1938. London 1947–1986.
9. British Documents on Foreign Affairs. Reports and Papers from the Foreign Office Confidential Print. Part II: From the First to the Second World War, Frederick, Md. 1984ff.

Sowjetunion

10. Dokumenty Vnešnej Politiki SSSR 1917–1938. Moskau 1958–1977.

Andere Länder

11. Außenpolitische Dokumente der Republik Österreich 1918–1939. Wien/München 1993ff.
12. Documenten Betreffende de Buitenlandse Politiek van Nederland 1919–1945. Periode A: 1919–1930; Periode B: 1931–194o, 's-Gravenhage 1976–1992.
13. I Documenti Diplomatici Italiani. Serie 6: 1918–1922; Serie 7: 1922–1935, Rom 1953ff.
14. Documents Diplomatiques Belges 1920–1940. 5 Bde., Brüssel 1964–1966.
15. Documents Diplomatiques Suisses 1848–1945. Bde. 7–10, Bern 1979–1988.

2. Dokumentationen

16. H. G. LINKE (Hrsg.), Quellen zu den deutsch-sowjetischen Beziehungen 1917–1945, Darmstadt 1998.
17. A. LUCKAU (Hrsg.), The German Delegation at the Paris Peace Conference. History and Documents, New York 1941 (Nachdruck 1971).
18. H. MICHAELIS / E. Schraepler (Hrsg.), Ursachen und Folgen. Vom deutschen Zusammenbruch 1918 und 1945 bis zur staatlichen Neuordnung Deutschlands in der Gegenwart. Bde. 2–8, Berlin o.J.
19. W. MICHALKA / G. NIEDHART (Hrsg.), Deutsche Geschichte 1918–1933. Dokumente zur Innen- und Außenpolitik, Frankfurt 1992.
20. R. POMMERIN / M. FRÖHLICH (Hrsg.), Quellen zu den deutsch-amerikanischen Beziehungen 1917–1963, Darmstadt 1996.
21. K. SCHWABE (Hrsg.), Quellen zum Friedensschluß von Versailles, Darmstadt 1997.

3. Persönliche Quellen

22. U. GRAF VON BROCKDORFF-RANTZAU, Dokumente und Gedanken um Versailles, 3. Aufl. Berlin 1925.
23. H. BRÜNING, Reden und Aufsätze eines deutschen Staatsmannes. Hrsg. v. W. VERNEKOHL, Münster 1968.
24. H. BRÜNING, Memoiren 1918–1934, Stuttgart 1970.
25. J. CURTIUS, Sechs Jahre Minister der Deutschen Republik, Heidelberg 1948.
26. H. V. DIRKSEN, Moskau – Tokio – London. Erinnerungen und Betrachtungen zu 20 Jahren deutscher Außenpolitik 1919–1939, Stuttgart 1949.

27. F. EBERT, Schriften, Aufzeichnungen, Reden. 2 Bde., Dresden 1926.
28. G. HILGER, Wir und der Kreml. Deutsch-sowjetische Beziehungen 1918–1941. Erinnerungen eines deutschen Diplomaten, Frankfurt/Berlin 1955.
29. W. HUBATSCH, Hindenburg und der Staat. Aus den Papieren des Generalfeldmarschalls und Reichspräsidenten 1878 bis 1934, Göttingen 1966.
30. H. LUTHER, Politiker ohne Partei. Erinnerungen, Stuttgart 1960.
31. Der Nachlaß des Reichskanzlers Wilhelm *Marx*. Bearb. v. H. STEHKÄMPER, 5 Bde., Köln 1968–97 [überwiegend als Inventar des Nachlasses angelegt; darüber hinaus sind aber auch verschiedene Archivalien wörtlich wiedergegeben].
32. R. NADOLNY, Mein Beitrag. Erinnerungen eines Botschafters des Deutschen Reiches. Hg. v. G. Wollstein, Köln 1985.
33. F. VON PAPEN, Der Wahrheit eine Gasse, München 1952.
34. W. RATHENAU, Tagebuch 1907–1922. Hrsg. v. H. POGGE VON STRANDMANN, Düsseldorf 1967.
35. Gespräche mit *Rathenau*. Hrsg. v. E. SCHULIN, München 1980.
36. F. ROSEN, Aus einem diplomatischen Wanderleben. Aus dem Nachlaß hg. v. H. MÜLLER-WERTH, Bd. 3 u. 4, Wiesbaden 1959.
37. G. STRESEMANN, Vermächtnis. Der Nachlaß in drei Bänden. Hrsg. v. H. BERNHARD, Berlin 1932–1933.
38. G. STRESEMANN, Schriften. Hrsg. v. A. HARTTUNG, Berlin 1976.
39. E. V. WEIZSÄCKER, Erinnerungen, München 1950.
40. Die Weizsäcker-Papiere 1900–1932. Hrsg. v. L. Hill, Berlin 1982.

B. Literatur

1. Hilfsmittel

41. TH. VOGELSANG/H. AUERBACH (Hrsg.), Bibliographie zur Zeitgeschichte 1953–1980, 3 Bde., München u.a. 1982–83. Fortsetzung: Supplement 1981–89, München 1991; Supplement 1990–1995, Müchen 1997; Bibliographie zur Zeitgeschichte. Beilage der Vierteljahrshefte für Zeitgeschichte 44 (1996) ff.
42. M. GUNZENHÄUSER, Die Pariser Friedenskonferenz 1919 und die Friedensverträge 1919–1920. Literaturbericht und Bibliographie, Frankfurt 1970.
43. H. G. HOCKERTS (Bearb.), Weimarer Republik, Nationalsozialismus, Zweiter Weltkrieg. 1. Teil: Akten und Urkunden, Darmstadt 1996.
44. C. M. KIMMICH, German Foreign Policy, 1918–1945. A Guide to Research and Research Materials, Wilmington/Del. 1991.

2. Deutsche und internationale Politik: Überblicke, Strukturanalysen, Studien zu Teilbereichen

45. R. AHMANN, Nichtangriffspakte. Entwicklung und operative Nutzung in Europa 1922–1939, Baden-Baden 1988.

46. R. AHMANN u.a. (Hrsg.), The Quest for Stability. Problems of West European Security 1918–1957, Oxford 1993.

47. D. ARTAUD, La question des dettes interalliées et la reconstruction de l'Europe (1917–1929), Paris 1978.

48. J. BECKER/A. HILLGRUBER (Hrsg.), Die Deutsche Frage im 19. und 20. Jahrhundert, München 1983.

49. J. BELLERS, Außenwirtschaftspolitik und politisches System der Weimarer Republik, Münster 1988.

50. W. BENZ/H. GRAML (Hrsg.), Aspekte deutscher Außenpolitik im 20. Jahrhundert. Aufsätze Hans Rothfels zum Gedächtnis, Stuttgart 1976.

51. V. R. BERGHAHN (Hrsg.), Quest for Economic Empire. European Strategies of German Big Business in the Twentieth Century, Providence/Oxford 1996.

52. V. R. BERGHAHN, Sarajewo, 28. Juni 1914. Der Untergang des alten Europa, München 1997.

53. K. D. BRACHER u.a. (Hrsg.), Die Weimarer Republik 1918-1933, Düsseldorf 1987.

54. W. Conze, Deutschlands weltpolitische Sonderstellung in den zwanziger Jahren, in: VfZG 9 (1961), 166–177.

55. L. DEHIO, Deutschland und die Weltpolitik im 20. Jahrhundert, Frankfurt/M 1961 (zuerst München 1955).

56. W. DEIST, Die Aufrüstung der Wehrmacht, in: ders. u.a., Ursachen und Voraussetzungen des Zweiten Weltkrieges, Frankfurt 1989, 437–637.

57. K. DOSS, The History of the German Foreign Office, in: Z. Steiner (Hrsg.), The Times Survey of Foreign Ministries of the World, London 1982, 225–257.

58. J. DÜLFFER, Weimar, Hitler und die Marine. Reichspolitik und Flottenbau 1920–1939, Düsseldorf 1973.

59. J. DÜLFFER, De l'internationalisme à l'expansionisme: La Ligue allemande pour la Société des Nations, in: Guerres mondiales et conflits contemporains 1989/No. 154, 23–39.

60. J. DÜLFFER, Supranationalität und Machtpolitik im Denken deutscher politischer Eliten nach den beiden Weltkriegen, in: G. NIEDHART/D. RIESENBERGER (Hrsg.), Lernen aus dem Krieg? Deutsche Nachkriegszeiten 1918 und 1945, München 1992, 67–83.

61. K. DÜWELL, Deutschlands auswärtige Kulturpolitik, 1918–1932. Grundlinien und Dokumente, Köln – Wien 1976.

62. J. ELVERT, Mitteleuropa. Deutsche Europapläne der Zwischenkriegszeit, Stuttgart 1999.

63. F. FISCHER, Bündnis der Eliten. Zur Kontinuität der Machtstrukturen in Deutschland 1871–1945, Düsseldorf 1979.

64. R. FROMMELT, Paneuropa oder Mitteleuropa. Einigungsbestrebungen im Kalkül deutscher Wirtschaft und Politik 1925–1933, Stuttgart 1977.

65. M. GEYER, Aufrüstung oder Sicherheit. Die Reichswehr in der Krise der Machtpolitik 1924–1936, Wiesbaden 1980.

66. M. GEYER, Deutsche Rüstungspolitik 1860-1960, Frankfurt/M 1988.

67. R. GIRAULT/R. FRANK, Turbulente Europe et nouveaux mondes 1914–1941, Paris 1988.

68. H. GRAML, Europa zwischen den Kriegen, München 1969.

69. D. GROH/P. BRANDT, „Vaterlandslose Gesellen". Sozialdemokratie und Nation 1860–1990, München 1992.

70. P. GRUPP, Harry Graf Kessler als Diplomat, in: VfZG 40 (1992), 61–78.

71. P. GRUPP, Harry Graf Kessler, das Auswärtige Amt und der Völkerbund, in: G. NEUMANN UND G. SCHNITZLER (Hrsg.), Harry Graf Kessler: Ein Wegbereiter der Moderne, Freiburg 1997, 281–305.

72. P. GRUPP, Juden, Antisemitismus und jüdische Fragen im Auswärtigen Amt in der Zeit des Kaiserreichs und der Weimarer Republik, in: ZfG 46 (1998), 237–248.

73. E. W. HANSEN, Reichswehr und Industrie. Rüstungswirtschaftliche Zusammenarbeit und wirtschaftliche Mobilmachungsvorbereitungen 1923–1932, Boppard 1978.

74. J. HEIDEKING, Areopag der Diplomaten. Die Pariser Botschafterkonferenz der alliierten Hauptmächte und die Probleme der europäischen Politik 1920–1931, Husum 1979.

75. J. HEIDEKING, Vom Versailler Vertrag zur Genfer Abrüstungskonferenz. Das Scheitern der alliierten Militärkontrollpolitik gegenüber Deutschland nach dem Ersten Weltkrieg, in: MGM 28 (1980), 45–68.

76. U. HEINEMANN, Die verdrängte Niederlage. Politische Öffentlichkeit und Kriegsschuldfrage in der Weimarer Republik, Göttingen 1983.

77. L. HERBST, Der Krieg und die Unternehmensstrategie deutscher Industrie-Konzerne in der Zwischenkriegszeit, in: M. Broszat/K. Schwabe (Hrsg.), Die deutschen Eliten und der Weg in den Zweiten Weltkrieg, München 1989, 72–134.

78. J. C. HESS, Europagedanke und nationaler Revisionismus. Überlegungen zu ihrer Verknüpfung in der Weimarer Republik am Beispiel Wilhelm Heiles, in: HZ 225 (1977), 572–622.

79. J. C. HESS, „Das ganze Deutschland soll es sein". Demokratischer Natio-

nalismus in der Weimarer Republik am Beispiel der Deutschen Demokratischen Partei, Stuttgart 1978.

80. J. C. HESS, „Das ganze Deutschland soll es sein" – Die republikanischen Parteien und die Deutsche Frage in der Weimarer Republik, in: 48: 277–317.

81. J. HIDEN, Germany and Europe, 1919-1939, London – New York 1977.

82. K. HILDEBRAND, Das vergangene Reich. Deutsche Außenpolitik von Bismarck bis Hitler 1871–1945, 2. Aufl. Stuttgart 1996.

83. K. HILDEBRAND (Hrsg.), Das Deutsche Reich im Urteil der Großen Mächte und europäischen Nachbarn 1871–1945, München 1995.

84. A. HILLGRUBER, Großmachtpolitik und Militarismus im 20. Jahrhundert, Düsseldorf 1974.

85. A. HILLGRUBER, Die gescheiterte Großmacht, Düsseldorf 1980.

86. A. HILLGRUBER, „Revisionismus" – Kontinuität und Wandel in der Außenpolitik der Weimarer Republik, in: HZ 237 (1983), 597–621.

87. A. HILLGRUBER, Die Deutsche Frage im 19. und 20. Jahrhundert. Zur Einführung in die nationale und internationale Problematik, in: 48: 3–15.

88. A. HILLGRUBER, Unter dem Schatten von Versailles. Die außenpolitische Belastung der Weimarer Republik: Realität und Perzeption bei den Deutschen, in: K.D. ERDMANN/H. SCHULZE (Hrsg.), Weimar. Selbstpreisgabe einer Demokratie, Düsseldorf 1984, 51–67.

89. U. HOCHSCHILD, Sozialdemokratie und Völkerbund. Die Haltung der SPD und S.F.I.O. zum Völkerbund von dessen Gründung bis zum deutschen Beitritt (1919–1926), Karlsruhe 1982.

90. C. HÖLTJE, Die Weimarer Republik und das Ostlocarno-Problem 1919–1934, Würzburg 1958.

91. K. HOLL, Europapolitik im Vorfeld der deutschen Regierungspolitik. Zur Tätigkeit proeuropäischer Organisationen in der Weimarer Republik, in: HZ 219 (1974), 33–94.

92. K. HOLL / W. WETTE (Hrsg.), Pazifismus in der Weimarer Republik, Paderborn 1981.

93. K. A. HOLZ, Die Diskussion um den Dawes- and Young-Plan in der deutschen Presse, 2 Bde., Frankfurt/M 1977.

94. J. JOHN/J. KÖHLER, Der Völkerbund und Deutschland zwischen den Weltkriegen, in: ZfG 38 (1990), 387–404.

95. B. KENT, The Spoils of War. The Politics, Economics, and Diplomacy of Reparations 1918–1932, Oxford 1989.

96. C. M. KIMMICH, The Free City. Danzig and German Foreign Policy 1919–1934, New Haven / London 1968.

97. C. M. KIMMICH, Germany and the League of Nations, Chicago 1976.

98. H. KISSINGER, Die Vernunft der Nationen. Über das Wesen der Außenpolitik, Berlin 1994.
99. E. KOLB / D. SCHUMANN, Die Weimarer Republik, 8. Aufl. München 2012.
100. P. KRÜGER, Das Reparationsproblem der Weimarer Republik in fragwürdiger Sicht, in: VfZG 29 (1981), 21–47.
101. P. KRÜGER, Deutschland, die Reparationen und das internationale System in den zwanziger Jahren, in: GWU 33 (1982), 405–419.
102. P. KRÜGER, Die „Westpolitik" in der Weimarer Republik, in: H. Köhler (Hrsg.), Deutschland und der Westen, Berlin 1984, 105–130.
103. P. KRÜGER, Die Außenpolitik der Republik von Weimar, Darmstadt 1985, Neuaufl. 1993.
104. P. KRÜGER, Ansätze zu einer europäischen Wirtschaftsgemeinschaft in Deutschland nach dem Ersten Weltkrieg, in: H. Berding (Hrsg.), Wirtschaftliche und politische Integration in Europa im 19. und 20. Jahrhundert, Göttingen 1984, 149–168.
105. P. KRÜGER, Struktur, Organisation und außenpolitische Wirkungsmöglichkeiten der leitenden Beamten des Auswärtigen Dienstes 1921–1933, in: K. Schwabe (Hrsg.), Das Diplomatische Korps 1871–1945, Boppard 1985, 101–169.
106. P. KRÜGER, Versailles. Deutsche Außenpolitik zwischen Revisionismus und Friedenssicherung, München 1986, Neuaufl. 1993.
107. P. KRÜGER, Die deutschen Diplomaten in der Zeit zwischen den Weltkriegen, in: R. HUDEMANN/G.-H. SOUTOU (Hrsg.), Eliten in Deutschland und Frankreich im 19. und 20. Jahrhundert, München 1994, 281–29.
108. P. KRÜGER, Europabewußtsein in Deutschland in der ersten Hälfte des 20. Jahrhunderts, in: R. HUDEMANN u.a. (Hrsg.), Europa im Blick der Historiker. Europäische Integration im 20. Jahrhundert: Bewußtsein und Institutionen, München 1995, 31–53.
109. P. KRÜGER, Der Europagedanke in der Weimarer Republik: Locarno als Kristallisationspunkt und Impuls, in: J. BOSMANS (Hrsg.), Europagedanke, Europabewegung und Europapolitik in den Niederlanden und in Deutschland seit dem Ersten Weltkrieg, Münster 1996, 15–32.
110. The League of Nations in Retrospect, Berlin 1983.
111. M. M. LEE / W. MICHALKA, German Foreign Policy 1917–1933. Continuity or Break? Leamington Spa u.a. 1987.
112. W. LIPGENS, Europäische Einigungsidee 1923–1930 und Briands Europaplan im Urteil der deutschen Akten, in: HZ 203 (1966), 46–89 und 316–363.
113. W. C. MCNEIL, Weimar Germany and Systemic Transformation in International Economic Relations, in: J. SNYDER u.a. (Hrsg.), Coping with Complexity in the International System, Boulder 1993, 191–206.

114. C. MAIER, Recasting Bourgeois Europe. Stabilization in France, Germany and Italy in the Decade after World War I, Princeton 1975.
115. B. MARTIN, Weltmacht oder Niedergang? Deutsche Großmachtpolitik im 20. Jahrhundert, Darmstadt 1989.
116. G. MEYER, Die Reparationspolitik. Ihre außen- und innenpolitischen Rückwirkungen, in: 53: 327–342.
117. W. MICHALKA, Deutsche Außenpolitik 1920–1933, in: 53: 303–326.
118. H. MÖLLER, Europa zwischen den Weltkriegen, München 1998.
119. H. MOMMSEN u.a. (Hrsg.), Industrielles System und politische Entwicklung in der Weimarer Republik, Düsseldorf 1974.
120. H. MOMMSEN, Die verspielte Freiheit. Der Weg der Republik von Weimar in den Untergang 1918–1933, Berlin 1989.
121. H. H. MÜLLER, Der Krieg und die Schriftsteller. Der Kriegsroman der Weimarer Republik, Stuttgart 1986.
122. G. NIEDHART, Internationale Beziehungen 1917–1947, Paderborn 1989.
123. G. NIEDHART, Kriegsende und Friedensordnung als Problem der deutschen und internationalen Politik 1917–1927, in: 191: 178–190.
124. G. NIEDHART u.a. (Hrsg.), Deutschland in Europa. Nationale Interessen und internationale Ordnung im 20. Jahrhundert, Mannheim 1997.
125. G. NIEDHART, Revisionismus und friedlicher Wandel in der deutschen Politik nach den Kriegsniederlagen, in: I. MIECK/P. GUILLEN (Hrsg.), Nachkriegsgesellschaften in Deutschland und Frankreich im 20. Jahrhundert, München 1998, 251–261.
126. F. S. NORTHEDGE, The League of Nations. Its Life and Times 1920–1946, Leicester 1986.
127. D. PETZINA, Is Germany Prosperous? Die Reparationsfrage in der Diskussion angelsächsischer Experten zwischen 1918 und 1925, in: CHR. BUCHHEIM u.a. (Hrsg.), Zerrissene Zwischenkriegszeit. Wirtschaftshistorische Beiträge. Knut Borchardt zum 65. Geburtstag, Baden-Baden 1994, 241–262.
128. D. PEUKERT, Die Weimarer Republik. Krisenjahre der Klassischen Moderne, Frankfurt 1987.
129. A. PFEIL, Der Völkerbund. Literaturbericht und kritische Darstellung seiner Geschichte, Darmstadt 1976.
130. H. PIEPER, Die Minderheitenfrage und das Deutsche Reich 1919–1933/34, Hamburg 1974.
131. K. H. POHL, Adolf Müller. Geheimagent und Gesandter in Kaiserreich und Weimarer Republik, Köln 1995.
132. R. POIDEVIN, Die unruhige Großmacht. Deutschland und die Welt im 20. Jahrhundert, Würzburg 1985.
133. G. POST, The Civil-Military Fabric of Weimar Foreign Policy, Princeton, N.J. 1973.

134. W. RAMONAT, Der Völkerbund und die Freie Stadt Danzig 1920–1934, Osnabrück 1979.

135. A. ROSENBERG, Geschichte der Weimarer Republik. Hrsg. v. K. KERSTEN, Frankfurt 1983 (zuerst 1935).

136. W. RUGE, Der Weg der deutschen Diplomatie durch Nachkriegsrepublik und Vorkriegsdiktatur, in: L. NESTLER (Hrsg.), Der Weg deutscher Eliten in den zweiten Weltkrieg. Nachtrag zu einer verhinderten deutsch-deutschen Publikation, Berlin 1990, 173–225.

137. M. SALEWSKI, Entwaffnung und Militärkontrolle in Deutschland 1919–1927, München 1967.

138. M. SALEWSKI, Das Weimarer Revisionssyndrom, in: APuZ B2/80 vom 12.1.1980, 14–25.

139. C. SCHEIDEMANN, Ulrich Graf Brockdorff-Rantzau (1869–1928). Eine politische Biographie, Frankfurt/M. u.a. 1998.

140. TH. SCHIEDER (Hrsg.), Europa im Zeitalter der Weltmächte (=Handbuch der Europäischen Geschichte, Bd. 7), Stuttgart 1979 (2. Aufl. 1992).

141. G. SCHMIDT (Hrsg.), Konstellationen internationaler Politik 1924–1932. Politische und wirtschaftliche Faktoren in den Beziehungen zwischen Westeuropa und den Vereinigten Staaten, Bochum 1983.

142. G. SCHMIDT, Der gescheiterte Frieden. Die Ursachen des Zusammenbruchs des Versailler Systems, in: H. ELSENHANS u.a. (Hrsg.), Frankreich – Europa – Weltpolitik. Festschrift für Gilbert Ziebura zum 65. Geburtstag, Wiesbaden 1989, 174–196.

143. G. SCHMIDT, Die Position und Rolle Deutschlands in regionalen und internationalen Strukturen von der Jahrhundertwende bis zur Weltwirtschaftskrise, in: J. KOCKA u.a. (Hrsg.), Von der Arbeiterbewegung zum modernen Sozialstaat. Festschrift für Gerhard A. Ritter zum 65. Geburtstag, München 1994, 634–657.

144. H.-J. SCHROEDER, Zur politischen Bedeutung der deutschen Handelspolitik nach dem Ersten Weltkrieg, in: G. D. FELDMAN u.a. (Hrsg.), Die deutsche Inflation. Eine Zwischenbilanz, Berlin – New York 1982, 235–251.

145. B. SCHROEDER-GUDEHUS, Internationale Wissenschaftsbeziehungen und auswärtige Kulturpolitik 1919–1933. Vom Boykott und Gegenboykott zu ihrer Wiederaufnahme, in: R. VIERHAUS /B. VOM BROCKE (Hrsg.), Forschung im Spannungsfeld von Politik und Gesellschaft. Geschichte und Struktur der Kaiser-Wilhelm- und Max-Planck-Gesellschaft, Stuttgart 1990, 858–885.

146. H. G. SCHRÖTER, The German Question, the Unification of Europe and the European Market Strategies of Germany s Chemical and Electrical Industries 1900–1992, in: BusHR 67 (1993), 369–405.

147. M. Schulz, Deutschland, der Völkerbund und die Frage der europäischen Wirtschaftsordnung 1925–1933, Hamburg 1997.

148. R. M. Spaulding, Osthandel and Ostpolitik. German Foreign Trade Policies in Eastern Europe from Bismarck to Adenauer, Providence/ Oxford 1997.

149. K. Stang, Das zerbrechende Schiff. Seekriegsstrategien und Rüstungsplanung der deutschen Reichs- und Kriegsmarine 1918–1939, Frankfurt u.a. 1995.

150. D. Stegmann, „Mitteleuropa" 1925–1934. Zum Problem der Kontinuität deutscher Außenhandelspolitik von Stresemann bis Hitler, in: Ders. u.a. (Hrsg.), Industrielle Gesellschaft und politisches System. Beiträge zur politischen Sozialgeschichte. Festschrift für Fritz Fischer zum siebzigsten Geburtstag, Bonn 1978, 203–221.

151. Z. Steiner, The League of Nations and the Quest for Security, in: 46: 35–70.

152. G. Stoakes, Hitler and the Quest for World Dominion. Nazi Ideology and Foreign Policy in the 1920's, Leamington Spa 1986.

153. M. Stürmer (Hrsg.), Die Weimarer Republik, Königstein i. T. 1980.

154. S. Suval, The Anschluss Question in the Weimar Era. A Study of Nationalism in Germany and Austria 1918–1932, Baltimore / London 1974.

155. B.-J. Wendt, Aspects économiques d'une politique de sécurité nationale entre le révisionnisme et l'expansionnisme, in: Guerres mondiales et conflits contemporains 1989/No. 154, 41–61.

156. H. A. Winkler, Weimar 1918–1933. Die Geschichte der ersten deutschen Demokratie, München 1993.

157. J. Wintzer, Deutschland und der Völkerbund 1918–1926, Diss. Heidelberg 1998.

158. C. Wurm (Hrsg.), Internationale Kartelle und Außenpolitik. Beiträge zur Zwischenkriegszeit, Stuttgart 1989.

159. G. Ziebura, Weltwirtschaft und Weltpolitik 1922/24–1931. Zwischen Rekonstruktion und Zusammenbruch, Frankfurt/M 1984.

160. L. Zimmermann, Deutsche Außenpolitik in der Ära der Weimarer Republik, Göttingen 1958.

3. Deutsche und internationale Politik: Untersuchungen zu einzelnen Phasen

3.1 1918/19–1923

161. D. Artaud, Die Hintergründe der Ruhrbesetzung 1923. Das Problem der interalliierten Schulden, in: VfZG 27 (1979), 241–259.

162. W. BAUMGART, Vom Europäischen Konzert zum Völkerbund. Friedensschlüsse und Friedenssicherung von Wien bis Versailles, Darmstadt 1974.

163. W. BAUMGART, Brest-Litovsk und Versailles. Ein Vergleich zweier Friedensschlüsse, in: HZ 210 (1970), 583–619.

164. M. F. BOEMEKE u.a. (Hrsg.), The Treaty of Versailles. A Reassessment after 75 Years. Cambridge 1998.

165. K. BOSL (Hrsg.), Versailles – St. Germain – Trianon. Umbruch in Europa vor fünfzig Jahren, München/Wien 1971.

166. M. BRINK, Deutschlands Stellung zum Völkerbund in den Jahren 1918/19–1922 unter besonderer Berücksichtigung der politischen Parteien und der Pazifisten-Vereinigungen, Diss. Berlin 1968.

167. F. G. CAMPBELL, The Struggle for Upper Silesia 1919–1922, in: JModH 42 (1970), 361–385.

168. F. DICKMANN, Die Kriegsschuldfrage auf der Friedenskonferenz von Paris 1919, in: HZ 197 (1963), 1–101; selbständig: München 1964.

169. K. DOSS, Das deutsche Auswärtige Amt im Übergang vom Kaiserreich zur Weimarer Republik. Die Schülersche Reform, Düsseldorf 1977.

170. K. DOSS, Reichsminister Adolf Köster 1883–1930. Ein Leben für die Weimarer Republik, Düsseldorf 1978.

171. M. DREYER/O. LEMBKE, Die deutsche Diskussion um die Kriegsschuldfrage 1918/19, Berlin 1993.

172. G. D. FELDMAN, The Great Disorder. Politics, Economics and Society in the German Inflation 1914–1924, Oxford 1993.

173. C. FINK, The Genoa Conference. European Diplomacy, 1921–1922, London – Chapel Hill 1984.

174. C. FINK u.a. (Hrsg.), Genoa, Rapallo and the European Reconstruction in 1922, Cambridge 1991.

175. H. GRAML, Die Rapallo–Politik im Urteil der westdeutschen Forschung, in: VfZG 18 (1970), 366–391.

176. H. GRÜNDER, Walter Simons als Staatsmann, Jurist u. Kirchenpolitiker, Neustadt a.d. Aisch 1975.

177. P. GRUPP, Vom Waffenstillstand zum Versailler Vertrag. Die außen- und friedenspolitischen Zielvorstellungen der deutschen Reichsführung, in: 53: 285–302.

178. P. GRUPP, Deutsche Außenpolitik im Schatten von Versailles 1918–1920, Paderborn 1988.

179. L. HAUPTS, Deutsche Friedenspolitik 1918–1919, Düsseldorf 1967.

180. G. HECKER, Walther Rathenau und sein Verhältnis zu Militär und Krieg, Boppard 1983.

181. U. HÖRSTER-PHILIPPS, Joseph Wirth 1879–1956. Eine politische Biographie, Paderborn u.a. 1998.

182. C.-L. HOLTFRERICH, Die deutsche Inflation 1914–1923. Ursachen und Folgen in internationaler Perspektive, Berlin – New York 1980.

183. W. L. KLEINE-AHLBRANDT, The Burden of Victory. France, Britain and the Enforcement of the Versailles Peace 1919–1925, Lanham 1995.

184. H. KLÜMPEN, Deutsche Außenpolitik zwischen Versailles und Rapallo. Revisionismus oder Neuorientierung? Münster – Hamburg 1992.

185. H. KÖHLER, Adenauer und die rheinische Republik. Der erste Anlauf 1918–1924, Opladen 1986.

186. P. KRÜGER, Deutschland und die Reparationen 1918/19, Stuttgart 1973.

187. P. KRÜGER, Die Reparationen und das Scheitern einer deutschen Verständigungspolitik auf der Pariser Friedenskonferenz im Jahre 1919, in: HZ 221 (1975), 326–372.

188. H. KÜPPERS, Joseph Wirth. Parlamentarier, Minister und Kanzler der Weimarer Republik, Stuttgart 1997.

189. A. LENTIN, Lloyd George, Woodrow Wilson and the Guilt of Germany. An Essay in the Pre-History of Appeasement, Baton Rouge / Leicester 1984.

190. A. J. MAYER, Politics and Diplomacy of Peacemaking. Containment and Counter-Revolution at Versailles 1918–1919, London 1967.

191. W. MICHALKA (Hrsg.), Der Erste Weltkrieg, München – Zürich 1994.

192. W. MICHALKA, Die Außenpolitik von Weimar (I). Zwischen Revisionismus und Neuansatz 1918–1922, in: NPL 37 (1992), 384–403.

193. H. MÜHLEISEN, Kurt Feiherr von Lersner. Diplomat im Umbruch der Zeiten 1918–1920, Göttingen 1988.

194. H. I. NELSON, Land and Power. British and Allied Policy on Germany's Frontiers 1916–1919, London 1963.

195. K. L. NELSON, Victors Divided. America and the Allies in Germany 1918–1923, Berkeley u.a. 1975.

196. T. OPPELLAND, Matthias Erzberger und die Anfänge demokratischer Außenpolitik in Deutschland, in: Historisch-Politische Mitteilungen 2 (1995), 25–47.

197. M. PETRICIOLI (Hrsg.), Une occasion manquée? 1922: La reconstruction de l'Europe, Bern u.a. 1995.

198. W. RIBHEGGE, Frieden für Europa: Die Politik der deutschen Reichstags-mehrheit 1917–18, Essen 1988.

199. H. RÖSSLER (Hrsg.), Die Folgen von Versailles 1919–1924, Göttingen 1969.

200. M. RUCK, Die Freien Gewerkschaften im Ruhrkampf 1923, Köln 1986.

201. H.-J. RUPIEPER, Die Freien Gewerkschaften und der Versailler Vertrag 1919–1923, in: GWU 29 (1978), 482–499.

202. H.-J. RUPIEPER, The Cuno Government and Reparations 1922–1923. Politics and Economics, Den Haag 1979.

203. E. SCHULIN, Walther Rathenau. Repräsentant, Kritiker und Opfer seiner Zeit, 2. Aufl. Göttingen u.a. 1992.

204. G. SCHULZ, Revolutionen und Friedensschlüsse 1917–1920, München 1969.

205. K. SCHWABE, Versailles – nach sechzig Jahren. Internationale Beziehungen nach dem Ersten Weltkrieg, in: NPL 24 (1979), 446–475.

206. K. SCHWABE (Hrsg.), Die Ruhrkrise 1923, Paderborn 1986.

207. W. SCHWENGLER, Völkerrecht, Versailler Vertrag und Auslieferungsfrage: Die Strafverfolgung von Kriegsverbrechen als Problem des Friedensschlusses 1919/20, Stuttgart 1982.

208. A. SHARP, The Versailles Settlement. Peacemaking in Paris 1919, London 1991.

209. G.-H. SOUTOU, Die deutschen Reparationen und das Seydoux-Projekt 1920/21, in: VfZG 23 (1975), 237–270.

210. J. M. THOMPSON, Russia, Bolshevism, and the Versailles Peace, Princeton 1966.

211. M. TRACHTENBERG, Versailles after Sixty Years, in: JContH 17 (1982), 487–506.

212. E. VIEFHAUS, Die Minderheitenfrage und die Entstehung der Minderheitenschutzverträge auf der Pariser Friedenskonferenz 1919, Würzburg 1960.

213. G. WAGNER, Deutschland und der polnisch-sowjetische Krieg 1920, Wiesbaden 1979.

214. U. WENGST, Graf Brockdorff-Rantzau und die außenpolitischen Anfänge der Weimarer Republik, Bern/Frankfurt 1973 (ND 1986).

215. S. WHITE, The Origins of Detente. The Genoa Conference and Soviet-Western Relations, 1921–22, New York 1985.

3.2 1923/24–1928

216. C. BAECHLER, Gustave Stresemann (1878–1929). De l'impérialisme à la sécurité collective, Strasbourg 1996.

217. M. BERG, Gustav Stresemann. Eine politische Karriere zwischen Reich und Republik, Göttingen/Zürich 1992.

218. E. BUCHHEIT, Der Briand-Kellogg-Pakt von 1928. Machtpolitik oder Friedensstreben? Münster 1998.

219. J. B. DUROSELLE, The Spirit of Locarno: Illusions of Pactomania, in: Foreign Affairs 50 (1971/72), 752–764.

220. R. P. GRATHWOL, Stresemann and the DNVP: Reconciliation or Revenge in German Foreign Policy, 1924–1928, Lawrence 1980.

221. G. A. GRÜN, Locarno. Idea and Reality, in: International Affairs 31 (1955), 477–485.

222. J. JACOBSON, Locarno Diplomacy. Germany and the West, 1925–1929, Princeton 1972.

223. J. JOLL, Locarno – Ein Rückblick, in: J. HEIDEKING u.a. (Hrsg.), Wege in die Zeitgeschichte. Festschrift zum 65. Geburtstag von Gerhard Schulz, Berlin/New York 1989, 433–447.

224. P. KRÜGER, Friedenssicherung und deutsche Revisionspolitik. Die deutsche Außenpolitik und die Verhandlungen über den Kellogg-Pakt, in: VfZG 22 (1974), 227–257.

225. M. M. LEE, Disarmament and Security: The German Security Proposals in the League of Nations 1926–1930. A Study in Revisionist Aims in an International Organization, in: MGM 25 (1979), 35–45.

226. S. MARKS, Fährnisse der Gipfeldiplomatie. Die Entscheidung zur Räumung Düsseldorfs, Duisburgs und Ruhrorts im Jahr 1924, in: VfZG 34 (1986), 561–584.

227. K. MEGERLE, Deutsche Außenpolitik 1925. Ansatz zu aktivem Revisionismus, Frankfurt/M 1974.

228. R. MEYER, Bankers' Diplomacy. Monetary Stabilization in the Twenties, New York 1970.

229. R. MICHAELSEN, Der Europäische Nationalitäten–Kongreß 1925–1928, Frankfurt u.a. 1984.

230. W. MICHALKA/M. M. LEE (Hrsg.), Gustav Stresemann, Darmstadt 1982.

231. H. J. MÜLLER, Auswärtige Pressepolitik und Propaganda zwischen Ruhrkampf und Locarno (1923–1925). Eine Untersuchung über die Rolle der Öffentlichkeit in der Außenpolitik Stresemanns, Frankfurt/M u.a. 1991.

232. G. NIEDHART, Gustav Stresemann, in: K. HOLL /A. KJELLING (Hrsg.), The Nobel Peace Prize and the Laureates. The Meaning and Acceptance of the Nobel Peace Prize in the Prize Winners' Countries, Frankfurt/M. u.a. 1994, 183–192.

233. G. NIEDHART, Locarno, Ostpolitik und die Rückkehr Deutschlands in die internationale Politik nach den beiden Weltkriegen, in: 124: 3–17.

234. K. H. POHL, Die „Stresemannsche Außenpolitik" und das westeuropäische Eisenkartell 1926. „Europäische Politik" oder nationales Interesse? In: VSWG 65 (1978), 511–534.

235. K. H. POHL, Weimars Wirtschaft und die Außenpolitik der Republik 1924–1926. Vom Dawes-Plan zum Internationalen Eisenpakt, Düsseldorf 1979.

236. A. RÖDDER, Der Mythos von der frühen Westbindung. Konrad Adenauer und Stresemanns Außenpolitik, in: VfZG 41 (1993), 543–573.

237. H. RÖSSLER (Hrsg.), Locarno und die Weltpolitik 1924–1932, Göttingen 1969.

238. A. RÜGER, Richtlinien und Richtungen deutscher Kolonialpolitik 1923–1926, in: P. HEINE/U.V.D. HEYDEN (Hrsg.), Studien zur Geschichte des deutschen Kolonialismus in Afrika. Festschrift zum 60. Geburtstag von Peter Sebald, Pfaffenweiler 1995, 453–465.

239. R. SCHATTKOWSKY (Hrsg.), Locarno und Osteuropa. Fragen eines europäischen Sicherheitssystems in den zwanziger Jahren, Marburg 1994.

240. H. O. SCHÖTZ, Der Kampf um die Mark 1923/24. Die deutsche Währungsstabilisierung unter dem Einfluß der nationalen Interessen Frankreichs, Großbritanniens und der USA, Berlin 1987.

241. B. SCHOT, Stresemann, der deutsche Osten und der Völkerbund, Stuttgart 1984.

242. B. SCHOT, Nation oder Staat? Deutschland und der Minderheitenschutz. Zur Völkerbundspolitik der Stresemann-Ära, Marburg 1988.

243. S. A. SCHUKER, The End of French Predominance in Europe. The Financial Crisis of 1924 and the Adoption of the Dawes Plan, Chapel Hill 1976.

244. J. SPENZ, Die diplomatische Vorgeschichte des Beitritts Deutschlands zum Völkerbund, 1924–1926, Göttingen 1966.

245. A. THIMME, Gustav Stresemann. Eine politische Biographie zur Geschichte der Weimarer Republik, Hannover/Frankfurt 1957.

246. H. A. TURNER, Stresemann und das Problem der Kontinuität in der deutschen Außenpolitik, in: G. ZIEBURA (Hrsg.), Grundfragen der deutschen Außenpolitik seit 1871, Darmstadt 1975, 284–304.

247. W. WEIDENFELD, Gustav Stresemann – der Mythos vom engagierten Europäer, in: GWU 24 (1973), 740–750.

248. J. WRIGHT, Stresemann and Locarno, in: ContEH 4 (1995), 109–131.

249. J. WRIGHT, Gustav Stresemann: Liberal or Realist? In: T. G. OTTO / C. A. PADEGAS (Hrsg.), Personalities, War and Diplomacy. Essays in International History, London/Portland 1997, 81–104.

3.3 1928/29–1932

250. J. A. BACH, Franz von Papen in der Weimarer Republik. Aktivitäten in Politik und Presse 1919–1932, Düsseldorf 1977.

251. J. BARIÉTY, La politique extérieure allemande au début des années 30. Continuité ou rupture? In: G. KREBS/G. SCHNEILIN (Hrsg.), Weimar ou de la démocratie en Allemagne, Asnières 1994, 315–326.

252. J. BECKER, Probleme der Außenpolitik Brünings, in: 253: 265–286.

253. J. BECKER/K. HILDEBRAND (Hrsg.), Internationale Beziehungen in der Weltwirtschaftskrise 1929–1933, München 1980.

254. E. W. BENNETT, Germany and the Diplomacy of the Financial Crisis 1931, Cambridge 1962.

255. E. W. Bennett, German Rearmament and the West, 1932–1933, Princeton 1979.

256. S. Dengg, Deutschlands Austritt aus dem Völkerbund und Schachts „Neuer Plan". Zum Verhältnis von Außen- und Außenwirtschaftspolitik in der Übergangsphase von der Weimarer Republik zum Dritten Reich 1929–1934, Frankfurt/M 1986.

257. M. Geyer, Die Genfer Abrüstungskonferenz 1932 und das Problem der Rüstungskontrolle in der Zwischenkriegszeit, in: J. Dülffer (Hrsg.), Parlamentarische und öffentliche Kontrolle von Rüstung in Deutschland 1700–1970, Düsseldorf 1992, 175–201.

258. W. Glashagen, Die Reparationspolitik Heinrich Brünings 1930–1931, Diss. Bonn 1980.

259. H. Graml, Präsidialsystem und Außenpolitik, in: VfZG 21 (1973), 134–145.

260. J. L. Heineman, Hitler's First Foreign Minister. Constantin Freiherr von Neurath, Diplomat and Statesman, Berkeley u.a. 1979.

261. W. Helbich, Die Reparationen in der Ära Brünning, Berlin 1962.

262. Ph. Heyde, Das Ende der Reparationen. Deutschland, Frankreich und der Youngplan 1929–1932, Paderborn u.a. 1998.

263. J. Houwink ten Cate, Hjalmar Schacht als Reparationspolitiker (1926–1930), in: VSWG 74 (1987), 186–228.

264. F. Knipping, Deutschland, Frankreich und das Ende der Locarno-Ära 1928–1931, München 1987.

265. P. Krüger, Von der Schwierigkeit europäischen und transatlantischen Bewußtseins. Die Reichsregierung, Briands Europavorstellungen und die Rolle der USA 1929, in: G. Müller (Hrsg.), Deutschland und der Westen: Internationale Beziehungen im 20. Jahrhundert. Festschrift für Klaus Schwabe zum 65. Geburtstag, Stuttgart 1998, 120–131.

266. M. M. Lee, The German Attempt to Reform the League. The Failure of German League of Nations Policy 1930–32, in: Francia 5 (1977), 473–490.

267. K. Megerle, Weltwirtschaftskrise und Außenpolitik. Zum Problem der Kontinuität der deutschen Politik in der Endphase der Weimarer Politik, in: J. Bergmann u.a. (Hrsg.), Geschichte als politische Wissenschaft. Sozialökonomische Ansätze, Analyse politikhistorischer Phänomene, politologische Fragestellungen in der Geschichte, Stuttgart 1979, 116–140.

268. G. Meyer, Die deutsche Reparationspolitik von der Annahme des Young-Plans (12. März 1930) bis zum Reparationsabkommen auf der Lausanner Konferenz (9. Juli 1932), Düsseldorf 1991.

269. H. Molt, „...Wie ein Klotz inmitten Europas". „Anschluß" und „Mitteleuropa" während der Weimarer Republik 1925–1931, Frankfurt u.a. 1986.

270. S. NADOLNY, Abrüstungsdiplomatie 1932/33. Deutschland auf der Genfer Konferenz im Übergang von Weimar zu Hitler, München 1978.

271. W. G. RATLIFF, Faithful to the Fatherland. Julius Curtius and the Weimar Foreign Policy, Frankfurt/M u.a. 1990.

272. A. RÖDDER, Stresemanns Erbe: Julius Curtius und die deutsche Außenpolitik 1929–1931, Paderborn 1996.

273. R. W. ROLFS, The Sorcerer's Apprentice. The Life of Franz von Papen, Lanham 1996.

274. M. SALEWSKI, Zur deutschen Sicherheitspolitik in der Spätzeit der Weimarer Republik, in: VfZG 22 (1974), 121–147.

275. G. SCHMIDT, Internationale Politik in der Weltwirtschaftskrise, in: O. BÜSCH/P. C. WITT (Hrsg.), Internationale Zusammenhänge der Weltwirtschaftskrise, Berlin 1994, 27–52.

276. B. SCHOT, Sicherheit oder „peaceful change"? Zur Rezeption des Europaplans von Aristide Briand in Mittel- und Osteuropa, in: H. HECKER/S. SPIELER (Hrsg.), Die historische Einheit Europas, Bonn 1994, 63–84.

277. H.-J. SCHRÖDER, Deutsche Südosteuropapolitik 1929–1936. Zur Kontinuität deutscher Außenpolitik in der Weltwirtschaftskrise, in: GG 2 (1976), 5–32.

278. H.-J. SCHRÖDER, Die deutsche Südosteuropapolitik und die Reaktion der angelsächsischen Mächte 1929–1933/34, in: 253: 343–360.

279. V. SCHRÖTER, Die deutsche Industrie auf dem Weltmarkt 1929 bis 1933. Außenwirtschaftliche Strategien unter dem Druck der Weltwirtschaftskrise, Frankfurt/M – Bern 1984.

280. S.-K. SHARMA, Der Völkerbund und die Großmächte. Ein Beitrag zur Geschichte der Völkerbundspolitik Großbritanniens, Frankreichs und Deutschlands 1929–1933, Frankfurt u.a. 1978.

281. R. STEININGER, „...Der Angelegenheit ein paneuropäisches Mäntelchen umhängen..." Das deutsch-österreichische Zollunionsprojekt von 1931, in: M. GEHLER u.a. (Hrsg.), Ungleiche Partner? Österreich und Deutschland in ihrer gegenseitigen Wahrnehmung. Historische Analysen und Vergleiche aus dem 19. und 20. Jahrhundert, Stuttgart 1996, 441–478.

282. H. SUNDHAUSSEN, Die Weltwirtschaftskrise im Donau-Balkan-Raum und ihre Bedeutung für den Wandel der deutschen Außenpolitik unter Brüning, in: 50: 121–164.

283. B.-J. WENDT, Großdeutschland. Außenpolitik und Kriegsvorbereitung des Hitler-Regimes, München 1987.

4. Bilaterale Beziehungen und Außenpolitik einzelner Staaten

4.1 USA

284. M. BERG, Gustav Stresemann und die Vereinigten Staaten von Amerika. Weltwirtschaftliche Verflechtung und Revisionspolitik 1907-1929, Baden-Baden 1990.

285. M. BERG, Germany and the United States: The Concept of World Economic Interdependence, in: 174: 77–93.

286. B. V. BURKE, Ambassador Frederic Sackett and the Collaps of the Weimar Republic 1930–1933. The United States and Hitler's Rise to Power, Cambridge 1994.

287. F. COSTIGLIOLA, Awkward Dominion. American Political, Economical and Cultural Relations with Europe 1919–1933, Ithaca/New York 1984.

288. S. A. DIAMOND, Herr Hitler. Amerikas Diplomaten, Washington und der Untergang Weimars, Düsseldorf 1985.

289. A. FROHN, Der „Rapallo-Mythos" und die deutsch-amerikanischen Beziehungen, in: J. DÜLFFER u.a. (Hrsg.), Deutschland in Europa. Kontinuität und Bruch. Gedenkschrift für Andreas Hillgruber, Frankfurt/M – Berlin 1990, 135–153.

290. E. GLASER-SCHMIDT, Verpaßte Gelegenheiten? (1918–1932), in: T. OPPELLAND/K. LARRES (Hrsg.), Deutschland und die USA im 20. Jahrhundert, Darmstadt 1997, 31–61.

291. E. GLASER-SCHMIDT, Between Hope and Skepticism. American Views of Germany 1918–1933, in: D. BARCLAY/E. GLASER-SCHMIDT (Hrsg.), Transatlantic Images and Perceptions: Germany and America Since 1776, Cambridge 1997, 191–216.

292. D. JUNKER, Jacob Gould Schurman, die Universität Heidelberg und die deutsch-amerikanischen Beziehungen, in: Semper Apertus. Sechshundert Jahre Ruprecht-Karls-Universität Heidelberg 1386–1986, Bd. 3, Berlin u.a. 1985, 328–358.

293. M. P. LEFFLER, The Elusive Quest. America's Pursuit of European Stability and French Security, 1919–1933, Chapel Hill 1979.

294. W. LINK, Der amerikanische Einfluß auf die Weimarer Republik in der Dawesplanphase (Elemente eines „penetrierten Systems"), in: 119: 485–498.

295. W. LINK, Die Ruhrbesetzung und die wirtschaftspolitischen Interessen der USA, in: VfZG 17 (1969), 372–382.

296. W. LINK, Die amerikanische Stabilisierungspolitik in Deutschland 1921–1932, Düsseldorf 1970.

297. W. LINK, Die Beziehungen zwischen der Weimarer Republik und den USA, in: 153: 62–92 (zuerst in: M. KNAPP u.a., Die USA und Deutschland 1918–1975, München 1978, 62–106).

298. W. LINK, Amerika, die Weimarer Republik und Sowjetrußland, in: G. NIEDHART (Hrsg.), Der Westen und die Sowjetunion. Einstellungen und Politik gegenüber der UdSSR in Europa und in den USA seit 1917, Paderborn 1983, 79–104.

299. W. MCNEIL, American Money and the Weimar Republic, New York 1986.

300. K. NELSON, Victors Divided. America and the Allies in Germany 1918–1923, Berkeley 1975.

301. H.-J. SCHRÖDER (Hrsg.), Confrontation and Cooperation. Germany and the United States in the Era of World War I, 1900–1924, Providence 1993.

302. H.-J. SCHRÖDER (Hrsg.), Deutschland und Amerika in der Epoche des Ersten Weltkrieges 1900–1924, Stuttgart 1993.

303. S. A. SCHUKER, American „Reparations" to Germany 1919–1933. Implications for the Third-World Debt Crisis, Princeton 1988.

304. K. SCHWABE, Deutsche Revolution und Wilson-Frieden. Die amerikanische und deutsche Friedensstrategie zwischen Ideologie und Machtpolitik 1918/1919, Düsseldorf 1971.

305. K. SCHWABE, Woodrow Wilson, Revolutionary Germany and Peacemaking 1918–1919. Missionary Diplomacy and the Realities of Power, Chapel Hill 1985.

306. A. WALWORTH, Wilson and His Peacemakers. American Diplomacy and the Paris Peace Conference 1919, New York 1986.

4.2 Frankreich

307. H. AREND, Gleichzeitigkeit des Unvereinbaren. Verständigungskonzepte und kulturelle Begegnungen in den deutsch-französischen Beziehungen der Zwischenkriegszeit, in: Francia 20/3 (1993), 131–149.

308. J. BARIÉTY, Les relations franco-allemandes après la première guerre mondiale, 10 novembre 1918 – 10 janvier 1925, de l'exécution à la négotiation, Paris 1977.

309. J. BARIÉTY, Finances et relations internationales: A propos du „plan de Thoiry" (septembre 1926), in: RI 21 (1980), 51–70.

310. J. BARIÉTY, Sicherheitsfrage und europäisches Gleichgewicht. Betrachtungen über die französische Deutschlandpolitik 1919–1927, in: 48: 319–345.

311. J. BARIÉTY, Deutschland, Frankreich und das Europa von Versailles, in: K. O. FREIHERR V. ARETIN u.a. (Hrsg.), Das deutsche Problem in der neueren Geschichte, München 1997, 59–74.

312. J. BARIÉTY u.a. (Hrsg.), La France et l'Allemagne entre les deux guerres mondiales, Nancy 1987.

313. I. BELITZ, Befreundung mit dem Fremden. Die Deutsch-Französische Gesellschaft in den deutsch-französischen Kultur- und Gesellschaftsbeziehungen der Locarno-Ära. Programme und Protagonisten der transna-

tionalen Verständigung zwischen Pragmatismus und Idealismus, Frankfurt/M. u.a. 1997.

314. H. M. BOCK, Die Deutsch-Französische Gesellschaft 1926–1934. Ein Beitrag zur Sozialgeschichte der deutsch-französischen Beziehungen der Zwischenkriegszeit, in: Francia 17/3 (1990), 57–101.

315. H. M. BOCK, Kulturelle Eliten in den deutsch-französischen Gesellschaftsbeziehungen der Zwischenkriegszeit, in: R. HUDEMANN/G.-H. SOUTOU (Hrsg.), Eliten in Deutschland und Frankreich im 19. und 20. Jahrhundert, Bd. 1, München 1994, 73–91.

316. R. BOURNAZEL, Rapallo. Ein französisches Trauma, Köln 1976.

317. J. J. BOISVERT, Les relations franco-allemandes en 1920, Québec 1977.

318. M.-D. CAVAILLÉ, Rudolf Breitscheid et la France 1919–1933, Frankfurt/M u.a. 1995.

319. P. FRIEDEMANN, Das Deutschlandbild der Zwischenkriegszeit in ausgewählten Organen der französischen Arbeiterpresse, in: Francia 20/3 (1993), 37–60.

320. H. HAGSPIEL, Verständigung zwischen Deutschland und Frankreich? Die deutsch-französische Außenpolitik der zwanziger Jahre im innenpolitischen Kräftefeld beider Länder, Bonn 1987.

321. P. HÜTTENBERGER/H. MOLITOR (Hrsg.), Franzosen und Deutsche am Rhein 1789 – 1918 – 1945, Essen 1989.

322. J. JACOBSON/J. T. WALKER, The Impulse for a Franco-German Entente: The Origins of the Thoiry Conference 1926, in: JContH 10 (1975), 157–181.

323. E. D. KEETON, Briand's Locarno Policy. French Economics, Politics and Diplomacy 1925–1929, New York/London 1987.

324. F. KNIPPING/E. WEISENFELD (Hrsg.), Eine ungewöhnliche Geschichte. Deutschland – Frankreich seit 1870, Bonn 1988.

325. H. KÖHLER, Novemberrevolution und Frankreich. Die französische Deutschlandpolitik 1918–1919, Düsseldorf 1979.

326. W. KREUTZ (Hrsg.), Die Pfalz unter französischer Besetzung 1918/19–1930, Kaiserslautern 1999.

327. W. KREUTZ, Die „Rückwirkungen" von Locarno und die Rheinlandfrage im Spannungsfeld der deutsch-französischen Perzeptionsdefizite, in: M. BAUMGARTA (Hg.), Locarno z perspektywy siedemdziesieciu lat, Szczecin 1998, 157–172.

328. P. KRÜGER, La politique extérieure allemande et les relations franco-polonaises 1918–1932, in: RHDipl 95 (1981), 264–294.

329. P. KRÜGER, Deutscher Nationalismus und europäische Verständigung: Das Verhältnis Deutschlands zu Frankreich während der Weimarer Republik, in: Francia 11 (1983), 509–525.

330. F. L'HUILLIER, Dialogues Franco-Allemands 1925–1933, Paris 1971.

331. M.-O. MAXELON, Stresemann und Frankreich 1914–1929. Deutsche Politik der Ost-West-Balance, Düsseldorf 1972.

332. K. J. MAYER, Die Weimarer Republik und das Problem der Sicherheit in den deutsch-französischen Beziehungen, 1918–1925, Frankfurt/M u.a. 1990.

333. W. A. MCDOUGALL, France's Rhineland Diplomacy 1914–1924. The Last Bid for a Balance of Power in Europe, Princeton 1978.

334. R. MEYER-KALKUS, Die akademische Mobilität zwischen Deutschland und Frankreich (1925–1992), Bonn 1994.

335. P. MIQUEL, La paix de Versailles et l'opinion publique française, Paris 1972.

336. G. MÜLLER, Gesellschaftsgeschichte und internationale Beziehungen: Die deutsch-französische Verständigung nach dem Ersten Weltkrieg, in: Ders. (Hrsg.), Deutschland und der Westen: Internationale Beziehungen im 20. Jahrhundert. Festschrift für Klaus Schwabe zum 65. Geburtstag, Stuttgart 1998, 49–64.

337. V. J. PITTS, France and the German Problem. Politics and Economics in the Locarno Period 1924–1929, New York/London 1987.

338. R. POIDEVIN/J. BARIÉTY, Frankreich und Deutschland. Die Geschichte ihrer Beziehungen 1815–1975, München 1982.

339. M. POULAIN, Zur Vorgeschichte des Thoiry-Gesprächs vom 17. September 1926, in: 50: 87–120.

340. J. REULECKE, Nationaler Friede am Rhein? Außenpolitische Optionen in den nationalen Wehrverbänden 1925/26 (unter besonderer Berücksichtigung des Jungdeutschen Ordens), in: V. ACKERMANN u.a. (Hrsg.), Anknüpfungen. Kulturgeschichte – Landesgeschichte – Zeitgeschichte. Gedenkschrift für Peter Hüttenberger, Essen 1995, 172–183.

341. D. RIESENBERGER, Eine Rede Gustav Stresemanns zum „Fall Rouzier" in Germersheim, in: Francia 22/3 (1995), 183–190.

342. S. A. SCHUKER, Frankreich und die Weimarer Republik, in: 153: 93–112.

343. E. SCHULIN, Das Frankreichbild deutscher Historiker in der Zeit der Weimarer Republik, in: Francia 4 (1976), 659–673.

344. H.-O. SIEBURG, Das Gespräch zu Thoiry, in: E. SCHULIN (Hrsg.), Gedenkschrift Martin Göhring. Studien zur europäischen Geschichte, Wiesbaden 1968, 317–337.

345. G.-H. SOUTOU, Problèmes concernant le rétablissement des relations économiques franco-allemandes après la Première Guerre Mondiale, in: Francia 2 (1974), 580–596.

346. G. STEINMEYER, Die Grundlagen der französischen Deutschlandpolitik 1917–1919, Stuttgart 1971.

347. D. TIEMANN, Deutsch-französische Jugendbeziehungen der Zwischenkriegszeit, Bonn 1989.

348. M. TRACHTENBERG, Reparation in World Politics: France and European Economic Diplomacy, 1916–1923, New York 1980.

349. M. VAÏSSE, Sécurité d'abord. La politique francaise en matière de désarmement, 9 décembre 1930 – 17 avril 1934, Paris 1981.

350. M. VOGT, Die Haltung der deutschen Parteien gegenüber dem französisch besetzten Rheinland und Frankreich in den Jahren der Weimarer Republik, in: T. KOOPS/M. VOGT (Hrsg.), Das Rheinland in zwei Nachkriegszeiten. 1919–1930 und 1945–1949, Koblenz 1995, 57–73.

351. P. S. WANDYCZ, France and her Eastern Allies 1919–1925. French-Czechoslovak-Polish Relations from the Paris Peace Conference to Locarno, Minneapolis 1962.

352. P. S. WANDYCZ, The Twilight of French Eastern Alliances, 1926–1936. French-Czechoslovak-Polish Relations from Locarno to the Remilitarization of the Rhineland, Princeton 1988.

353. F. WEIN, Deutschlands Strom – Frankreichs Grenze. Geschichte und Propaganda am Rhein 1919–1930, Essen 1992.

354. C. A. WURM, Die französische Sicherheitspolitik in der Phase der Umorientierung 1924–1926, Frankfurt/M. u.a. 1979.

355. C. WURM, Deutsche Frankreichpolitik und deutsch-französische Beziehungen in der Weimarer Republik 1923/24–1929: Politik, Kultur, Wirtschaft, in: K. SCHWABE/F. SCHINZINGER (Hrsg.), Deutschland und der Westen im 19. und 20. Jahrhundert, Teil 2, Stuttgart 1994, 137–157.

356. C. WURM, Frankreich und die Rolle Deutschlands in Europa während der Ära Briand-Stresemann, in: 124: 150–170.

357. L. Zimmermann, Frankreichs Ruhrpolitik. Von Versailles bis zum Dawesplan, Göttingen 1971.

4.3 Großbritannien

358. C. BAUMGART, Stresemann und England, Köln 1996.

359. G. H. BENNETT, British Foreign Policy during the Curzon Period 1919–1924, Basingstoke 1995.

360. S. BERGER, The British Labour Party and the German Social Democrats 1900–1931, Oxford 1994 (dt.: Ungleiche Schwestern? Die britische Labour Party und die deutsche Sozialdemokratie im Vergleich 1900–1931, Bonn 1997).

361. G. BERTRAM-LIBAL, Aspekte der britischen Deutschlandpolitik, 1919–1922, Göttingen 1972.

362. F. L. CARSTEN, Britain and the Weimar Republic, London 1984.

363. M. L. DOCKRILL/J. D. GOOLD, Peace without Promise. Britain and the Peace Conference 1919–1923, London 1981.
364. B. DOHRMANN, Die englische Europapolitik in der Wirtschaftskrise 1921–1923, München – Wien 1980.
365. E. GOLDSTEIN, Winning the Peace. British Diplomatic Strategy, Peace Planning and the Paris Peace Conference 1916–1920, Oxford 1991.
366. L. HAUPTS, Zur deutschen und britischen Friedenspolitik in der Krise der Pariser Friedenskonferenz, in: HZ 217 (1973), 54–98.
367. J. HIDEN, Between Ideology and Power Politics. Britain, Germany, and Russia 1918–1922, in: A. M. BIRKE/H. WENTKER (Hrsg.), Deutschland und Rußland in der britischen Kontinentalpolitik seit 1815, München u.a. 1994, 73–82.
368. K. JAITNER, Deutschland, Brüning und die Formulierung der britischen Außenpolitik Mai 1930 bis Juni 1932, in: VfZG 28 (1980), 440–486.
369. A. KAISER, Lord d'Abernon und die englische Deutschlandpolitik 1920–1926, Frankfurt/M u.a. 1989.
370. W. KRIEGER, Labour Party und Weimarer Republik. Ein Beitrag zur Außenpolitik der britischen Arbeiterbewegung zwischen Programmatik und Parteitaktik 1918–1924, Bonn 1978.
371. M. D. NEWMAN, Britain and the German-Austrian Customs Union Proposal of 1931, in: ESR 6 (1976), 449–472.
372. D. NEWTON, British Policy and the Weimar Republic 1918–1919, Oxford 1997.
373. G. NIEDHART, Multipolares Gleichgewicht und weltwirtschaftliche Verflechtung: Deutschland in der britischen Appeasement-Politik 1919–1933, in: 153: 113–130.
374. A. ORDE, British Policy and European Reconstruction after the First World War, Cambridge 1990.
375. M. PETER, John Maynard Keynes und die britische Deutschlandpolitik. Machtanspruch und ökonomische Realität im Zeitalter der Weltkriege 1919–1946, München 1997.
376. M.-L. RECKER (Hrsg.), Von der Konkurrenz zur Rivalität: Das britisch-deutsche Verhältnis in den Ländern der europäischen Peripherie 1919–1939, Mainz 1986.
377. M.-L. RECKER, Demokratische Neuordnung oder „Prussianism" im neuen Gewand? Großbritannien und die Weimarer Republik, in: A.M. BIRKE/M.-L. RECKER (Hrsg.), Das gestörte Gleichgewicht. Deutschland als Problem britischer Sicherheit im neunzehnten und zwanzigsten Jahrhundert, München u.a. 1990, 97–112.
378. V. H. ROTHWELL, British War Aims and Peace Diplomacy 1914–1918, Oxford 1971.

379. S. SALZMANN, British Policy and the Myth of Rapallo Friendship 1922–1934, Diss. Cambridge 1994.
380. G. SCHMIDT, Effizienz und Flexibilität politisch-sozialer Systeme. Die deutsche und die englische Politik 1918/19, in: VfZG 25 (1977), 137–187.
381. C. STAMM, Lloyd George zwischen Innen- und Außenpolitik. Die britische Deutschlandpolitik 1921/22, Köln 1977.
382. L. STEINBACH, Revision oder Erfüllung: Der Versailler Vertrag als Faktor der deutsch-britischen diplomatischen Beziehungen 1920–21, Diss. Freiburg 1970.
383. D. WÄCHTER, Von Stresemann zu Hitler. Deutschland 1928 bis 1933 im Spiegel der Berichte des englischen Botschafters Sir Horace Rumbold, Frankfurt/M. u.a. 1997.
384. W. WEIDENFELD, Die Englandpolitik Gustav Stresemanns, Mainz 1972.
385. D. G. WILLAMSON, The British in Germany, 1918–1930. The Reluctant Occupiers, New York – Oxford 1991.
386. K. V. ZWEHL, Die Deutschlandpolitik Englands von 1922 bis 1924 unter besonderer Berücksichtigung der Reparationen und Sanktionen, Diss. München 1974.

4.4 Sowjetunion

387. W. BAUMGART, Deutsche Ostpolitik 1918–1926, in: A. FISCHER u.a. (Hrsg.), Rußland – Deutschland – Amerika. Festschrift für Fritz T. Epstein zum 80. Geburtstag, Wiesbaden 1978, 239–256.
388. W. BEITEL/J. NÖTZOLD, Deutsch-sowjetische Wirtschaftsbeziehungen in der Zeit der Weimarer Republik, Baden-Baden 1979.
389. H. L. DYCK, Weimar Germany and Soviet Russia 1926–1933, New York 1966.
390. K. D. ERDMANN/H. GRIESER, Die deutsch–sowjetischen Beziehungen in der Zeit der Weimarer Republik als Problem der deutschen Innenpolitik, in: GWU 26 (1975), 403–426.
391. S. A. GORLOW, Geheimsache Moskau – Berlin. Die militärpolitische Zusammenarbeit zwischen der Sowjetunion und dem Deutschen Reich 1920–1933, in: VfZG 44 (1996), 133–165.
392. H. GRAML, Die Rapallo-Politik im Urteil der westdeutschen Forschung, in: VfZG 18 (1970), 366–391.
393. H. GRIESER, Die Sowjetpresse über Deutschland in Europa 1922–1932. Revision von Versailles und Rapallo-Politik in sowjetischer Sicht, Stuttgart 1970.
394. R. H. HAIGH u.a., German – Soviet Relations in the Weimar Era. Friendship from Necessity, Aldershot 1985.

395. J. HIDEN, Versailles, Germany's Eastern Border and Rapallo, in: A.M. BIRKE/G. HEYDEMANN (Hrsg.), Großbritannien und Ostdeutschland seit 1918, München u.a. 1992, 27–37.

396. K. HILDEBRAND, Das Deutsche Reich und die Sowjetunion im internationalen System 1918–1932, Wiesbaden 1977.

397. P. KRÜGER, A Rainy Day, April 16, 1922: The Rapallo Treaty and the Cloudy Perspective for German Foreign Policy, in: 174: 49–64.

398. H. G. LINKE, Deutsch-sowjetische Beziehungen bis Rapallo, 2. Aufl. Köln 1972.

399. H. G. LINKE, Der Weg nach Rapallo. Strategie und Taktik der deutschen und sowjetischen Außenpolitik, in: HZ 264 (1997), 55–109.

400. P. LÖSCHE, Der Bolschewismus im Urteil der deutschen Sozialdemokratie 1903–1920, Berlin 1967.

401. K.-U. MERZ, Das Schreckbild. Deutschland und der Bolschewismus 1917–1921, Berlin 1995.

402. C. MICK, Sowjetische Propaganda, Fünfjahrplan und deutsche Rußlandpolitik 1928–1932, Stuttgart 1995.

403. R. D. MÜLLER, Das Tor zur Weltmacht. Die Bedeutung der Sowjetunion für die deutsche Wirtschafts- und Rüstungspolitik zwischen den Weltkriegen, Boppard 1984.

404. W. MÜLLER, Rußlandberichterstattung und Rapallo-Politik. Deutsch-sowjetische Beziehungen 1924–1933 im Spiegel der deutschen Presse, Diss. Saarbrücken 1983.

405. A. M. NEKRICH, Pariahs, Partners, Predators: German-Soviet Relations 1922–1941, New York 1997.

406. H.-W. NIEMANN, Die Russengeschäfte in der Ära Brüning, in: VSWG 72 (1985), 153–174.

407. H.-W. NIEMANN, Die deutsch-sowjetischen Wirtschaftsbeziehungen von Rapallo (1922) bis zum Angriff auf die Sowjetunion (1941), in: Deutschland und das bolschewistische Rußland von Brest-Litowsk bis 1941 (= Abhandlungen des Göttinger Arbeitskreises, Bd. 8), Berlin 1991, 87–110.

408. D. O'SULLIVAN, Furcht und Faszination. Deutsche und britische Rußlandbilder 1921–1933, Köln 1996.

409. H.-J. PERREY, Der Rußlandausschuß der deutschen Wirtschaft. Die deutsch-sowjetischen Wirtschaftsbeziehungen in der Zwischenkriegszeit, München 1985.

410. H. POGGE V. STRANDMANN, Großindustrie und Rapallopolitik. Deutsch-sowjetische Handelsbeziehungen in der Weimarer Republik, in: HZ 222 (1976), 265–341.

411. H. POGGE V. STRANDMANN, Rapallo – Strategy in Preventive Diplomacy: New Sources and New Interpretations, in: V. R. BERGHAHN/ M. KITCHEN (Hrsg.), Germany in the Age of Total War, London 1981, 123–146.

412. H. POGGE V. STRANDMANN, Industrial Primacy in German Foreign Policy? Myths and Realities in German-Russian Relations at the End of the Weimar Republic. in: R. BESSEL/E.J. FEUCHTWANGER (Hrsg.), Social Change and Political Development in Weimar Germany, London 1981, 241–267.

413. G. ROSENFELD, Sowjet-Rußland und Deutschland 1917–1922, Köln 1984.

414. G. ROSENFELD, Sowjetunion und Deutschland 1922–1933, Köln 1984.

415. TH. SCHIEDER, Die Entstehungsgeschichte des Rapallo-Vertrags, in: HZ 204 (1967), 545–609.

416. I. SÜTTERLIN, Die „Russische Abteilung" des Auswärtigen Amtes in der Weimarer Republik, Berlin 1994.

417. H. UNGER, Zwischen Ideologie und Improvisation. Moritz Schlesinger und die Rußlandpolitik der SPD 1918–1922, Frankfurt/M. u.a. 1996.

418. A. WAGNER, Das Bild Sowjetrußlands in den Memoiren deutscher Diplomaten der Weimarer Republik, Münster – Hamburg 1995.

419. M. WALSDORFF, Westorientierung und Ostpolitik. Stresemanns Rußlandpolitik in der Locarno-Ära, Bremen 1971.

420. T. WEINGARTNER, Stalin und der Aufstieg Hitlers. Die Deutschlandpolitik der Sowjetunion und der Kommunistischen Internationale 1929–1934, Berlin 1970.

421. J. ZARUSKY, Die deutschen Sozialdemokraten und das sowjetische Modell. Ideologische Auseinandersetzung und außenpolitische Konzeptionen 1917–1933, München 1992.

422. M. ZEIDLER, Reichswehr und Rote Armee 1920–1933. Wege und Stationen einer ungewöhnlichen Zusammenarbeit, München 1993.

4.5 Andere Länder

423. O. ÅHLANDER, Staat, Wirtschaft und Handelspolitik: Schweden und Deutschland 1918–1921, Lund 1983.

424. M. ALEXANDER, Der deutsch-tschechoslowakische Schiedsvertrag von 1925 im Rahmen der Locarno-Verträge, München – Wien 1970.

425. F. G. CAMPBELL, Confrontation in Central Europe. Weimar Germany and Czechoslovakia, Chicago 1975.

426. F. DAHLHAUS, Möglichkeiten und Grenzen auswärtiger Kultur- und Pressepolitik. Dargestellt am Beispiel der deutsch-türkischen Beziehungen 1914–1928, Frankfurt/M u.a. 1990.

427. S. DOLEZEL, Die deutsch-tschechoslowakischen Beziehungen von ihren Anfängen bis zum Ausgang der Ära Stresemann (1918–1929), in: K. BOSL (Hrsg.), Die demokratisch-parlamentarische Struktur der Ersten Tschechoslowakischen Republik, München/Wien 1975, 225–246.

428. K. Doss, Zwischen Weimar und Warschau. Ulrich Rauscher – Deutscher Gesandter in Polen 1922–1930. Eine politische Biographie, Düsseldorf 1984.

429. J. Elvert, Der Balkan und das Reich. Deutsche Südosteuropapläne zwischen den Weltkriegen, in: Ders. (Hrsg.), Der Balkan. Eine europäische Krisenregion, Stuttgart 1997, 133–180.

430. M. Enssle, Stresemann's Territorial Revisionism. Germany, Belgium and the Eupen-Malmedy Question 1919–1929, Wiesbaden 1980.

431. P. Fischer, Die deutsche Publizistik als Faktor der deutsch-polnischen Beziehungen 1919–1939, Wiesbaden 1991.

432. A. Fleury, La pénétration allemande au Moyen-Orient 1919–1939: Le cas de la Turquie, de l'Iran et de l'Afghanistan, Leiden 1977.

433. J. P. Fox, Germany and the Far Eastern Crisis, 1931–1938. A Study in Diplomacy and Ideology, Oxford 1982.

434. J. P. Fox, Deutschlands Chinapolitik von Versailles bis Locarno, in: K. Heng-Yü/M. Leutner (Hrsg.), Deutsch-chinesische Beziehungen vom 19. Jahrhundert bis zur Gegenwart, München 1991, 267–291.

435. J. Hiden, The Baltic States and Weimar Ostpolitik, Cambridge 1987.

436. H.-P. Höpfner, Deutsche Südosteuropapolitik in der Weimarer Republik, Frankfurt/M – Bern 1983.

437. H.-P. Höpfner, Deutsch-bulgarische Beziehungen 1919–1933, in: Südosteuropa-Mitteilungen 24 (1984), 48–59.

438. W. Hofer, Die Schweiz, das Deutsche Reich und der Völkerbund (1919–1926), in: K. Hildebrand/R. Pommerin (Hrsg.), Deutsche Frage und europäisches Gleichgewicht. Festschrift für Andreas Hillgruber zum 60. Geburtstag, Köln / Wien 1985, 111–132.

439. J. Houwink ten Cate, Deutschland und die neutralen Kleinstaaten in Nord- und Nordwesteuropa in der Zwischenkriegszeit. Ein Abriß, in: H. G. Schröter/C.A. Wurm (Hrsg.), Politik, Wirtschaft und internationale Beziehungen. Studien zu ihrem Verhältnis in der Zeit zwischen den Weltkriegen, Mainz 1991, 1–36.

440. W. Jacobmeyer (Red.), Die deutsch-polnischen Beziehungen 1919–1932, Braunschweig 1985.

441. R. Jaworsky, Vorposten oder Minderheit? Der sudetendeutsche Volkstumskampf in den Beziehungen zwischen der Weimarer Republik und der Tschechoslowakei, Stuttgart 1977.

442. J. Kreiner (Hrsg.), Japan und die Mittelmächte im Ersten Weltkrieg und in den zwanziger Jahren, Bonn 1986.

443. J. Kreiner/R. Mathias (Hrsg.), Deutschland – Japan in der Zwischenkriegszeit, Bonn 1990.

444. N. Krekeler, Revisionsanspruch und geheime Ostpolitik der Weimarer

Republik. Die Subventionierung der deutschen Minderheit in Polen 1919–1933, Stuttgart 1973.

445. P. KRÜGER, Der deutsch-polnische Schiedsvertrag in Rahmen der deutschen Sicherheitsinitiative von 1925, in: HZ 230 (1980), 577–612.

446. E. KUBŮ, Die brüchigen Beziehungen. Die Weimarer Republik und die Tschechoslowakei, in: J. K. HOENSCH/D. KOVÁČ (Hrsg.), Das Scheitern der Verständigung. Tschechen, Deutsche und Slowaken in der Ersten Republik (1918–1938), Essen 1994, 15–28.

447. H. LIPPELT, Politische Sanierung. Zur deutschen Politik gegenüber Polen 1925/26, in: VfZG 19 (1971), 323–373.

448. A. MAHRAD, Die deutsch-persischen Beziehungen von 1918–1933, 2. Aufl. Frankfurt/M u.a. 1977.

449. K. MEGERLE, Danzig, Korridor und Oberschlesien. Zur deutschen Revisionspolitik gegenüber Polen in der Locarnodiplomatie, in: JbGMOD 25 (1976), 145–178.

450. A. MITROVIC, Politische und wirtschaftliche Beziehungen Deutschlands und Jugoslawiens in der Zeit der Verständigungspolitik Stresemanns, in: J. HÜTTER u.a. (Hrsg.), Tradition und Neubeginn. Internationale Forschungen zur deutschen Geschichte im 20. Jahrhundert, Köln u.a. 1975, 117–140.

451. J. MUHR, Die deutsch-italienischen Beziehungen in der Ära des Ersten Weltkrieges 1914–1922, Göttingen – Zürich 1977.

452. F. R. NICOSIA, „Drang nach Osten" Continued? Germany and Afghanistan during the Weimar Republic, in: JContH 32 (1997), 235–257.

453. P. OPDENHÖVEL, Die kanadisch-deutschen Beziehungen in der Zwischenkriegszeit. Handels- und Außenpolitik 1919–1939, Frankfurt/M u.a. 1993.

454. A. PURKL, Die Lettlandpolitik der Weimarer Republik, Münster 1997.

455. G. RATENHOF, Das Deutsche Reich und die internationale Krise um die Mandschurei 1931–1933, Frankfurt/M u.a. 1984.

456. U. RATENHOF, Die Chinapolitik des Deutschen Reiches 1871 bis 1945. Wirtschaft – Rüstung – Militär, Boppard 1987.

457. H. V. RIEKHOFF, German-Polish Relations, 1918–1933, Baltimore 1971.

458. F. SCARANO, Mussolini e la Repubblica di Weimar. Le relazioni diplomatiche tra Italia e Germania dal 1927 al 1933, Napoli 1996.

459. R. SCHATTKOWSKY, Deutschland und Polen von 1918/19 bis 1925. Deutsch-polnische Beziehungen zwischen Versailles und Locarno, Frankfurt/M u.a. 1994.

460. R. SCHATTKOWSKY, Die Verträge von Locarno und die polnische Perzeption Deutschlands, in: 124: 119–130.

461. G. SCHREIBER, Revisionismus und Weltmachtstreben. Marineführung und deutsch-italienische Beziehungen 1919 bis 1944, Stuttgart 1978.

462. H. SCHRÖTER, Außenpolitik und Wirtschaftsinteressen. Skandinavien im außenwirtschaftlichen Kalkül Deutschlands und Großbritanniens 1918–1939, Frankfurt/M 1983.

463. G. SCHULZ, Deutschland und Polen vom Ersten zum Zweiten Weltkrieg, in: GWU 33 (1982), 154–172.

464. R. A. SEPASGOSARIAN, Eine ungetrübte Freundschaft? Deutschland und Spanien 1918–1933, Saarbrücken / Fort Lauderdale 1993.

465. S. A. STEHLIN, Weimar and the Vatican 1919–1933, Princeton 1983.

466. J. TAUBER, Die Memelfrage im Rahmen der deutsch-litauischen Beziehungen 1919–1939, in: N. ANGERMANN (Hrsg.), Deutschland und Litauen. Bestandsaufnahmen und Aufgaben der historischen Forschung, Lüneburg 1995, 107–118.

467. H. TONCH, Wirtschaft und Politik auf dem Balkan. Untersuchungen zu den deutsch-rumänischen Beziehungen in der Weimarer Republik unter besonderer Berücksichtigung der Weltwirtschaftskrise, Frankfurt/M – Bern 1984.

468. V. TORUNSKY, Entente der Revisionisten? Mussolini und Stresemann 1922–1929, Köln – Wien 1986.

469. H.-E. VOLKMANN, Politik und ökonomisches Interesse in den Beziehungen der Weimarer Republik zum Königreich Spanien, in: 50: 41–67.

470. F. WIELENGA, Der Faktor Deutschland in der niederländischen Außenpolitik, in: 124: 93–111.

471. W. WILHELMUS, Werbungen aus dem Süden. Zu den deutsch-schwedischen Beziehungen 1918 bis 1933, in: ZfG 39 (1991), 869–887.

472. R.-H. WIPPICH, Das Auswärtige Amt und Ostasien 1871–1945, in: J. DÜLFFER u.a. (Hrsg.), Deutschland in Europa. Kontinuität und Bruch. Gedenkschrift für Andreas Hillgruber, Frankfurt/Berlin 1990, 117–134.

Zeittafel

1918

3. 3.	Friedensvertrag von Brest-Litowsk mit Sowjetrußland
29. 9.	Oberste Heeresleitung gesteht Niederlage ein und verlangt Waffenstillstand
3. 10.	Prinz Max von Baden Reichskanzler. Staatssekretär des Auswärtigen Amts: Wilhelm Solf
3. /4. 10.	Waffenstillstandsangebot an Präsident Wilson
9. 11.	Ausrufung der Republik. Übergabe der Regierungsgeschäfte durch Prinz Max v. Baden an Friedrich Ebert (SPD)
10. 11.	Regierung des Rats der Volksbeauftragten. Staatssekretär des Auswärtigen Amts bis 13. 12. (geschäftsführend bis 31. 12.): Solf, danach Ulrich Graf von Brockdorff-Rantzau (parteilos)
11. 11.	Unterzeichnung des Waffenstillstands in Compiègne

1919

18. 1.	Eröffnung der Friedenskonferenz in Paris (unter Ausschluß der besiegten Mittelmächte)
13. 2.	Philipp Scheidemann (SPD) Ministerpräsident. Außenminister: Brockdorff-Rantzau
7. 5.	Übergabe der Friedensbedingungen an die deutsche Delegation
16. 6.	Alliiertes Ultimatum zur Annahme des Friedensvertrages
21. 6.	Gustav Bauer (SPD) Ministerpräsident (ab 14. 8. Reichskanzler). Außenminister: Hermann Müller (SPD)
21. 6.	Selbstversenkung der deutschen Hochseeflotte
28. 6.	Unterzeichnung des Friedensvertrages zwischen dem Deutschen Reich und den Alliierten in Versailles

1920

10. 1.	Versailler Vertrag in Kraft
3. 2.	Alliierte Forderung, 895 Kriegsverbrecher auszuliefern

19. 3.	Der amerikanische Senat lehnt den Beitritt der USA zum Völkerbund und die Ratifizierung des Versailler Vertrags ab
27. 3.	Hermann Müller (SPD) Reichskanzler. Außenminister ab 10. 4.: Adolf Köster (SPD)
6. 4.	Französische und belgische Truppen besetzen Frankfurt, Darmstadt und Hanau als Antwort auf die Verletzung der neutralen Zone durch die Reichswehr beim Kampf gegen den bewaffneten Aufstand der „Roten Ruhrarmee" im Anschluß an den Kapp-Putsch
25. 6.	Konstantin Fehrenbach (Zentrum) Reichskanzler. Außenminister: Walter Simons (parteilos)
5. -16. 7.	Konferenz in Spa zwischen den Alliierten und dem Reich (Vereinbarung über Kohlelieferung und Entwaffnung)
15. -22. 12.	Konferenz der Reparationsexperten in Brüssel (mit deutscher Beteiligung)

1921

24. -29. 1.	Alliierte Reparationskonferenz in Paris (Plan: in 42 Jahren soll Deutschland 226 Milliarden Goldmark und dazu 12 Prozent seiner Exporteinnahmen zahlen)
1. -7. 3.	Reparationskonferenz in London. Drohung mit Sanktionen
8. 3.	Besetzung von Düsseldorf, Duisburg und Ruhrort
27. 4.	Festsetzung der deutschen Reparationen auf 132 Milliarden Goldmark
5. 5.	Londoner Ultimatum zur Annahme des Londoner Zahlungsplans (deutsche Regierung akzeptiert am 11. 5.)
6. 5.	Deutsch-sowjetisches Handelsabkommen
10. 5.	Joseph Wirth (Zentrum) Reichskanzler. Außenminister ab 23. 5.: Friedrich Rosen (parteilos). Beginn der „Erfüllungspolitik".
20. 5.	Friedensvertrag mit China
25. 8.	Friedensvertrag mit den USA
12. 10.	Völkerbundsrat beschließt die Teilung Oberschlesiens zwischen Deutschland und Polen; Polen erhält den wirtschaftlich wichtigeren Teil
26. 10.	Zweites Kabinett Wirth. Außenminister ebenfalls Wirth, ab 1. 2. 1922 Walther Rathenau (DDP)
3. 12.	Schiedsvertrag mit der Schweiz
14. 12.	Die Reichsregierung beantragt ein Reparations-Moratorium

1922

6.-13. 1.	Konferenz von Cannes (Beschluß zur Einberufung einer Weltwirtschaftskonferenz nach Genua)
10. 4. -19. 5.	Konferenz in Genua
16. 4.	Vertrag von Rapallo zwischen Deutschland und der Sowjetunion
24. 6.	Ermordung des deutschen Außenministers Walther Rathenau durch Rechtsextremisten; Außenminister: Wirth
7. -14. 8.	Konferenz in London: Poincaré fordert von Deutschland als Gegenleistung für ein Moratorium „produktive Pfänder"
22. 11.	Wilhelm Cuno (parteilos) Reichskanzler. Außenminister: Frederic Hans von Rosenberg (parteilos)

1923

10. 1.	Einfall litauischer Freischaren ins Memelgebiet
11. 1.	Besetzung des Ruhrgebiets durch französische und belgische Truppen
13. 1.	Verkündung des „passiven Widerstandes"; Beginn des Ruhrkampfes
17. 5.	Annexion des Memelgebiets durch Litauen
13. 8.	Gustav Stresemann (DVP) Reichskanzler. Außenminister ebenfalls Stresemann
26. 9.	Abbruch des „passiven Widerstands" im Ruhrgebiet; Verhängung des Ausnahmezustandes im Reich
6. 10.	Zweites Kabinett Stresemann
Oktober/ November	Separatistische Bestrebungen im Rheinland und in der Pfalz
30. 11.	Wilhelm Marx (Zentrum) Reichskanzler. Außenminister: Stresemann
30. 11.	Reparationskommission beschließt Einberufung von zwei internationalen Sachverständigenausschüssen unter der Leitung von Charles G. Dawes (USA) und Reginald McKenna (Großbritannien)
8. 12.	Deutsch-amerikanischer Handelsvertrag

1924

14. 1. -9. 4.	Erarbeitung des Dawes-Plans durch die von den Alliierten einberufene Sachverständigen-Konferenz
3. 3.	Deutsch-türkischer Freundschaftsvertrag
9. 4.	Dawes-Plan zur vorläufigen Regelung der deutschen Reparationsleistungen veröffentlicht

16. 4.   Annahme des Dawes-Planes seitens der deutschen Regierung
28. 5.   Alliierte Entwaffnungsnote: Forderung einer abschließenden Generalinspektion
3. 6.   Zweites Kabinett Marx. Außenminister: Stresemann
16. 7. -16. 8. Londoner Konferenz nimmt den Dawes-Plan an
29. 8.   Annahme der Dawes-Gesetze durch den Reichstag

1925

5. 1.   Erklärung der Alliierten, die am 10. 10. fällige Räumung der ersten Rheinlandzone (Köln) zu verschieben, da Deutschland gegen die Entwaffnungsbestimmungen verstoßen habe
10. 1.   Handelspolitische Restriktionen des Versailler Vertrags laufen aus
15. 1.   Hans Luther (parteilos) Reichskanzler. Außenminister: Stresemann
20. 1. /9. 2. Memoranden Stresemanns zur Sicherheitsfrage an die britische und französische Regierung
4. 6.   Note der Botschafterkonferenz über den Stand der deutschen Entwaffnung
14. 7.   Beginn der Räumung des Ruhrgebietes (bis 1. 8. beendet)
25. 8.   Räumung von Düsseldorf, Duisburg und Ruhrort durch die Alliierten
5. -16. 10. Konferenz von Locarno
12. 10.   Deutsch-sowjetischer Handelsvertrag
27. 11.   Annahme der Locarno-Verträge durch den Reichstag
30. 11.   Räumung der Kölner Zone durch alliierte Truppen (31. 1. 26 beendet)
1. 12.   Unterzeichnung der Locarno-Verträge in London

1926

20. 1.   Zweites Kabinett Luther. Außenminister: Stresemann
16. 3.   Kommuniqué der Locarno-Mächte über das Scheitern der Sondersitzung des Völkerbundes zur Aufnahme Deutschlands
24. 4.   Deutsch-sowjetischer Freundschafts- und Neutralitätsvertrag (Berliner Vertrag)
16. 5.   Drittes Kabinett Marx. Außenminister: Stresemann
8. 9.   Aufnahme Deutschlands in den Völkerbund
17. 9.   Gespräch zwischen Stresemann und Briand in Thoiry
30. 9.   Deutsch-französisch-belgisch-luxemburgische Internationale Rohstahlgemeinschaft

10. 12.   Friedensnobelpreis für Aristide Briand und Gustav Stresemann
            (rückwirkend für 1925 für Austen Chamberlain und Charles
            Dawes)
16. 12.   Reichstagsrede Scheidemanns über geheime Zusammenarbeit
            zwischen Reichswehr und Roter Armee

1927

29. 1.   Viertes Kabinett Marx. Außenminister: Stresemann
31. 1.   Interalliierte Militärkommission aus Deutschland zurückgezogen:
            Ende der internationalen Militärkontrolle
17. 8.   Deutsch-französischer Handelsvertrag nach fast dreijährigen Ver-
            handlungen
23. 9.   Deutschland bekräftigt das bestehende Schiedsvertragssystem,
            indem es als erste Großmacht die Fakultativklausel zum Statut des
            Ständigen Internationalen Gerichtshofs unterzeichnet

1928

26. 1.   Vorlage des deutschen Sicherheitsmemorandums im Sicherheits-
            komitee des Völkerbunds
28. 3.   Stresemann wehrt sich vor der internationalen Presse gegen eine
            einseitige Abrüstung Deutschlands
27. 4.   Positive Antwort der Reichsregierung auf amerikanischen Vor-
            schlag eines multilateralen Kriegsächtungspakts
28. 6.   Zweites Kabinett Müller. Außenminister: Stresemann
10. 8.   Die Reichsregierung beschließt mit den Stimmen der SPD-
            Minister den Bau des Panzerkreuzers A
27. 8.   Unterzeichnung des Briand-Kellogg-Pakts (Kriegsächtungspakt)
7. 9.   Reichskanzler Müller fordert vor dem Völkerbund die Räumung
            des Rheinlands und allgemeine Abrüstung
16. 9.   Gemeinsames Kommuniqué Deutschlands und der Alliierten
            anläßlich der Völkerbundsversammlung über Rheinlandräumung
            und endgültige Reparationsregelung
26. 10.   Reichsregierung beschließt Rüstungsprogramm

1929

6. 2.   Der Reichstag nimmt den Briand-Kellogg-Pakt an
11. 2. -7. 6. Konferenz in Paris zur Revision des Dawes-Abkommens unter dem
            Vorsitz des amerikanischen Wirtschaftsfachmannes Owen D. Young

7. 6.	Unterzeichnung des Young-Plans durch die Sachverständigen
9. 7.	Bildung des Reichsausschusses für das Volksbegehren gegen den Young-Plan mit Alfred Hugenberg (DNVP), Franz Seldte (Stahlhelm), Heinrich Claß (Alldeutscher Verband) und Adolf Hitler (NSDAP) als Führern der „nationalen Opposition"
6. -31. 8.	Erste Konferenz in Den Haag über den Young-Plan und die Rheinland-Räumung
21. 8.	Unterzeichnung des Young-Plans (Festlegung der Zahlungsraten und der Laufzeit der Reparationen)
3. 10.	Tod Gustav Stresemanns. Neuer Außenminister: Julius Curtius (DVP)
24. 10.	Börsenkrach in NewYork
22. 12.	Scheitern des Volksbegehrens gegen den Young-Plan

1930

3. -20. 1.	Zweite Konferenz in Den Haag
20. 1.	Die Reichsregierung unterzeichnet den Young-Plan
12. 3.	Ratifizierung der Young-Verträge durch den Reichstag
17. 3.	Abschluß des deutsch-polnischen Handelsabkommens nach über fünfjährigen Verhandlungen (nicht ratifiziert)
30. 3.	Heinrich Brüning (Zentrum) Reichskanzler. Außenminister: Curtius
17. 5.	Europa-Memorandum Briands (stößt auf Ablehnung in Berlin)
30. 6.	Vorzeitige Räumung des Rheinlands durch alliierte Truppen beendet
14. 9.	Reichstagswahl mit sprunghaftem Anstieg der NSDAP-Mandate von 12 auf 107 (18,3 Prozent); Kreditabzüge aus Deutschland

1931

21. 3.	Reichsregierung veröffentlicht den deutsch-österreichischen Zollunionsplan
6. 6.	Brüning und Curtius reisen zu Gesprächen nach London
Juni/Juli	Welle von Kreditabzügen aus Deutschland
7. 7.	Inkrafttreten des von Präsident Hoover vorgeschlagenen einjährigen Zahlungsmoratoriums
20. -23. 7.	Londoner Ministerkonferenz zur Ausarbeitung eines Sanierungsplans für Deutschland
19. 8.	Stillhalteabkommen zur Verhinderung weiterer Kreditabflüsse vereinbart

5.9.	Gutachten des Haager Gerichtshofs gegen den deutsch-österreichischen Zollunionsplan
9.10.	Zweites Kabinett Brüning. Außenminister ebenfalls Brüning

1932

6.1.	Reichskanzler Brüning erklärt, Deutschland könne keine weiteren Reparationszahlungen leisten
2.2.	Eröffnung der internationalen Abrüstungskonferenz in Genf
1.6.	Franz von Papen (Zentrum) Reichskanzler. Außenminister: Konstantin Frhr. von Neurath (parteilos)
16.6.-9.7.	Reparationskonferenz in Lausanne, die zur endgültigen Streichung der deutschen Reparationsverpflichtungen führt
23.7.	Einstellung der deutschen Mitarbeit in der Abrüstungskonferenz bis zur Gleichberechtigung
3.12.	General Kurt von Schleicher (parteilos) Reichskanzler. Außenminister: v. Neurath
11.12.	Fünf-Mächte-Erklärung. Anerkennung der deutschen Gleichberechtigung in der Rüstungsfrage

1933

30.1.	Adolf Hitler (NSDAP) Reichskanzler. Außenminister: v.Neurath

Abkürzungen

Hier nicht aufgeführte Abkürzungen entsprechen den Siglen der Historischen
Zeitschrift (HZ)

ADAP   Akten zur Deutschen Auswärtigen Politik
(A = Serie A; B = Serie B)

APuZ   Aus Politik und Zeitgeschichte. Beilage zur Wochenzeitung Das
Parlament

AR   Akten der Reichskanzlei

BusHR   Business History Review

ContEH   Contemporary European History

DBFP   Documents on British Foreign Policy
(I = Serie I)

DDP   Deutsche Demokratische Partei

DNVP   Deutschnationale Volkspartei

DVP   Deutsche Volkspartei

ESR   European Studies Review

OHL   Oberste Heeresleitung

RI   Relations Internationales

SPD   Sozialdemokratische Partei Deutschlands

UF   Ursachen und Folgen

USPD   Unabhängige Sozialdemokratische Partei Deutschlands

Register

Personen- und Autorenregister

Sachregister

Enzyklopädie deutscher Geschichte
Themen und Autoren

Mittelalter

Agrarwirtschaft, Agrarverfassung und ländliche Gesellschaft im Mittelalter (Werner Rösener) 1992. EdG 13
Adel, Rittertum und Ministerialität im Mittelalter (Werner Hechberger) 2. Aufl. 2010. EdG 72
Die Stadt im Mittelalter (Frank Hirschmann) 2009. EdG 84
Die Armen im Mittelalter (Otto Gerhard Oexle)
Frauen- und Geschlechtergeschichte des Mittelalters (N. N.)
Die Juden im mittelalterlichen Reich (Michael Toch) 2. Aufl. 2003. EdG 44

Gesellschaft

Wirtschaftlicher Wandel und Wirtschaftspolitik im Mittelalter (Michael Rothmann)

Wirtschaft

Wissen als soziales System im Frühen und Hochmittelalter (Johannes Fried)
Die ritterlich-höfische Kultur des Mittelalters (Werner Paravicini) 3., um einen Nachtrag erweiterte Aufl. 2011. EdG 32

Kultur, Alltag, Mentalitäten

Die mittelalterliche Kirche (Michael Borgolte) 2. Aufl. 2004. EdG 17
Grundformen der Frömmigkeit im Mittelalter (Arnold Angenendt) 2. Aufl. 2004. EdG 68

Religion und Kirche

Die Germanen (Walter Pohl) 2. Aufl. 2004. EdG 57
Das römische Erbe und das Merowingerreich (Reinhold Kaiser) 3., überarb. u. erw. Aufl. 2004. EdG 26
Das Karolingerreich (Klaus Zechiel-Eckes) Die Herrschaft der Karolinger 714–911 (Jörg W. Busch) 2011. EdG 88
Die Entstehung des Deutschen Reiches (Joachim Ehlers) 4. Aufl. 2012. EdG 31
Königtum und Königsherrschaft im 10. und 11. Jahrhundert (Egon Boshof) 3., aktual. und um einen Nachtrag erw. Aufl. 2010. EdG 27
Der Investiturstreit (Wilfried Hartmann) 3., überarb. u. erw. Aufl. 2007. EdG 21
König und Fürsten, Kaiser und Papst nach dem Wormser Konkordat (Bernhard Schimmelpfennig) 2. Aufl. 2010. EdG 37
Deutschland und seine Nachbarn 1200–1500 (Dieter Berg) 1996. EdG 40
Die kirchliche Krise des Spätmittelalters (Heribert Müller) 2012. EdG 90
König, Reich und Reichsreform im Spätmittelalter (Karl-Friedrich Krieger) 2., durchges. Aufl. 2005. EdG 14
Fürstliche Herrschaft und Territorien im späten Mittelalter (Ernst Schubert) 2. Aufl. 2006. EdG 35

Politik, Staat, Verfassung

Frühe Neuzeit

Bevölkerungsgeschichte und historische Demographie 1500–1800 (Christian Pfister) 1994. EdG 28
Migration in der Frühen Neuzeit (Matthias Asche)
Umweltgeschichte der Frühen Neuzeit (Reinhold Reith) 2011. EdG 89

Gesellschaft

Bauern zwischen Bauernkrieg und Dreißigjährigem Krieg (André Holenstein)
1996. EdG 38
Bauern 1648–1806 (Werner Troßbach) 1992. EdG 19
Adel in der Frühen Neuzeit (Rudolf Endres) 1993. EdG 18
Der Fürstenhof in der Frühen Neuzeit (Rainer A. Müller) 2. Aufl. 2004. EdG 33
Die Stadt in der Frühen Neuzeit (Heinz Schilling) 2. Aufl. 2004. EdG 24
Armut, Unterschichten, Randgruppen in der Frühen Neuzeit
(Wolfgang von Hippel) 1995. EdG 34
Unruhen in der ständischen Gesellschaft 1300–1800 (Peter Blickle) 3., aktual. u.
erw. Aufl. 2012. EdG 1
Frauen- und Geschlechtergeschichte 1500–1800 (Andreas Rutz)
Die Juden in Deutschland vom 16. bis zum Ende des 18. Jahrhunderts
(J. Friedrich Battenberg) 2001. EdG 60

Wirtschaft   Die deutsche Wirtschaft im 16. Jahrhundert (Franz Mathis) 1992. EdG 11
Die Entwicklung der Wirtschaft im Zeitalter des Merkantilismus 1620–1800
(Rainer Gömmel) 1998. EdG 46
Landwirtschaft in der Frühen Neuzeit (Walter Achilles) 1991. EdG 10
Gewerbe in der Frühen Neuzeit (Wilfried Reininghaus) 1990. EdG 3
Kommunikation, Handel, Geld und Banken in der Frühen Neuzeit
(Michael North) 2000. EdG 59

Kultur, Alltag,   Renaissance und Humanismus (Ulrich Muhlack)
Mentalitäten   Medien in der Frühen Neuzeit (Andreas Würgler) 2009. EdG 85
Bildung und Wissenschaft vom 15. bis zum 17. Jahrhundert (Notker Hammer-
stein) 2003. EdG 64
Bildung und Wissenschaft in der Frühen Neuzeit 1650–1800
(Anton Schindling) 2. Aufl. 1999. EdG 30
Die Aufklärung (Winfried Müller) 2002. EdG 61
Lebenswelt und Kultur des Bürgertums in der Frühen Neuzeit (Bernd Roeck)
2., um einen Nachtrag erw. Aufl. 2011. EdG 9
Lebenswelt und Kultur der unterständischen Schichten in der Frühen Neuzeit
(Robert von Friedeburg) 2002. EdG 62

Religion und   Die Reformation. Voraussetzungen und Durchsetzung (Olaf Mörke)
Kirche   2., aktualisierte Aufl. 2011. EdG 74
Konfessionalisierung im 16. Jahrhundert (Heinrich Richard Schmidt)
1992. EdG 12
Kirche, Staat und Gesellschaft im 17. und 18. Jahrhundert (Michael Maurer)
1999. EdG 51
Religiöse Bewegungen in der Frühen Neuzeit (Hans-Jürgen Goertz) 1993. EdG 20

Politik, Staat   Das Reich in der Frühen Neuzeit (Helmut Neuhaus) 2. Aufl. 2003. EdG 42
und Verfassung   Landesherrschaft, Territorien und Staat in der Frühen Neuzeit (Joachim Bahlcke)
2012. EdG 91
Die Landständische Verfassung (Kersten Krüger) 2003. EdG 67
Vom aufgeklärten Reformstaat zum bürokratischen Staatsabsolutismus
(Walter Demel) 2., um einen Nachtrag erw. Aufl. 2010. EdG 23
Militärgeschichte des späten Mittelalters und der Frühen Neuzeit (Berhard Kroener)

Staatensystem,   Das Reich im Kampf um die Hegemonie in Europa 1521–1648 (Alfred Kohler)
internationale   2., um einen Nachtrag erw. Aufl. 2010. EdG 6
Beziehungen   Altes Reich und europäische Staatenwelt 1648–1806 (Heinz Duchhardt)
1990. EdG 4

19. und 20. Jahrhundert

Bevölkerungsgeschichte und Historische Demographie 1800–2000
(Josef Ehmer) 2004. EdG 71
Migrationen im 19. und 20. Jahrhundert (Jochen Oltmer) 2010. EdG 86
Umweltgeschichte des 19. und 20. Jahrhunderts (Frank Uekötter) 2007. EdG 81
Adel im 19. und 20. Jahrhundert (Heinz Reif) 2., um einen Nachtrag erw. Aufl.
2012. EdG 55
Geschichte der Familie im 19. und 20. Jahrhundert (Andreas Gestrich)
2. Aufl. 2010. EdG 50
Urbanisierung im 19. und 20. Jahrhundert (Christoph Bernhardt)
Von der ständischen zur bürgerlichen Gesellschaft (Lothar Gall) 2., aktualisierte
Aufl. 2012. EdG 25
Die Angestellten seit dem 19. Jahrhundert (Günter Schulz) 2000. EdG 54
Die Arbeiterschaft im 19. und 20. Jahrhundert (Gerhard Schildt) 1996.
EdG 36
Frauen- und Geschlechtergeschichte im 19. und 20. Jahrhundert (Gisela Mettele)
Die Juden in Deutschland 1780–1918 (Shulamit Volkov) 2. Aufl. 2000. EdG 16
Die deutschen Juden 1914–1945 (Moshe Zimmermann) 1997. EdG 43
Pazifismus im 19. und 20. Jahrhundert (Benjamin Ziemann)

Gesellschaft

Die Industrielle Revolution in Deutschland (Hans-Werner Hahn)
3., um einen Nachtrag erw. Aufl. 2011. EdG 49
Die deutsche Wirtschaft im 20. Jahrhundert (Wilfried Feldenkirchen) 1998.
EdG 47
Agrarwirtschaft und ländliche Gesellschaft im 19. Jahrhundert (Clemens Zimmermann)
Agrarwirtschaft und ländliche Gesellschaft im 20. Jahrhundert (Ulrich Kluge)
2005. EdG 73
Gewerbe und Industrie im 19. und 20. Jahrhundert (Toni Pierenkemper)
2., um einen Nachtrag erw. Aufl. 2007. EdG 29
Handel und Verkehr im 19. Jahrhundert (Karl Heinrich Kaufhold)
Handel und Verkehr im 20. Jahrhundert (Christopher Kopper) 2002. EdG 63
Banken und Versicherungen im 19. und 20. Jahrhundert (Eckhard Wandel)
1998. EdG 45
Technik und Wirtschaft im 19. und 20. Jahrhundert (Christian Kleinschmidt) 2007.
EdG 79
Unternehmensgeschichte im 19. und 20. Jahrhundert (Werner Plumpe)
Staat und Wirtschaft im 19. Jahrhundert (Rudolf Boch) 2004. EdG 70
Staat und Wirtschaft im 20. Jahrhundert (Gerold Ambrosius) 1990. EdG 7

Wirtschaft

Kultur, Bildung und Wissenschaft im 19. Jahrhundert (Hans-Christof Kraus) 2008.
EdG 82
Kultur, Bildung und Wissenschaft im 20. Jahrhundert (Frank-Lothar Kroll)
2003. EdG 65
Lebenswelt und Kultur des Bürgertums im 19. und 20. Jahrhundert
(Andreas Schulz) 2005. EdG 75
Lebenswelt und Kultur der unterbürgerlichen Schichten im 19. und
20. Jahrhundert (Wolfgang Kaschuba) 1990. EdG 5

Kultur, Alltag und
Mentalitäten

Kirche, Politik und Gesellschaft im 19. Jahrhundert (Gerhard Besier) 1998.
EdG 48
Kirche, Politik und Gesellschaft im 20. Jahrhundert (Gerhard Besier) 2000.
EdG 56

Religion und
Kirche

Politik, Staat, Verfassung

Der Deutsche Bund 1815–1866 (Jürgen Müller) 2006. EdG 78
Verfassungsstaat und Nationsbildung 1815–1871 (Elisabeth Fehrenbach) 2., um einen Nachtrag erw. Aufl. 2007. EdG 22
Politik im deutschen Kaiserreich (Hans-Peter Ullmann) 2., durchges. Aufl. 2005. EdG 52
Die Weimarer Republik. Politik und Gesellschaft (Andreas Wirsching) 2., um einen Nachtrag erw. Aufl. 2008. EdG 58
Nationalsozialistische Herrschaft (Ulrich von Hehl) 2. Aufl. 2001. EdG 39
Die Bundesrepublik Deutschland. Verfassung, Parlament und Parteien (Adolf M. Birke) 2. Aufl. 2010 mit Ergänzungen von Udo Wengst. EdG 41
Militär, Staat und Gesellschaft im 19. Jahrhundert (Ralf Pröve) 2006. EdG 77
Militär, Staat und Gesellschaft im 20. Jahrhundert (Bernhard R. Kroener) 2011. EdG 87
Die Sozialgeschichte der Bundesrepublik Deutschland bis 1989/90 (Axel Schildt) 2007. EdG 80
Die Sozialgeschichte der DDR (Arnd Bauerkämper) 2005. EdG 76
Die Innenpolitik der DDR (Günther Heydemann) 2003. EdG 66

Staatensystem, internationale Beziehungen

Die deutsche Frage und das europäische Staatensystem 1815–1871 (Anselm Doering-Manteuffel) 3., um einen Nachtrag erw. Aufl. 2010. EdG 15
Deutsche Außenpolitik 1871–1918 (Klaus Hildebrand) 3., überarb. und um einen Nachtrag erw. Aufl. 2008. EdG 2
Die Außenpolitik der Weimarer Republik (Gottfried Niedhart) 3., aktualisierte und um einen Nachtrag erw. Aufl. 2013. EdG 53
Die Außenpolitik des Dritten Reiches (Marie-Luise Recker) 2., um einen Nachtrag erw. Aufl. 2009. EdG 8
Die Außenpolitik der Bundesrepublik Deutschland 1949 bis 1990 (Ulrich Lappenküper) 2008. EdG 83
Die Außenpolitik der DDR (Joachim Scholtyseck) 2003. EdG 69

Hervorgehobene Titel sind bereits erschienen.

Stand: (September 2012)